作者简介

姚　琦　男，1962年12月生，安徽安庆人，曾就读于贵州大学、河南大学，历史学硕士，现为广东韶关学院政治与公共管理学院副教授，主要从事政治学与行政学的教学和研究。曾主持完成省哲学社会科学项目一项，参与省部级项目多项，先后出版专著一部，在《社会科学研究》《社会科学辑刊》《历史档案》等刊物发表学术论文40余篇。

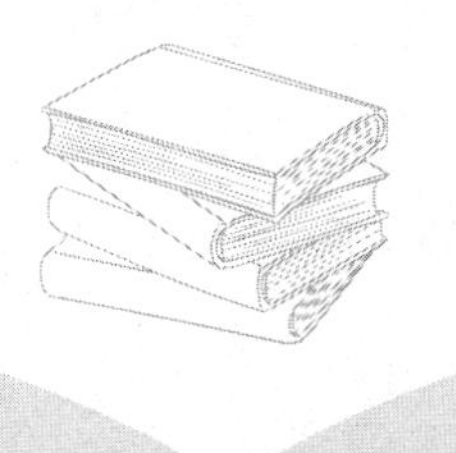

中国书籍·学术之星文库

制度与思想

行政文化的比较研究

姚 琦◎著

图书在版编目（CIP）数据

制度与思想：行政文化的比较研究/姚琦著．
—北京：中国书籍出版社，2017.3
ISBN 978-7-5068-6060-4

Ⅰ.①制… Ⅱ.①姚… Ⅲ.①行政学—文化学—研究
—中国 Ⅳ.①D63

中国版本图书馆 CIP 数据核字（2017）第 027562 号

制度与思想：行政文化的比较研究

姚琦 著

责任编辑 刘 娜
责任印制 孙马飞 马 芝
封面设计 中联华文
出版发行 中国书籍出版社
地 址 北京市丰台区三路居路 97 号（邮编：100073）
电 话 （010）52257143（总编室） （010）52257153（发行部）
电子邮箱 chinabp@vip.sina.com
经 销 全国新华书店
印 刷 北京彩虹伟业印刷有限公司
开 本 710 毫米×1000 毫米 1/16
字 数 287 千字
印 张 16
版 次 2017 年 4 月第 1 版 2017 年 4 月第 1 次印刷
书 号 ISBN 978-7-5068-6060-4
定 价 68.00 元

目　录
CONTENTS

第一章

关于行政文化的比较研究

第一节 研究的缘起与现状

一、研究的缘起

20 世纪 80 年代以来，文化研究成为我国学术界研究的热点之一。1986 年上海召开了首届国际中国文化学术研讨会。70 余名与会的中外学者，分别来自国内外 30 余所高校和研究机构，会议主旨之一是中西文化的相互联系和交流。次年，中国文化书院出版了《中国文化概论》与《西方文化概论》等教学用书，宏观地比较了两个类型文化的不同特点，文化学蔚为风尚，文化研究形成学术热潮。此后，中国大地被冠以“文化”的学问铺天盖地，有雅有俗。如中国文化、西方文化、儒家文化、道家文化、佛教文化、东方文化、华夏文化、岭南文化、传统文化、现代文化、法律文化、企业文化、校园文化、园林文化、龙舟文化、毛笔文化，甚至饮食文化、节日文化、酒文化、茶文化等等，不一而足，文化研究十分兴盛。当时国内学者在定义文化时，内涵十分宽泛。大致可以划分为三类：一是人类一切物质文明与精神文明的成果。如季羡林曾经提出，最广泛的文化可以是人类在历史上所创造的一切精神文明和物质文明的成果。① 金克木认为，文化可以分为物质的、习俗的、文献的三种，也可以从内容性质上区分为科学、哲学、艺术三个方面，算是高层次的文化。②

① 参见季羡林：《东方文化史话》序，黄山出版社 1987 年版。

② 参见金克木：《文化的解说》，北京三联书店 1988 年版，第 41 页。

梁漱溟则认为，文化就是人生活所依靠之一切；文化之本意，应在经济、政治乃至一切无所不包。例如，第一，农工生产，有关的所有器具、技术乃至相关之社会制度等等；第二，国家政治、法律制度、宗教信仰、道德习惯、法庭警察、军队等；第三，一切教育设施，如文字图书、学术学校乃至其相类相关之事。① 二是以哲学思想为核心思想意识。张岱年认为广泛的文化包含三个层次：第一，哲学和宗教，这是社会的最高指导思想；第二，文学、艺术、科学、技术等等，这些是哲学的基础和表现；第三，社会心理，包括风俗习惯以及一般人的思想意识，这些需要哲学予以提高和纠正。② 李中华认为，各个民族的文化系统包含若干要素，其中包括规范的、认知的、艺术的、器物的、精神的各个方面。中国文化的主要部分包括：第一，宗教；第二，哲学，代表民族理论思维的最高水平，在整个文化系统中起主导作用；第三，文学，是整体文化的形象而具体的表现，是文化的一面镜子；第四，政治，指中国几千年所形成的一整套政治思想、政治制度；第五，家庭与社会，代表中国文化的基本内涵与特殊性格。③ 三是社会风俗习惯。费孝通曾经指出，中国社会是乡土性的；文化，就是这个社会共同经验的累积，是它所依赖的象征体系和个人记忆而维持着的社会共同经验；文化规定着个人的感情定向，即一个人发展他感情的定向，文化又是传统，传统是社会所累积的经验。④

在文化热及其文化研究兴起之时，作为行政学的基础学科政治学在邓小平"政治学、法学、社会学以及世界政治的研究，我们过去多年忽视了，现在需要赶快补课"⑤ 的期待下勃然而兴。由于文化学研究热潮的影响，政治学界的一批学者开始关注并着手于政治文化的研究，主要探讨中国古代政治思想、政治制度、近代政治思潮及中西文化的冲突。其所依据的资料是中国古代典籍、近人文集和近代报刊文献，研究方法多为哲学式的演绎与归纳。这些研究和以往的区别在于把政治思想、政治思潮或政治制度统称为政治文化，这与国外政治学界对政治文化的理解有明显的不同。也有一部分学者关注或研究西方政治思想和西方政治理论，尤其是战后美国政治学界的行为主义政治学的政治文化研究，比较倾向于采纳西方政治学界业已形成的政治文化主要涉及一国公民普遍的政治心理层面的概念，重视从当前社会生活调查得来的经验性资料，并且

① 参见李中华主编：《中国文化概论》，中国文化书院 1987 年版，第 305 页。
② 参见张岱年：《文化与哲学》，教育科学出版社 1987 年版，第 63 页。
③ 参见李中华主编：《中国文化概论》，中国文化书院 1987 年版，第 24 页。
④ 参见费孝通：《乡土中国》，北京三联书店 1985 年版，第 17 ~ 50 页。
⑤ 《邓小平选集》第二卷，人民出版社 1993 年版，第 180 页。

偏重于统计分析和实地采访等实证方法。① 但总的来说，国内学术界对政治文化的定义和内涵仍是十分宽泛的，而且思路与上述大文化的三类定义基本相似。一是政治文化包括政治思想、政治心理和政治制度三个层面。第一，支配和规范人的行为的政治思想，这是政治文化的主要内容，也是精华部分；第二，在社会政治运行过程中起着潜在作用的社会政治心理；第三，传统的政治制度和政治行为方式。② 二是政治文化包括政治思想和政治心理两个层面。第一，以理论形态出现的政治思想、政治意识；第二，以情感、习俗等表现的政治心理；第三，在上述两个方面作用下形成的政治价值及判断。③ 三是政治文化只包括政治心理层面。即以往西方讲的民族性格、性情、精神、气质和神话、政治意识、民族政治心理以及基本的政治价值等标题。用阿尔蒙德的术语，就是政治体系的心理方面。④

笔者正是在这样的学术及文化背景下在大学课堂先是承担了《政治学》《行政学》《中国政治思想史》《中国政治制度史》，继而又承担了《中国行政史》《西方行政学说史》的教学。教学之余对政治与行政思想，进而对政治与行政文化产生了浓厚的兴趣。尤其是在《中国行政史》和《西方行政学说史》的教学中，时常要思考有关中外行政制度（包括行政体制、行政机构、决策与运行机制、人事行政与行政监察制度、行政法律制度等）和行政思想（包括行政学说、行政理论、行政意识、行政心理、行政传统、行政习惯）等问题，这既是深入了解和探讨广义行政文化的必然，也是解答学生提出问题的需要。经过多年的思考，最终萌发了对中西行政文化进行比较研究的想法。当然，对中西行政文化进行比较研究也是置身于世纪之交中国行政学研究的转型的使然。对学术研究进行系统的、深刻的总结、批判与反思，既是学术深入发展的前提和基础，又是学科研究是否和能否走向深入发展的关键和标志之一。⑤ 总结和反思20世纪90年代前中国行政学的研究，通论性与概论化是其特色，理论深度与学术性是不够的。国内有学者认为，要想突破行政学研究中的这种低水平重复、概论化“僵局”，最现实的措施不是盲目地提倡理论联系实际，而是把有限的资源投入最迫切的需要上，在行政学基础理论和方法论上

---

① 参见王乐理：《政治文化导论》，中国人民大学出版社2000年版，第34~37页。

② 参见朱日耀：《中国传统政治文化的结构及其特点》，载《政治学研究》，1987年第6期。

③ 参见戚珩：《政治文化结构剖析》，载《政治学研究》，1988年第4期。

④ 参见孙西克：《政治文化与政策选择》，载《政治学研究》，1988年第2期。

⑤ 参见李春成：《当代中国行政学研究之研究》，载《社会科学动态》，2000年第11期。

加大投入，集中有限的研究资源致力于生产一系列具有中国特色的行政学专著。因为，“高水平的理论专著是生产资料，是进一步生产其他的消费性产品的根本基础”。这里所说的“消费性产品”指的是大学生需要的教科书，公务员需要的培训教材，实际工作部门需要的能够解决具体问题的方案。① 有的学者认为，行政学研究既要重视行政效率（实践）的提高，又要重视对行政伦理、行政民主、行政价值（理论）的深层探讨。② 还有的学者认为应对“全球化”趋势对中国行政学研究的挑战，要加强比较行政学的研究。③ 凡此种种议论和高见，成了笔者决定对行政文化进行比较研究的又一缘起和动力。

二、研究的现状

作为社会科学六大基础学科之一的政治学的分支学科的行政学研究，是随着政治学研究的兴起而兴起的。由于任何一个行政体系（在任何一个时空下）的结构设计、运转程序、决策过程以及行政人员的行为、态度、价值观等，都直接或间接地受到行政文化的影响和制约。因此，行政文化研究无疑是行政学研究的一个重要领域。对行政文化研究现状考察应从行政学研究开始。梁启超说：“盖吾辈不治学则已，既治一学，则第一步须将此学之真相，了解明确，第二步乃批评其是非得失。”④ 作为与中国政府行政、公共管理、政治改革与现代化进程密切相关的应用学科，行政学的研究在这二十余年间得到了较快的发展。严格地说，理论研究（theoretical study or research）必须或是在理论上有所创新，或是能对现实进行理论性阐释和指导，或是二者兼而有之。应该说，自 20 世纪 80 年代中期行政学恢复与重建的十年间，我国行政学初步构建了基本研究范围和框架体系，大致包括行政环境、行政职能、行政体制、行政组织、行政领导、行政决策、行政执行、行政监督、行政文化、行政信息、人事行政、财务行政、机关行政、行政效率、行政改革与行政发展等。⑤ 围绕这一系列课题，我国学者进行了大量的、初步的理论探讨，形成了所谓“概论

① 参见毛寿龙：《行政学研究要突破僵局》，载《中国行政管理》，1996 年第 5 期。

② 参见李景鹏：《加强对行政利益结构的研究》，载《中国行政管理》，1996 年第 7 期。

③ 参见钱振明：《比较行政学：世纪之交中国行政学研究的主题》，载《中国行政管理》，1996 年第 10 期。

④ 梁启超：《清代学术概论》，上海古籍出版社 1998 年版，第 45 页。

⑤ 中国行政管理学会：《中国行政学研究的回顾与展望》，载《中国行政管理》，1996 年第 2 期。

化”的理论研究主流。20 世纪 90 年代中期以后，我国行政学研究开始走上深入发展阶段，在研究方法上，在原有政治学和法学的基础上，引入了经济学、生态学、文化学、社会学、历史学、哲学的方法，使行政学研究呈现出学科与方法论上的多元化趋势。与前十年的行政学著作大多为通论性教材相比，后十年出版的行政学研究成果则理论专著较多。然而，由于我国行政学起步较晚，整个知识存量有限，基础理论研究仍有不足，研究领域仍存在空白，宏观的行政文化研究，尤其是比较行政文化研究未见有分量的研究专著。1996 年中国人事出版社出版的由刘怡昌、许文惠、徐理明等学者主编的《中国行政科学发展》一书，对这一时期行政文化研究曾进行总结时指出：“总的说来成绩较大，但也有不足，比如对市场经济条件下的行政文化建设、中国行政文化的现代化，比较行政文化研究、行政文化的社会化等方面，或研究不充分，或还没有进行研究”。① 时隔多年，行政文化研究，尤其是比较行政文化研究仍然是“或研究不充分，或还没有进行研究。”

在西方比较研究有悠久的历史。美国政治学家阿尔蒙德曾说：“从本质上讲，政治理论的大传统是比较的、分类的和类型学性质的。”② 实际上，政治学就是源自比较政治研究。亚里士多德的《政治学》实际上就比较政治研究的经典之作。他本人就是比较政治研究或者说比较行政研究最早的先行者。其后，西塞罗、马基雅弗利、霍布斯、布丹，当然还有孟德斯鸠、马克思、托克维尔都可以看作是比较政治学者。近代法国思想家孔德认为：“对人类连续状态的历史比较研究不仅是新的政治哲学手段，也是这门科学的基础。”③ 20 世纪 60 年代，西方比较政治学迅速发展，伊斯顿、多伊奇、阿普特、阿尔蒙德、派伊等学者发表了大量的学术著作，为比较政治学确立了至今仍具重要影响的经典理论和研究方法。

就比较行政学而言，在第二次世界大战前，作为现代行政学发源地的美国，其行政学的研究取向主要偏重于政府政策的执行与效率问题，对于其他国家的行政制度则略而不谈，更不用说行政的比较研究。1947 年，美国学者罗伯特·达尔（Robert E. Dahl）教授首先提出比较行政学研究的重要性，并且还揭示了其研究的基本原则。1952 年，美国普林斯顿大学（Princeton Universi-

---

① 刘怡昌、许文惠、徐理明：《中国行政科学发展》，中国人事出版社 1996 年版，第 302～303 页。

② 转引自张小劲、景跃进著《比较政治学导论》，中国人民大学出版社 2001 年版，第 22 页。

③ ［法］孔德：《实证哲学》第二卷，中国社会科学出版社 1991 年版，第 251 页。

ty）召开了第一次比较公共行政学研讨会，会议的主旨是在公共行政学领域找出一些共同的指涉标准，以帮助学者们在研究和描述不同国家的行政制度和行为时，可以运用共同的范畴而且各人所得的成果可以互相比较。1954年，雷格斯（Riggs）教授开始搜集与比较行政有关的文献，结果发现大部分仅描述个别国家的行政制度，而且历史取向的意味十分浓厚，甚至涉及较广泛的理论架构。这些文献虽然算不上真正的比较行政研究，但作为比较研究的原始资料还是颇具价值的。直到1957年，美国印第安纳大学（Indiana University）出版了划时代的《公共行政的比较研究》（*Comparative Study of Public Administration*）一书，雷格斯教授在其中一篇名为《农业社会与工业社会——建立比较行政的类型》（*Agraria and Industria：Toward a Typology of Comparative Administration*）的纯理论性文章中，借用社会学一些结构——功能分析的概念，把人类社会分为两个思想的类型，以观察和预测它们在行政方面，各具什么显著的特色，算是比较行政研究的正式起步。早期的比较行政学研究，可举伊登（Dorman B. Eaton）的《英国文官——职权滥用与改革，以及对于美国政治影响之历史研究》（*Civil service in Great Britain：History of Abuses and Reforms and Their Bearing upon American Politics*）和西森（*C. H. Sisson*）的《英国行政的精神：与某些欧洲国家之比较》（*The Spirit of British Administration，and Some European Comparisons*）为例。20世纪60年代，比较行政学研究在比较政治学研究的影响下迅速发展。1961年，在美国行政学会的赞助下，创设了一个"比较行政团体"（Comparative Administration Group），并推雷格斯担任主席。雷格斯1962年曾发表一篇名为《公共行政比较研究的趋向》（*Trends in the Comparative Study of Public Administration*）的文章，概括了比较行政研究从规范性（normative）研究逐渐转向实证（empirical）研究；从个例的描述（Idiographic）逐渐转向通则（nomothetic）的建立；从非生态的研究（non-ecological approach）到生态的研究（ecological approach）以及通则研究的结构类比（homological）与功能类比（analogical）的几个发展方向。不过，雷格斯教授的比较行政学研究主要是以生态学的观点来研究的，即比较行政生态研究。他认为行政活动中"有效的行为绝大部分取决于传统的结构和压力，只有以生态学的观点——从非行政的因素去观察，才能了解不同国家间的政治与行政"。①赫第（Ferrel Heady）教授认为这一时期比较行政学之所以兴起并取得进展的原因，主要是：理论的探求；把知识实际应用于解决开发中国家之各种问题的

① 雷格斯：《公共行政比较研究的趋势》，载《国际行政科学评论》，1962年第2期。

强烈欲望；比较政治研究之进展的偶然贡献；大批接受欧洲行政法传统训练之学者的兴趣转向；以及以比较观点对传统行政学主题进行更深刻研究的结果。① 可以说为比较行政学研究奠定了基本的研究框架和研究范式。

中国虽然早就有比较研究的传统，中国的古代史书随处可以看到比较方法的应用。西汉时期司马迁的《史记》中，分类记传就有比较明显的比较研究特色，若干“列传”往往是把具有“可比性”的两个或两个以上的人物安排在一起，如《老庄申韩列传》《孙子吴起列传》《廉颇蔺相如列传》《孟子荀卿列传》《屈原贾生列传》等。这种比较法不仅便于抒发议论，也有利于把握和评价不同历史人物的特性和作用。因而经常被后人所效仿，东汉班固所著《汉书》中《艺文志诸子传》即是如此。不过中国古代由于较早地实现了“大一统”，囿于现实政治以及观念和文化影响，使人们的视野所及大体上属于均匀发展的同一制度构成，又由于中国制度文明成熟较早且发育完善而成为周边地区和国家制度建设过程中模仿和搬用的对象，故中国的比较研究传统，在历时性比较方面表现突出而较少共时性比较，在仅有的共时性比较中则表现出偏重微观的比较而较少宏观的、体制的比较。中国传统史学所强调的“鉴往知来”“鉴古知今”之传统和描述王朝兴衰更迭之重点便是在佐证了历时性比较之普遍的同时也表露出共时性宏观比较的缺乏。② 近代以来，这一情况有所改变，梁启超说：“以今日论之，中国与欧洲之文明，相去不啻霄壤。然取两域数千年之历史比较而观之，可以见其异同之故与变迁之途。而察其原因，可以知今日现状之所由来。寻其影响，可以知将来形势之所必至。”③ 西方文化的冲击，使中国人的视野开始超出中国传统史学中比较研究传统而开辟了一个新的领域。20 世纪 80 年代以来，中国的比较政治学研究领域除了陆续译介了一批西方比较政治学著作，包括阿尔蒙德和小鲍威尔合作的《比较政治学：体系、过程和政策》和《当代比较政治学：世界展望》、阿尔蒙德和维巴的《公民文化：五国的政治态度和民主》、亨廷顿的《变化社会中的政治秩序》和《文明冲突与世界秩序的重建》、奇尔科特的《比较政治学理论：新范式的探索》和《比较政治经济学理论》外。还出现了一批中国学者撰写的比较政治学或比较行政学著作，如杨柏华和明轩的《资本主义国家政治制度》，王沪宁的《比较政治分析》《行政生态分析》等。20 世纪 90 年代以后，这种比较研

① 参见彭文贤著：《行政生态学》，台北三民书局 1988 年版，第 2 ~ 13 页。

② 参见张小劲、景跃进著：《比较政治学导论》，中国人大学出版社 2000 年版，第 31 页。

③ 王德峰编选：《梁启超文选》，上海远东出版社 1995 年版，第 18 页。

究方法更盛，仅以行政学研究领域为例，如黄达强的《各国公务员制度比较研究》（中国人民大学出版社 1990 年版），刘守恒的《比较人事行政》（湖南科技出版社 1992 年版），孙书贤等《公务员制度比较研究》（广西师范大学出版社 1990 年版），顾家麒的《各国地方政府比较研究》（武汉出版社 1990 年版），齐明山等《当代西方行政改革的理论与实践》（改革出版社1993 年版），曾宪章的《比较监察》（四川人民出版社 1991 年版），曹沛霖等《比较政府体制》（复旦大学出版社 1993 年版），许崇德主编的《各国地方制度》（中国监察出版社 1993 年版），陈嘉陵主编的《各国地方政府比较研究》（武汉大学出版社 1991 年版），乔耀章的《比较行政学》（苏州大学出版社 1995 年版），钱振明的《比较行政学》（苏州大学出版社 1995 年版），周志忍的《当代国外行政改革比较研究》（国家行政学院出版社 1999 年版），卓越主编的《比较政府》（福建人民出版社 1998 年版），余潇枫的《比较行政体制》（浙江大学出版社 1999 年版），张立荣的《中外行政制度比较》（商务印书馆 2002 年版）等，可谓不少，比较行政学研究出现方兴未艾的局面。但如同整个行政学的研究一样，由于起步较晚，知识积累、理论构架、研究方法仍处于朴素应用阶段，重在描述而分析较少，重在罗列而归纳较少。比较行政文化研究，由于在比较范围、内容界定、时间跨度、空间跨度、理论构建，以及分析论述上均有相当的难度，加上资料零星、分散，故国内外对此问题的研究是比较薄弱的，除了某些教科书对行政文化有粗略涉及以及为数不多的对行政文化现象进行某些论述，或就是有关中国行政史、中国行政思想史、西方行政史、西方行政学说史对行政文化间接涉及以及对行政文化的某些方面，如胡原的《行政道德学》（1989 年），丁业伟等的《行政心理学》（1989 年），颜桂华的《行政哲学论》（1998 年），王伟的《行政伦理概论》（2001 年），张康之的《寻找公共行政的伦理视角》（2002 年），陈世香的《行政价值研究》（2006 年）有所研究外，宏观的行政文化，尤其是比较行政文化的论著尚难见到，这也是本书选择行政文化进行比较研究的原因。

第二节　研究的意义与范围

一、研究的意义

由于经济的、社会的、历史的、自然的原因，世界各国的国家行政或公共行政及其文化是不同的。美国著名政治与行政学家罗伯特·达尔曾作过如下论断:“每一个民族国家都包含着许多历史事件、创伤、失败和成功的结果。这些结果反过来创立了特殊的习惯、习俗、制度化和行为样式、世界观,甚至‘民族心理’。人们不能认为公共行政学能够摆脱这种条件作用的影响,或者认为它能以某种方式独立于和隔离于它在其中发展起来的文化环境或社会环境。”① 行政学或称公共行政学是政治学中应用性较强的分支学科,在行政学研究中,比较行政学的研究对行政学的深入研究无疑是十分重要的。罗伯特·达尔曾在1947年提出跨文化研究对行政学理论发展的重要意义:“公共行政的比较研究基本上被忽视了。只要公共行政学的研究缺乏比较,那么,一切追求‘公共行政科学’的宣言都会显得空洞无物。可以设想,存在一个关于美国公共行政的科学,一个关于英国公共行政的科学……但能否出现一个‘公共行政科学’即脱离特殊国情而普遍适用的一系列原则呢?……如果人们在履行公务的行为特性依然不可预测,如果不进行大量的比较研究从而发现超越民族界线和超越特定历史经验的原则和理论概括,那么,公共行政学就不可能成为科学。”② 也就是说如果行政学不进行必要的比较研究,从而发现超越民族和地域界限,超越特定历史经验的原则和理论概括,行政学也就不能成为科学,当然也谈不上深入研究。要把行政活动中的许多事物和制度放在一起,比较其异同,应首先建立共同的指涉架构,订立比较的标准。其次则应划定比较的范围。历史文化、地理环境、政治经济制度等等,都或多或少对行政产生影响。罗伯特·达尔在同一文中认为:

(1)从某一国家的行政环境归纳出来的概论,不能够立刻予以普遍化,或被应用到另一个不同环境的行政上去。一个理论是否适用于另一个不同的场合,必须先把那特殊场合加以研究之后才可以判定。

(2)除非我们先深入研究凡能影响公共行政的种种政治和社会现象,并指出公共行政那些方面确实是超越特殊的社会背景,否则实不能说已经获得真正普遍的概论。究竟有没有放诸四海而皆准的公共行政原理?抑是所有原理都是在特殊环境范围之内才有效呢?

(3)公共行政研究势必是一种具有广泛基础的学科,它不仅仅是建立在偏狭的技术和程序的知识之上,而且应包括各国历史、社会、经济,以及其他

① 转引自彭和平等编《国外公共行政理论精选》,中共中央党校出版社1997年版,第161页。

② 转引自周志忍著《当代国外行政改革比较研究》,国家行政学院出版社1999年版,第540~541页。

可以显示其固有特色的种种因素。① 简言之，达尔认为比较行政学研究，比较行政生态包括比较行政文化（早期比较行政学研究的内容和框架）的研究是其关键，否则是无法看出整个行政的内涵与底蕴的。

中国作为世界文明古国，行政活动与行政实践有着悠久的历史，在长期国家行政中，形成了一套相当成熟、严密的行政制度和十分丰富与独特的行政思想，行政文化灿烂辉煌。西方行政文化也有十分久远的源头，行政活动与行政实践丰富多彩，行政理论与行政学说理性厚重，行政制度与行政习惯遵法唯实，中西行政文化在历史上有过交流和碰撞。中西行政文化都不是凭空产生的，都与其特定的历史、社会、经济、政治、文化、传统紧密相连，因此，对中西行政文化及其相关因素进行比较研究具有多重意义。总体而言，比较研究中西行政文化的意义在于：

（1）比较研究中西行政文化，有助于丰富对行政文化的内涵和特性的认识，扩大行政文化研究的视野，拓展行政文化研究的领域，提高行政文化研究的水平。从知识论的角度来看，比较研究是人类认识未知事物的主要方法之一。马克思在其科学研究中一向特别注意采用比较研究的方法。他说："极为相似的事情，但在不同的历史环境中出现就引起了完全不同的结果。如果把这些发展过程中的每一个都分别加以研究，然后再把它们加以比较，我们就会很容易地找到理解这种现象的钥匙；但是，使用一般历史哲学理论这一把万能钥匙，那是永远达不到这种目的的，这种历史哲学理论的最大长处就是在于它是超历史的。"② 英国学者蒲莱斯特也说："比较方法所以称为'科学的'，就是因为它把相同的结果追溯到相同的原因上去，以求得一般的结论。"③ 的确，只有通过对中西行政文化宏观和微观的比较和分析，多侧面多层次和历史纵深度全面了解、探知和把握，才能大大丰富对行政文化既是制度的，也是观念的内涵和民族性、时代性、阶级性、政治性、持久性、整合性、多元性、渗透性、隐藏性特征的认识，从而才能扩大行政文化研究的视野，拓展行政文化研究的领域，真正提高行政文化研究的水平。

（2）比较研究中西行政文化，有助于行政文化学和比较行政学的构建和完善，推动政治学与行政学的深入研究。

从科学研究来看，比较是从对比和鉴别中认识事物的基本方法，是从经验

① 参见彭文贤著：《行政生态学》，台北三民书局 1988 年版，第 11 ~ 13 页。

② 《马克思恩格斯全集》第 19 卷，人民出版社 1963 年版，第 131 页。

③ 转引自杨幼炯《政治科学总论》，台北中华书局 1967 年版，第 17 页。

事实中概括和提炼理论命题的基本方法，也是从反复发生的现象中作出规律性总结并据以预测未来的方法。易言之，比较方法所具有的普适性、经验性和理性化特征使得它在科学研究中得到了最广泛的应用。美国学者斯旺森说："没有比较的思维是不可思议的。如果不进行对比，一切科学思想和所有的科学研究，也是不可思议的。"① 比较和比较研究，是确定事物同异关系的思维过程和认识方法。所谓比较，就是根据一定的标准把彼此之间有着某种联系的多个事物加以对照，从而确定其间的相同与相异之处，由此对事物作出初步的分类；在分类的基础上，人们可以认识和把握不同的共同或相异的表象特征和本质特征，进而达到对特定事物的理解和解释。所谓比较研究，则是将比较方法系统地运用于科学研究而形成的一种特定的研究活动和研究方式。而比较研究的高级发展，特别是在相应的社会科学主流学科基础上高度发展起来的，有着特定课题领域的比较研究，则形成众多分支性或边缘交叉性的比较学科，比较政治学便是其一，事实上，政治学就是源于比较政治研究。作为政治学分支学科的行政学也不例外，上世纪 90 年代以来，比较行政学在我国已经兴起，如前所述的一些行政体制、政府体制、行政制度，人事行政，行政监察、行政改革方面的比较研究论著大量出现，但作为比较行政学的学科构成来说还是不够的，行政文化的比较研究无疑使比较行政学更加全面。而行政文化学如同行政生态学、行政组织学、人事行政学、行政领导学、行政监察学一样需要有基本的理论基础、特定内容、分析框架、研究范围。具体而言，行政文化学不仅包括行政文化定义、内涵（内容）、分类、特征、作用，还应包括行政文化的培育、发展、创新、比较、交流、融合等内容和框架，中西行政文化的比较研究，有助于更加全面地构建行政文化学。总之，无论是行政文化学还是比较行政学的构建和完善，中西行政文化的比较研究都能够提供必要的理论、知识和框架，从而推动政治学与行政学的深入研究和发展。

（3）比较研究中西行政文化，有助于谨慎借鉴和认真地对待中西行政文化，为创建有中国特色的现代行政文化提供可资借鉴的资源和养料。中国古代国家行政源远流长，在漫长的行政活动和行政实践中创造了丰富多彩的行政文化，很早就形成了一套严密而又有效率的国家行政制度和与之相适应的行政思想学说、意识观念、习惯传统。中国古代行政文化是十分丰富的。无论是国家行政建制、机构设置、行政区划、行政监察、用人行政和科举制度，还是政治

① 转引自［美］斯梅尔塞《社会科学的比较方法》，社会科学文献出版社 1992 年版，第 2 页。

家、思想家在探索安邦治国中留下的有关行政哲学、行政原则、行政价值、行政决策、行政组织、行政领导、人事行政、行政监察、行政法制、行政改革等一系列思想言论与学说。可以说精华与糟粕并存，只有比较才能鉴别。美国政治学会主席小理查德·费诺说："中国是一个有无比悠久的历史和丰硕传统的国家，没有其他政府曾经能够利用这样一份历史的智慧财富来治理这么多的人民达到如此长久的岁月。除非重视中国治理国家的经验，人们不可能对政治完善地叙述、完善地解释、完善地推想。"① 中国古代行政文化中有关行政建制，机构设置、科举、监察与用人行政的制度与学说曾对东亚和欧洲都产生过影响，在当今中国的公共行政中也能看到一些历史的痕迹，通过行政文化的比较研究，能使我们谨慎地传承这些行政文化遗产，有助于当今中国的行政文化建设。

西方行政文化也有两千多年的发展历史，从古希腊城邦行政算起，其丰富的行政文化遗存是人类文明发展的一份重要历史遗产。特别是西方近现代以三权分立为原则的国家政权体制，以社会公共事务管理为内容的国家行政机构，以文官制度为特色的国家人事行政制度，以权力制衡为目的国家行政监督制度，以及与之相适应的近代国家管理与政府行政的思想、学说、观念和意识，至今仍对西方乃至世界各国的公共行政产生影响。列宁曾说："马克思主义这一革命无产阶级的思想体系赢得了世界历史性的意义，是因为它并没有抛弃资产阶级时代最宝贵的成就，相反地却吸收和改造了两千年来人类思想和文化发展中一切有价值的东西。"② 西方行政文化的合理因素值得我们思考、吸收和借鉴。因为"任何一个民族、一个国家，都需要学习别的民族、别的国家的长处"。③ 通过中西行政文化比较，透过历史的烟云，把握文化发展的脉络，有助于我们把握西方行政文明中法治、民主、务实的合理内核和因子，为创建中国特色的现代行政文化提供借鉴和养料。

二、研究的范围

中西行政文化比较研究是一个范围相当宽广的课题，时间和空间跨度都比较大，对于这一课题，由于资料及篇幅的限制，难以从微观上对中西国家行政

---

① 转引自朱仁显主编《中国传统行政思想》，福建人民出版社2000年版，第21页。

② 《列宁选集》第4卷，人民出版社1972年版，第362页。

③ 《邓小平选集》第二卷，人民出版社1993年版，第91页。

及其文化的所有现象进行逐一、详尽考察。从构建基本理论的需要以及可行性方面来考虑，较为方便和可行的做法是确定中西行政文化比较研究的基本内容和时空范围，以历史发展为线索纵横比较。

从行政文化的基本内容来说，广义的行政文化一般包括行政意识形态，以及与之相适应的行政制度和组织机构、运行机制，狭义的行政文化仅指行政意识形态，即在行政活动和行政实践基础上形成的，直接反映和影响行政活动与行政关系的各种思想学说，习惯传统、道德心理及其它精神活动现象。最广义的行政文化还包括行政器物文化。本书从国家行政现象的发生及演进，行政活动与行政实践所及及影响出发，将行政文化的内容确定在广义行政文化的范围即大行政文化。具体而言包括制度行政文化和观念（思想）行政文化两大部分。由于行政制度是以一定的行政思想和观念为指导，一般由国家法律和法规规定的有关国家行政机关的产生、职能、权限、组织结构、领导体制、运行机制、活动规程等方面的准则体系以及政府体制内各权力主体的关系形态。所以，从广泛意义上来讲，主要包括国家行政领导体制与决策机制、国家行政机关的设置及其权限划分，国家行政监督制度与行政法律制度，国家人事行政制度等内容。行政制度是国家行政管理与活动的各种规定性规则和制度，是人们制定出来为了规范和约束国家行政及其人员的规则和规章。这些规则和制度作为人类文明的成果本身就是一种文化。同时，制定行政制度与制定行政制度主体的观念系统，价值取向是分不开的，其中包括制定行政制度的主体对制度的认识，以及制定行政制度的原则、理念与取向等，都属于行政制度文化的范畴。本书涉及的行政制度文化的范围从整体来讲，包括国家行政领导体制与决策机制，国家行政机关设置及其权限划分，国家行政监督与行政法律制度，国家人事行政制度的文化内核，也包括设计、执行、监督、变革这一系列制度的理性原则、价值取向、理念追求、道德标准及利益调整的观念和设计系统。而观念行政文化既包括对行政主体的态度、情感、评价等主观性层面产生影响的行政思想、行政学说、行政心理、行政道德、行政精神、行政理想、行政意识、行政价值、行政信念等组成的复合体，也包括对行政主体的具体行为与观念产生规范性影响的行政原则、行政规范、行政传统和行政习惯。当然，对国家行政活动与行政实践产生影响的主要是行政思想、学说、道德、意识、习惯、传统等，这也是本书主要涉及的行政文化内容。因此，制度（体制）与思想（观念）是行政文化比较研究的基本内容。

从行政文化的时空范围来说，本书依题所限把比较研究的空间范围确定在中国与西方，这里的西方是指传统意义上的西方，并随着历史发展的进程而有所指向。具体而言，古典西方以古代希腊（尤以雅典为典型）和古代罗马为研究对象和范围，中世纪西方主要以西欧为主，包括英、法兼及德、意。近代西方则选取英、美、法三国为对象。而时间范围则以国家行政的起源开始（国家行政出现前的原始管理状态及思想意识也有所涉及），大致以现代西方行政学产生前后为下限。具体而言，中国行政文化自夏商国家行政出现至晚清民国为止，西方行政文化则自古代希腊、罗马国家行政开始至20世纪前期。由于中西国家行政产生的时间不同，比较研究的时间不可能完全对应一致，也没有必要对应一致。实际上，西方自希腊罗马开始的古典行政文化在时间上相当于中国春秋战国到秦汉时期，尤其是秦汉中国统一的中央集权国家行政及其文化形成与西方古典行政文化对比明显，更容易比较。近现代中西行政文化则以转型的形式进行比较，篇幅所限，并非全貌。转型比较更能突出这一时期的内容和主题。从某种意义上来说，本书的中西行政文化比较主体是古代行政文化或传统行政文化比较。

中西行政文化比较研究就比较方式的选择而言，主要是区域比较和主题比较相结合的方式来进行。在政治学与行政学的研究中，区域（国别或模式）比较，即选择一个适当的内容框架，然后围绕这些方面确定特定的区域、国家或模式进行比较。主题比较，即确定明确的主题，然后围绕这些主题对有关区域、国家进行比较。简单地说，从研究成果的展现形式上看，区域（国别）比较是以区域（国别）来分设章节的，而主题比较是以主题来分设章节的。从严格意义上来说，区域（国别）比较很难说是真正的比较研究，因为它仅能提供框架和基本素材，需要读者自己进行比较和判断。因此，真正的比较研究应该采取主题比较的方式。① 从政治学与行政学研究的历史上看，比较研究一般都遵循先区域（国别）比较再主题比较的路子。所以，本书也采取了区域与主题相结合的方式，先区域（中西两大区域）后主题（起源、成因、发展、演进、路径、转型），通过区域突出主题的方式进行。

① 参见周志忍著：《当代国外行政改革比较研究》，国家行政学院出版社1999年版，第38～39页。

第三节　研究的思路与框架

一、研究的思路

由于行政文化是行政体系中的成员在一定的社会文化背景下所形成的对行政现象和行政关系的态度、情感、价值观和信仰，也是数千年来行政活动和行政实践中形成的制度、原则、习惯、传统、观念、意识等。所以，本书的基本思路是把中西行政文化比较研究置于广泛的社会历史文化和特定的行政活动与行政实践的背景中，以当代行政学原理为基本理论，以文化变迁为视角，以历史发展为线索，对中西行政文化进行宏观比较，努力探知中西行政文化的形成和发展规律，积极搜寻中西行政文化的特质和差异，正确对待中西行政文化遗产，科学处理中西行政文化的关系，即“权衡中外，损益古今”。通过比较研究为现代中国行政文化建设提供某些启示和借鉴，也为行政文化学和比较行政学的构建和完善提供某些理论和知识。

二、研究的框架

本书的内容框架的选择并不完全是理性权衡的结果，主客观条件的限制起着重要的约束作用。笔者的兴趣、学识、能力及研究的条件、资料所限，使得本书的内容框架及重点既有自觉选择的成分，更是主客观条件限制的结果。具体来说，本书共分六章。

第一章主要是交代该项研究的缘起与现状、意义与范围、思路与框架、资料与方法。实际上是对该项研究的背景及基础作一个简要的概括和介绍。

第二章是行政与行政文化。第一节内容主要介绍何为行政、行政的内涵及其实质、行政的定义，这是了解行政文化所必需的知识背景。第二节内容主要是对什么是文化，历史上的文化定义作一概述，这也是理解行政文化的前提。第三节则是对行政文化的含义、行政文化的内容、行政文化的分类、行政文化的特征、行政文化的作用进行概述。使之作为中西行政文化比较研究基础知识。

第三章是中西行政文化的起源与成因。第一节内容为中国行政文化的起源与成因，主要讨论中国古代行政文化的起源，夏商至西周国家行政的出现是其开端，重点讨论中国古代行政文化形成的原因。第二节内容为西方行政文化的起源与成因，主要探究作为西方行政文化源头的古代希腊的国家行政，尤其是思想理论学说及其自然、历史与社会的成因。

第四章是中西行政文化的发展与演进。第一节内容是中国古代行政文化的发展历程，概述中国古代春秋战国经秦汉、魏晋南北朝、隋唐、到宋元明清时期的行政文化。第二节内容是西方古代行政文化的演进过程，主要探讨古代罗马时期及中世纪西欧（英法为主，兼及德、意）的行政文化。第四章实际是对中西行政文化的总体比较，以历史发展为线索、探知中西行政文化的发展与演进规律，搜寻中西行政文化的特质与差异。

第五章是中西行政文化的路径与转型。第一节内容是中西古代行政文化的发展路径，比较研究中西古代制度行政文化与观念行政文化的不同发展路径，特别是影响和制约路径选择的因素与原因。第二节内容是中西行政文化的近代转型。主要比较研究中西制度与观念行政文化的近代转型，探知中国和西方行政文化近代转型不同的动力来源及其制约因素和生成机理。第五章实际上是对中西行政文化进行总结比较，以路径和转型探知中西行政文化发展与演进、特质与差异的原因所在。

第六章是比较研究视野中的中国传统行政文化。第一节内容是中国传统行政文化的基本特征与积极因素，通过比较探寻和概括中国传统行政文化的基本特征与积极、合理因素。第二节内容是中国传统行政文化的当代价值及其现代化，审视和总结中国传统行政文化的当代价值这既是比较研究的目的，也是中国行政文化建设与行政文化现代化的重要根基。

第四节　比较研究的资料与方法

一、研究的资料

比较行政文化的研究之所以薄弱，除了行政学在中国的起步较晚，人们研究意识的偏蔽外，对资料的审视和利用也是重要的制约因素。由于人们对行政文化多从单纯观念或精神层面来理解和阐释，再加上比较研究的时间和空间跨度较大，使人们感觉研究资料比较零星、分散，不容易搜集。如果从大文化观或广义文化观来考量，比较行政文化研究，尤其是中西行政文化比较研究的相关资料还是比较丰富的。举要如下：（一）中国古代史书及文化、制度典籍。

如:《尚书》《左传》《礼记》《诗经》《周礼》《吕氏春秋》《史记》《汉书》《后汉书》《晋书》《三国志》《新唐书》《旧唐书》《贞观政要》《唐六典》《唐律疏议》《宋史》《元史》《元典章》《辽史》《金史》《明史》《明通鉴》《明会要》《洪武实录》《清史稿》《清会典》《东华录》《乾隆会典》《康熙政要》《清圣主实录》等。(二)中国历代政治家、思想家的著述与文集。如:《论语》《孟子》《荀子》《墨子》《韩非子》《春秋繁露》《诸葛亮集》《曹操集》《明夷待访录》《日知录》《韩昌黎集》《柳河东集》《张太岳集》《朱子语类》《宋元学案》《水心别集》《康有为政论集》《孙中山全集》等。(三)西方历史上的有关经典著作。如:柏拉图的《理想国》、亚里士多德的《政治学》、波利比阿的《历史》、西塞罗的《论共和国》、奥古斯丁的《上帝之城》、阿奎那的《阿奎那政治著作选》、马基雅弗利的《君主论》、斯宾诺莎的《神学政治论》、洛克的《政府论》、孟德斯鸠的《论法的精神》、卢梭的《社会契约论》、杰弗逊的《杰弗逊集》、汉弥尔顿等人的《联邦党人文集》、密尔的《代议制政府》、威尔逊的《行政学研究》、古德诺的《政治与行政》、萨拜因的《政治学说史》、汤因比的《历史研究》、怀特的《行政学导论》等。(四)中外学者的著述和研究成果。如:钱实甫的《北洋政府时期政治制度》、钱端升的《民国政制史》、萧公权的《中国政治思想史》、王建学的《中国行政管理史》、张利华的《外国行政管理史》、林子英等人的《简明行政史》、虞崇胜的《中国行政史》、方贻岩的《西方行政思想史》、竺乾威的《西方行政学说史》丁煌的《西方行政学说史》、《西方公共行政管理理论精要》、马啸原的《西方政治思想史》《西方政治制度史》、康兴霖的《公共行政学:历史与思想》、张晋藩的《中国政治制度史》、徐大同的《西方政治思想史》、王放放的《中国行政改革思想史》、朱仁显的《中国传统行政思想》、郭咸纲的《西方管理思想史》、罗森布鲁姆的《公共行政学:管理、政治与法律途径》、亨利的《公共行政与公共事务》、库珀的《行政伦理学:实现行政责任的途径》、诺思的《经济史中的结构与变迁》、柯武刚的《制度经济学:社会秩序与公共政策》、霍夫斯塔特的《美国政治传统及其缔造者》、布坎南的《自由、市场和国家:20 世纪 80 年代的政治经济学》、奥斯特罗姆的《美国公共行政思想的危机》等。此外尚有大量公开发表的研究论文,数量浩繁,不一一列举。

其实,就本书研究所涉及的资料来说远不止这些。上下两千余年的中西行政文化比较实际上是一个很大的课题,有关国家行政的制度与原则,活动与实践、学说与思想、观念与意识、传统与习惯是十分广泛的,仅就中国古代政治家、思想家有关安邦治国、治事用人的言论就十分丰富。这些言论和经验或其存于浩如烟海的经、史、子、集等类书籍，或保存在政治家、思想家的著述和文集中。这些都有待以后的研究中加以整理、审视和利用。

二、研究的方法

本书的研究方法主要是比较分析方法。所谓比较分析方法，是将彼此有联系或类似的事物进行比较，以揭示其共同点和差异性的方法。比较分析方法既可采用共时性比较，也可采取历史时比较。共时性比较是对同时期的两种或两种以上的行政文化进行比较，历时性比较是对不同时期的行政文化进行比较。本书研究以共时性比较与历时性比较相结合，也就是说横向比较与纵向比较有机结合，当然共时性和主题性更为突出和重要。比较研究方法是政治学研究的传统，一般说来，比较分析方法是一种相对宽泛的，一般的研究方法，而不是狭窄的，专门化的研究方法。在比较研究领域，除了必须使用比较的方法，如比较的分类框架和范围，隐含或明喻的对象和事项，相对同一或类似的比较主题、参数或指标系统以外，还可以而且应当使用在政治学、行政学研究领域已经证明具有普遍意义的其他研究方法。就本书来说，如：历史分析方法，或称历史主义方法，是马克思主义的一个重要方法论，这一方法要求任何理论概括都必须建立在历史主义的基础之上。列宁曾说："在分析任何一个社会问题时，马克思主义理论的绝对要求，就是要把问题提到一定的历史范围之内。"①本书以数千年的历史进程来比较和探讨中西行政文化，而文化本身就是历史的积淀，故只有在尊重历史、尊重史实，充分占有和分析史料的基础上，才能探求中西行政文化的特质、差异和发展规律。此外，多学科理论运用方法也是本书的研究方法。由于本书将行政文化研究置于广泛的社会历史文化和特定的行政活动和行政实践的背景中，以当代行政学原理为基本理论，以文化变迁为视角，以历史发展为线索进行比较研究。因而，本书涉及行政学、文化学和历史学的研究领域，运用多学科的理论和方法显得十分必要。

---

① 《列宁选集》第2卷，人民出版社1972年版，第512页。

第二章

行政与行政文化

第一节　行政

中国作为世界文明古国，行政活动与行政实践有着悠久的历史，在长期的封建社会中，形成了一套相当成熟、严密的行政制度和十分丰富、独特的行政思想，不仅包括中央集权的国家行政体制、人事行政制度、行政监察和行政法律制度，而且包括与之相适应的行政思想、行政学说、行政传统和行政习惯。所以国外有不少学者认为历史上对行政研究得最早的国家当数中国，1972 年美国出版的《管理思想史》就持这一看法。但现代意义上的行政学产生于西方，我国现代行政学是 20 世纪 20～30 年代从西方引进的。

一、何为行政

在行政学百余年历史上出现过从不同角度给行政下过许多不同的定义。由于行政活动是随着国家产生和社会发展而变化的，在奴隶社会和封建社会，国家权力高度集中在奴隶主和封建帝王手中，国家管理机构比较简单，国家管理的事务有限。随着资本主义制度的确立，许多资本主义国家开始按照“三权分立”原则，普遍将国家机关分设为立法、行政、司法三个不同国家职能部门，三权分立，相互制衡，这就提出了一个问题，行政是指整个国家机关的活动？还是指立法机关、司法机关以外的行政机关的活动？同时社会的进步，社会活动的增加，社会生活的丰富和社会分工的扩大，企事业单位、社会中介组织和社会团体的管理活动也越来越普遍，这些管理活动是不是行政？自行政学创立以来，许多行政学者从不同的角度对行政进行了探讨和研究，从不同的角度对行政作了不同的解释，由于对行政解释的不同，对行政范围的界定也就不同。就行政众说纷纭的解释而言，大致可以分为以下几种。

一种观点是从“三权分立”的角度解释行政，认为行政是指与立法、司法并立的“三权”之一的部分，这是对行政狭义的解释，认为行政只是政府中行政机关所管辖的事务。这一观点的主要代表人物是美国行政学者霍普金斯大学教授魏洛毕（William F. Willoughby）他在1927年出版的《行政学原理》一书中认为：“行政乃是政府组织中行政机关所管辖的事务。”① 魏洛毕将政府立法、行政、司法三大机关中的行政机关所管辖的国家事务活动称之为行政，从行政学发展的历史来看，魏洛毕的观点正确地指出了行政的主要内涵是“政府组织中行政机关所管辖的事务”，界定了行政学研究的对象的重点范围。这种狭义行政的解释有其历史原因。近代西方资产阶级分权学说兴起后，资本主义国家基本上是按照资产阶级启蒙学者“三权分立”的理论组建国家管理机构，立法、司法、行政三权分立，互相制约，行政管理职能得以相对独立存在和发挥。如果说，在自由资本主义时期，“三权分立”在某种程度上确实存在，这种解释有较多的合理性，容易为人们所接受的话，那么，进入垄断资本主义后，“三权分立”的体制已发生了很大变化，国家权力实际上主要集中在行政机关，行政机关的权力明显凌驾于立法和司法机关之上，狭义的行政概念同现实生活有了相当的距离。

另一种观点从政治与行政区分的角度解释行政，认为政治是国家意志的表现，行政是国家意志的执行，凡属于国家意志的执行部门，执行活动就是行政。这种观点的代表人物有行政学的创始人，美国行政学者、普林斯顿大学教授威尔逊（Woodrow Wilson，1856～1924）。他说：“行政是一切国家所共有的相似性很强的工作，是行政中的政府，是政府在执行和操作方面最显眼的部分，政治是政府在重大而且带普遍性事项方面的国家活动，而行政是政府在个别、细致而且带技术方面的国家活动，是合法的，明细而且系统的执行活动。”② 持此种观点的还有美国行政学家、哥伦比亚大学教授古德诺（Frank J. C. Goodnow，1859～1939），他在1900年所著的《政治与行政》一书中提出：“在所有的政府体制中都存在着两种主要的或基本的政府功能，即国家意志的表达功能和国家意志的执行功能”。“这两种功能分别就是政治与行

---

① ［美］魏洛毕：《行政学原理》，约翰·霍普金斯出版社1927年版，第1页。

② ［美］威尔逊：《行政学之研究》，载美国《政治科学》季刊，1887年6月第2期。

政”。① 古德诺的观点扬弃了政府功能的三分法，认为政府的基本功能只有两种，即国家意志的表述和国家意志的执行，前者谓之政治，后者谓之行政。古德诺第一次从政府功能区分的角度明确提出政治与行政是政府的两种功能，他不仅在威尔逊的政治—行政二分法的基础上作了进一步的阐释，而且着重对政治与行政的协调关系以及如何实现这种协调提出了自己的独到见解。在政治与行政二者关系中，古德诺正确地将政治与行政加以区别，指出了行政的基本功能是对国家意志的执行，把行政科学的研究对象范围界定为国家意志执行的管理活动。古德诺认为“行政即是司法的，又是政府的”②，这种见解对行政学研究对象范围的界定属广义行政的范围。显然，这种界定也并非完全准确，现代行政中行政不能不表达国家意志，执行不可能不体现政治。相反，现代各国政府无不参与政治决策，无不体现统治阶级的意志。所以，这种价值中立对行政相对广义的解释，与现实行政仍有一定的距离。

第三种观点从广义政府角度解释行政，此观点主要代表人物是美国行政学家狄马克教授。狄马克教授认为：“行政是研究人民需要从政府方面获得一些什么，以及怎样去获得的一种学问。行政同时又强调了管理方法和程序的具体概念。”③ “公共行政管理是包括了政府的三大部门，而不仅是行政部门而已。立法与司法机构除了其特殊任务之外，对于公共政策实施，也都负责任，而且两者都是具有内部行政管理体系及行政人员的庞大机构。研习公共行政管理学生，对于这三大部门都会发生关系，但适用的行政管理原理，则都是一样”。④ 狄马克教授认为的行政是包括政府的立法、司法、行政三大部门在内的行政，这种解释是广义的政府行政。

第四种观点从行政程序、技术和方法方面解释行政，认为行政只是国家机关具体的管理活动。持此观点的代表人物有美国行政学者、芝加哥大学教授怀特（Leonard D. White，1891～1958），他在1926年所著的《行政学导论》一书中认为：“行政是为完成或实现一个权力机关所宣布的政策而采取的一切运作，即对其部属所采取的指挥、协调和控制活动。”⑤ 费富纳教授在1946年所

① ［美］古德诺：《政治与行政》，王元译，华夏出版社1987年版，第12～14页。

② ［美］古德诺：《政治与行政》，王元译，华夏出版社1987年版，第12～14页。

③ ［美］狄马克：《公共行政管理》，蒋传玠译，黎明文化事业股份有限公司1974年版，第1～9页。

④ ［美］狄马克：《公共行政管理》，蒋传玠译，黎明文化事业股份有限公司1974年版，第1～9页。

⑤ ［美］怀特：《行政学导论》，麦德罗·希尔图书公司1947年版，第1页。

著的《公共行政》一书中也认为："行政是一些人协力使政府工作得以完成。行政活动的主题是高度技术化和专门化的……行政的方法涉及到许多工作人员工作上的管理、指挥和监督，希望在他们努力中产生一定的效率和结果。"（J. M. Phiffner，*Public Administration*，Ronald ，N. Y，1955）而古利克（Luther Gulick）也说："从工作着眼，行政就是 Posdcrb，即计划、组织、人事、指挥、协调、报告、预算七种职能。"（L. Gulick，*Papers on the Science of Administration*，Institute of Administration，N. Y，1937）这些观点说明在行政和政治的关系中，行政学的研究较为具体，层次较低，偏重于行政活动的程序、技术等方面，有正确的一面，但离开了行政活动中的政治因素和条件，忽视行政对政治的参与和所起的作用，则不能全面反映行政的全貌。

第五种观点从团体管理活动角度解释行政，持这一观点的主要代表人物是美国行政学者、加利福尼亚大学教授西蒙等人。西蒙（Herbert A. Simon）认为："行政就是一些人完成政府任务所作的协调动力。""是集体努力与合作的艺术"。① 西蒙教授是从最广义上对行政下定义，界定的范围即包括国家机关、公共团体，也包括一切营利和非营利团体，如企业、事业的领导机关，毫无例外都属行政之列，只不过略加区分为"公共行政"与"私人行政"而已。这种对行政研究对象范围的界定，属于最广义的行政。这种解释，将行政定义过于宽泛，包罗万象，失去了科学分类的意义，不利于对国家行政管理规律的探讨，有失行政本义。

20 世纪 80 年代初行政学研究在我国恢复以来，我国学者也对行政的概念及范围进行了诸多研究。如黄达强、王沪宁等人倡导狭义政府行政理论。黄达强认为，行政是"国家政务的管理活动"。② 这里的行政既不包括国家立法机关的管理和国家司法机关的管理，更不包括其他个人或组织如企事业单位的管理。王沪宁关于行政的狭义表达也属于狭义政府行政理论。王沪宁认为，行政"是与政府活动有直接关联的一种活动，是围绕执行社会公共权威而展开的活动和关系，特别是与实现政治目的、制定计划和推动具体过程相关的各项活动"，"即将行政限于政府的行政活动"。③ 周世逑也认为："所谓行政，就是国家行政部门为实现代表统治阶级意志的国家目的和任务，而对所属的国家职能和国家事务的组织管理活动的总称。"④ 夏书章为代表的学者秉持广义政府

---

① ［美］H. A. 西蒙等：《行政学》，艾尔弗雷德·克诺夫联合公司 1950 年版，第 1 页。
② 黄达强，刘怡昌：《行政学》，中国人民大学出版社 1988 年版，第 3 页。
③ 王沪宁、竺乾威：《行政学导论》，上海三联出版社 1989 年版，第 2 页。
④ 周世逑：《行政管理学通论》，劳动人事出版社 1989 年版，第 1 页。

行政理论。夏书章认为："行政是行使国家权力的管理，凡不属于国家机关的管理活动，便不属于行政。""应将以行使国家权力从事国家管理的活动称为行政。"① 这一观点认为，行政是国家机关的管理活动，国家机关以外的企业、事业单位属经济管理、经营管理范围，不应当列入行政的范围。这里的国家机关管理是指既包括国家行政机关的管理活动，也包括国家立法和司法机关的管理活动。唐代望、李方为代表的学者倡导最广义行政理论。唐代望认为："我们社会主义国家的行政管理是管理整个社会的，不仅包括国家行政机关的管理，而且包括立法、司法以及事业单位的行政管理。"② 李方也认为，行政是"指国家立法、行政、司法部门乃至其附属单位的管理工作"，"企事业单位的某些管理工作也叫做行政管理，社会主义国家的党、团、工会、妇联等大型组织的管理工作也应该是行政部门和学术界所关心的对象"。③ 这里的行政显然包括立法机关、司法机关和行政机关的管理活动，也包括企事业单位及党团、工会、妇联等政治、社会组织的管理活动。

以上各种对行政的不同解释，对理解行政的概念都有一定的参考价值和启发意义。

二、行政的内涵及其实质

探究行政的内涵和实质，离不开行政涉及的领域和发展的历史。最广义的行政一般可分为四个方面：国家行政、公众行政、企业行政、私人行政。国家行政，又称政府行政或公共行政，是指以国家政权为基础的国家事务和社会公共事务的管理。它包括国家行政机构的设置与权限划分、国家行政权力的运用与行政人员的任免、国家行政法规与行政监督等内容。公众行政，是指以公众组织和社会团体为基础的社会服务性事务的管理。它包括社会各类中介机构、社会团体和群众组织所从事的各类事务管理。企业行政，是指以企业为基础的生产性事务管理。它包括任何较好地设置企业行政机构、合理地进行权限划分、有限地激励企业人员、科学地建立管理制度等。私人行政，是指以个人权威为基础、以利益的个人支配为前提的私人企业或组织的各类事务的管理。私人行政，是根据国外社会中存在大量企业或单位的事实而提出来的概念。

---

① 夏书章：《行政管理学》，山西人民出版社 1985 年版，第 1 页。

② 唐代望：《现代行政管理学教程》，湖南科技出版社 1988 年版，第 3 页。

③ 李方：《行政管理学纲要》，中国劳动出版社 1989 年版，第 2 页。

显然，本书是以国家或政府行政作为其基本研究对象的。然而，国家行政或政府行政本身又有广义与狭义之分。广义的行政是指包括国家立法、司法、行政在内的所有国家活动和政府活动。狭义的行政是指除国家立法、司法以外的国家公共事务的管理活动。

在近代以前，人们通常认为国家或政府只有立法和行政功能，立法体现的是造法功能，行政体现的是执法功能。因此，在近代，“行政”一词常与“立法”一词并用。近代以后，人们才开始把司法从行政中分离出来，这样就把国家和政府的功能分成立法、行政和司法三个部分，狭义行政由此产生。

从行政学的发展历史来看，狭义行政观是建立在孟德斯鸠的“三权分立”学说，以及自然法，议会至上等原则基础上的。该理论着眼于政治权力体系的整体构成和宏观配置，指出了行政的政治中立性、技术性等性质，显然有其合理之处，但用来概括当代社会的行政现象已是失之偏颇，其原因在于行政管理现在越来越具有普遍性和广泛性，已遍布于国家政治和社会生活的各个方面。

西方资本主义国家的权力体系通常分为立法、司法和行政三个独立部分，以此相互平衡和制约，这种情况在资产阶级政权初建时期较为严格地得到遵守，故人们往往据此认为只有政府行政部门所管辖的事务才是行政。而同样，根据资本主义国家权力体系的一般构成，有的学者持政治——行政二分法观点，将国家、政府分解为两种基本职能及过程：即政治与行政，认为从事政策和法律的制定的政治领域表达国家意志、目的；而实施法律和政策的行政领域执行国家意志、目的；他们认为，实施法律和政策的机构及程序才是行政学研究的对象。

事实上，行政管理活动是广泛存在的，任何组织都是在人、财、物的前提下开展活动的，故人事行政、机关行政和财务管理既是行政管理的基本内容之一，同时也是立法、司法管理中不可缺乏的组成部分。同时，随着社会的发展，立法与司法工作日趋细化、专业化且数量庞杂，既非传统立法者，主要由政党成员组成的国会或类似机构所能完全胜任，也非司法部门所能独自承担。为此，各国国会不得不以“行政立法”“委任立法”的形式授予行政机关部分立法权；同时各国也建立起了行政法院、行政审判庭等机关，负责处理行政诉讼。社会生产生活的日益复杂，已使立法权、司法权与行政权日益互渗交融。而行政活动的过程表明，政治固然是制约行政的一个极为重要的，无从摆脱的因素，但行政也是可以反作用于政治；体现国家意志的政治活动，同样必须经由一系列信息、计划、监督、调节等行政环节来以逐步实现，行政本身就是政治的一个重要构件，也就不能不体现国家意志。

不过，在行政学发展的较早时期，强调立法、司法和行政的三分法和主张政治与行政的二分法都有助于行政学从政治学中分离出来，成为独立的学科。

如果说传统行政学一般是以政治学、法学的研究途径为主的话，那么，现代行政学则更多的是借助经济学和管理学途径，从而大大更新了行政学的研究模式，也大大拓展了行政学的研究范围。现代行政学的代表人物提出，不论立法、司法，抑或行政机关、政府，还是其他公共权力机关、社会组织，甚至包括工商企业，只要是有协调众人努力以达到一定目标的一切管理活动，都属于行政，他们将行政理解为一个实际而外延广泛的运作过程，注重讨论行政管理实施过程中的方法及其有效性。因此，有些西方国家的大学在专业分类上将行政学、公共行政学或行政管理学等归并于工商学院。

广义行政观是基于管理主义的，这种广义的行政理论大大拓展了行政学的研究领域，目前正大行其道，但仍有未尽然之处，我们认为，举凡对人、财、物、事的决策、组织、指挥、协调、监督等职能活动都可以称为管理。从时间来看，管理的历史要比行政长得多，可以说自从出现了人类，有了人类的群体活动，就有了管理活动；但只有出现了阶级，产生了国家，才有了政治性的管理——行政。从空间来看，管理的外延更宽、范围更广，它贯穿于社会生活领域的大大小小各个方面，凡是有人类活动的地方就存在管理活动。可见，行政是一种管理，但只是管理众多门类中的一个重要门类，管理是一个更大范围的系统，而行政只是这个大系统中的子系统。我们必须注意行政与管理的区别与联系，不能把所有的管理都视同行政，当然也不能把行政与管理割裂或对立起来。一般来说，持“管理”行政观的现代行政管理学仍以政府活动及其科学化为主要研究对象，并据此设定研究范畴和研究方法，以区别对工商企业界的管理的研究。现代英语中的 Administration 与 Management 或 Public Administration 与 Private Administration、Business Administration，就是表示行政管理与工商管理的区别，或者说是行政与管理的区别。从行政学的历史发展的进程来看，无论是现代的还是传统的行政，无论是广义的还是狭义的行政，“行政”的界定很难有十分明确的界限。不过还是大致可以确定在国家、政府、国家公共事务及政府本身事务范围内，这应该是“行政”的内涵和实质所在。

三、行政的定义

行政是包罗万象，并且不断变化发展的，随着社会分工的发展和理论学术的演进，与行政相关的各种活动越来越错综复杂，在数量和范围上日益扩张。

因此，科学和准确地确定行政的概念并非易事。尽管如此，但就行政的内涵来说人们的认识，古今中外还有共同之处的。

在中国古代文献中很早就有关于行政的记载。“周公行政”是《论语》中关于“行政”一词的最早记载，《左传》中也有“行其政事”“行其政令”的记载，《史记》中有“成王少，周初定天下，周公恐诸侯叛周，公乃摄行政当国。周公行政七年，成王长，周公反正成王，北面就群臣之位”的记载，还记有周厉王无道，召公谏不听，国人作难，王奔于彘，召公、周公二相行政，号曰“共和”。而《礼记》中的“大道之行也，天下为公，选贤与能，讲信修睦”则较为完整地反映了当时的人事行政观。这些“行政”概念，基本上是指管理国家的政务活动，在中国通用辞典里，“行政”多界定为国家政务的管理。在西方，也很早就出现了与中文“行政”相类似的词汇。2000 多年前古希腊学者亚里士多德就使用过“行政”一词。现代英语 Administration，即行政，是从拉丁文 Adminiatrare 而来的。现今国际上普遍采用的《社会科学大辞典》对 Administration 的解释是：国家事务的管理。在马克思的著作中，把行政也称之为“国家的组织活动”。① 综而概之，行政又称为行政管理、公共行政、公共管理等。而这些不同的称谓其英文分别为 Administration、Public Administration、Public management，不仅词根接近，而且意义上也并无重大区别。可见，把行政解释为国家政务的管理活动，是人们基本可以接受的。我国现有行政学方面的著作对“行政”定义的表述基本不出其左右。除以上已提及外，比较有代表性的，按时间顺序列举如下：

“行政管理是国家的基本职能之一，是对国家事务的一种有组织的管理活动，目的是实现统治阶级的意志。”②

行政是“行使国家权力，从事国家事务管理的活动”。③

“行政是国家的组织活动，是行使国家权力，管理整个社会的活动。”④

行政“是指国家行政部门管理国家事务、政府事务和社会公共事务的活动”。⑤

“所谓行政管理，是指依据宪法和有关法律，通过各级行政机关对国家事

---

① 《马克思恩格斯全集》第 1 卷，人民出版社 1972 年版，第 479 页。
② 应松年等编著：《行政管理学》，北京师范大学出版社 1986 年版，第 4 页。
③ 田禾：《中国社会主义行政管理学》，西南师范大学出版社 1986 年版，第 2 页。
④ 王健刚等：《行政机关学》，上海交通大学出版社 1987 年版，第 1 页。
⑤ 谭健主编：《现代行政管理手册》，辽宁人民出版社 1987 年版，第 1 页。

务、社会事务和政府事务进行管理的活动。”①

“所谓行政管理，是指国家产生以后，国家政府部门通过组织、领导、指挥、协调和全体工作人员的共同努力，以完成行政任务，实现国家目标的一种基本政府职能。”②

“行政管理是从社会管理中演化出来的一种特殊管理，随着国家的产生而产生，是一种高层次的。它的基本含义应该理解为：是国家政务系统对社会公共事务的管理。”③

“行政管理也即行政，主要是指国家行政机关对国家政务的管理活动。这里包括国家行政机关国防、外交、国家荣典等国家事务的管理；对经济、科教文卫、治安、环保等社会公共事务的管理；对行政机关自身的机关设置、人员、经费、财务、工作程序等国家行政系统内部事务的管理。”④

“所谓行政，是指国家行政系统行使公共权力，执行国家意志，推行国家政务，管理国家公共事务的活动。”⑤

“公共行政可概括为国家行政组织或公共行政组织在宪法和有关法律的规定范围内对国家和社会公共事务的管理活动。”⑥

“公共行政（Public Administration）简称行政，是指政府依法国家事务、自身事务和社会公共事务进行的管理。”⑦

“公共行政就是国家行政机构依法管理社会公共事务的活动。”⑧

综上定义并分析，可以把行政大体定义为：国家行政系统为实现国家目标和统治阶级利益，依照法律、法规，执行国家意志，行使公共权力，有效地管理国家政务、政府事务和社会事务的活动。

第二节　文化

文化也是一个学术界迄今为止尚难对其准确定义的概念。据《大英百科

① 蒋翰庭：《行政管理学基础》，机械工业出版社 1988 年版，第 6 页。
② 李方、李福玉：《行政管理学基础》，高等教育出版社 1988 年版，第 10 页。
③ 向美清：《现代中国行政管理学教程》，法律出版社 1990 年版，第 2 页。
④ 许文惠：《行政管理学》，红旗出版社 1992 年版，第 1 页。
⑤ 张德信、李兆光：《现代行政学》，红旗出版社 1993 年版，第 3 页。
⑥ 彭和平：《公共行政管理》，中国人民大学出版社 1995 年版，第 11 页。
⑦ 曾明德、罗德刚：《公共行政学》，中央党校出版社 1999 年版，第 1 页。
⑧ 竺乾威：《公共行政学》，复旦大学出版社 2002 年版，第 2 页。

全书》和美国文化人类学家克罗伯和克拉克洪《文化：关于概念和定义的探讨》统计，文化的概念和定义，即西方历史上出现过的对于文化含义的阐释，均在一百六十种以上，可谓众说纷纭。

一、什么是文化

从词源上看，在古代中国，文化是"文治教化"之意。在古代西方，"文化"一词源于拉丁文"cultura"。其本意指耕作，后引申出居住、练习、留心或注意、敬神等意思，现在的英、法、德等语种中还保留了拉丁文的某些含义。

近百年来，人们热衷于文化问题的探讨和论争。"文化"一词的随意使用，常常引起思想和论述的混乱。文化是什么？中外学者感到十分茫然，而且难以一言蔽之。正如罗威勒（A. lawrence Lowell）所说："我被托付一项困难的工作，就是谈文化。但是，在这个世界上，没有别的东西比文化更难捉摸。我们不能分析它，因为它的成分无穷无尽；我们不能叙述，因为它没有固定形态。我们想用文字来界定它的意义，这正像要把空气抓在手里似的。当我们去寻找文化时，除了不在我们手里以外，它无所不在。"①

在西方，文化一词最早于 1871 年由英国人类学家泰勒（E. B. Tylor）使用。19 世纪到 20 世纪初期，人们所谈的文化正如美国人类学家克鲁伯（A. L. Kroeber）等人所说，只能算是似而非的历史重视。在中国，有些人士将"历史"与"文化"随意地联在一起，并且染以"道统"和"理学"色彩，也是属于这一类，这也许是志在恢复正在激变中的原有文化，而不是认知文化。要认知文化，最好是阅读以研究文化为专业的人的研究成果。要想接近这些成果，最好是先知道他们对于文化所下的定义。

显然，要了解文化，所需触及的方面极其广泛。从历史、文学、艺术、宗教、制度到科学和工业，无一不包含在文化之内。因此，要了解文化，不可不从了解文化的众多方面着手。但是，就所要达到的目的而论，不需要触及这么广，也不可能触及这么广。只需要了解文化文类学或社会学所论及的关于文化最基本的部分就可以达到目的。

近代中国文化问题的论争从清末算起已有一个多世纪。在这一论争中有回

---

① Quoted from A. L. Kroeber and Clyde Kluckhohn. *Culture*, *A Critical Review of Concepts and Definitions*, 1952.

向源头论，有中体西用论，有本位文化论，还有全盘西化论，可谓五花八门、种类繁多，人们对这一问题论争可谓波澜壮阔，高潮迭起。在频繁的论争中，大家都忙着各抒己见，或者抨击对方。而文化究竟是什么这一基本问题却始终鲜有人去进行深入的分析和研究。以至今日我们仍有必要去探究和把握“文化”这一概念和定义内涵。

克鲁伯等人所著的《文化，关于概念和定义的检讨》（*culture, a critical Review of concepts and Definitions*）一书，罗列了从1871年到1951年80年间关于文化的定义至少有164种。这些定义只能说到文化中的一个或若干个层面或要点。也就是说，这些定义中没有任何一个足以一举无遗地将文化的实有内容囊括而尽。之所以如此，是由于文化实有的内容太复杂了，复杂到非目前的语言及少数的表达方式所能提挈出来。张忠利、宗文举先生在《中西文化概论》中将众多的文化定义结合起来，进行如下推论：

第一，在文化全部实有之中，不可有意无意把信为“好的”或“要得的”看做是文化；而把认为“不好的”或“要不得的”不看作文化，而看作“历史中的偶然”。在文化全部实有之中，任何一个层面或要件或事物，无一不是文化所有的层面或要件或事物。就西方文化来说，基督教的教义、哥白尼的天文学以及牛顿力学固然是文化；妇女束细腰，火焚圣女贞德和虐待伽利略，也是文化。天空的飞鸟、水里的游鱼铸不出这些成绩。就中国文化而论，孔孟之道、四库全书、文言文、白话文以及仁、义、道、孝、悌、忠、信固然是文化；撒谎、走八字路、包小脚以及太监，还是文化。从认知作用来看，它们全在同一平面之上。这才是对文化的科学态度。

第二，文化包括层进中的各层。文化是人适应环境与创造活动及其成果的总和。任何文化无一不含有“精神”和物质“成分”。

第三，文化之所指不仅限于所谓“文明人”，“野蛮人”同样有文化。所谓“文明”与“野蛮”之分，以及认为自己总是站在“文明”这一边，这种念头是出于自我重要感、声威要求和对文化知识的贫乏。基于“文明”与“野蛮”区别之上的文化观，是文化的价值观。文化的价值观，常投射于我族中心主义。因而，这种文化观毫无科学意义可言。事实上，文化是地球表面的一种普遍现象。在这个地球表面，除了传说中的或极少数的狼人以外，凡有人的地方就一定有文化。完全没有文化的人是很难生存下去的。巴黎、纽约、东京、台北固然有文化；新几内亚、班克斯群岛（Banks Islands）、麦伦尼西亚岛（Melaresia）同样有文化。只是文化各不相同罢了。

第四，文化并非一成不变的化石，而是在变动之中。有的文化变动较快，有的文化变动较慢，有的文化变动缓慢使生在其中的文化分子感觉不出来。于是，他们就武断地下个结论，说有不变的永恒的文化。

第五，价值观念是文化构成的必要条件。不能想象没有价值含在其中的任何文化。价值是支配行为的要素。价值在不同的具体环境里发芽，滋长有各种特殊情况。玄学家对文化中的价值观念依其玄学观点构思。文化中的价值观念是实际生活的产品，但又可支配实际生活。

第六，文化与文化价值都是相对的。在世界文化典型尚未出来以前，很难笼统地说哪一种文化优秀或不优秀。

两位专家通过以上分析，认为文化是人适应环境与创造活动及其成果的总和。其功能有二：其一，文化是人类精神的主体设计者与承担者，是人类自我意识的最高凝聚；其二，文化外化出人类生存、发展所需的一切物质产品。①

可见，要想简而概之文化的定义，确实是一个很难的问题。以至于有的学者建议，文化的概念就像“模糊逻辑”“模糊数学”一样。它的 界域本来就是不可确定的，追求简单的定义不见得有必要。② 现在通用的“文化”一词，是近代通过日文转译从西方引进的。而西方的所谓“文化”，本意是耕种、居住、练习、留心或注意、拜神等。我国古代的“文化”是“文”和“化”的复合。“文”指圣人所创制的礼、乐、典章制度。“化”是教化，以文教化天下之民。(《易经·贲卦·彖传》）把文和化联系起来用：“观乎天文，以察时变；观乎人文，以化成天下。”这种在“文治教化”的意义上理解的文化在我国一直保持到19 世纪末。

二、文化的内涵及其定义

19 世纪中期，一些新的人文学科如人类学、社会学、民族学等在西方兴起，文化的概念也随之发生变化，开始具有现代的意义，成为这些新兴学科的重要术语。泰勒是最早把“文化”作为专门术语来使用的学者。他在 1871 年发表的《原始文化》一书中，对文化下了现代意义上最早且影响至深的定义。他认为：“所谓文化或文明乃是包括知识、信仰、艺术、道德、习俗以及包括作为社会成员的个人而获得的其他能力、习惯在内的一种综合体。”此后有关“文化”的定义层出不穷，人们对“文化”的定义一直没有一个统一的认识，

① 张忠利、宗文举著：《中西文化概论》，天津大学出版社 2002 年版，第 11 ~ 13 页。

② 黄飚：《文化行政学》，上海文艺出版社 2003 年版，第 7 页。

原因在于涉及文化的学科体系不同，“文化”一词是人类学、文化学、社会学、哲学、历史学、经济学、政治学、法学等很多学科都要涉及的概念，各个学科都有自己的方法论和学科特点，因此，在概念的表述上往往是有差异的。此外，政治视野和意识形态的差别，民族语言表达方式的差异也是造成各个国家文化定义分歧的根本原因。曾有人在形容文化的难以把握时做过这样的比喻：在这个世界上，没有别的东比文化更难捉摸，这正像要把空气抓在手里似的，当我们去寻找文化时，它除了不在我们手里之外，它无所不在。在人们看来，文化的内容是多方面的，通常包括：人们的生活方式，从其所在的群体中继承的社会遗产；思想、感情、信仰的活动方式；积累起来的知识、学问；社会组织、政治制度及经济关系；伦理道德与价值标准；行为方式；历史的积淀。文化的内容确实是多方面的，除战争和灾害以外的其它一切的人类凭借智能所创造的，以为群体所接受的所有有形和无形的东西，如科学、艺术、道德、宗教、建筑、学术、思想、制度、风俗、习惯、精神等等都是文化的组成部分。

文化是一种普通的社会现象，与人类活动有着密切的联系。一个社会的文化形成十分复杂，是在一个相当长的历史过程中，在自然环境、人类活动和社会环境中的各种因素相互作用过程中形成的。文化形成的长期性和复杂性，决定了每一个社会的文化都有相当的稳定性和独特性。虽然文化是由社会物质生产发展所决定的，并随着社会物质生产的发展而发展，但文化的形成与发展往往滞后于社会物质生产的发展。因此，文化的形成与发展是一项较为艰巨的任务。文化产生于人类的生产、生活过程，又对产生它的各种因素具有反作用。恩格斯说：“当一种历史因素一旦被其他的，归根到底是经济的原因造成的时候，它也影响周围的环境，甚至能够对生成它的原因发生反作用。”① 文化对社会的反作用既可以是良性的，具有良性效应，能维持、推动社会发展，也可以是非良性的，具有破坏效应，对社会发展起阻碍作用。

文化与文明是一个既相互联系又难以区分的两个概念。文化是文明的基础，文明的进步有赖于文化的发展，文化的发展必然促进文明的进步，“文明是放大了的文化”。② 文化与文明的区别在于：其一，从性质上看，文化现象是中性的概念，在它的含义中不包含价值判断，我们说一种文化时往往可以是进步的文化，也可以是反动的文化。文明是肯定的概念，指人类社会的进步状

① 《马克思恩格斯全集》第4卷，人民出版社1972年版，第502页。

② ［美］亨廷顿：《文化的冲突与世界秩序的重建》，新华出版社2002年版，第24页。

态，它代表进步，它总是让人们联系到社会的进步程度。其二，从时间上看，文化和人类社会一起存在，历史较长。文明则是人类社会发展到较高阶段才出现的。

从文化的运动过程和运动规律来看，文明具有这样一些特性：文化即是人类活动的产物和结果，不是制约、指导人类活动方式的原因；任何一种文化现象都是由多种文化要素复合在一起的，文化要素之间相互关联，文化系统的一个文化要素变动，会影响到其他文化要素和文化的整体。任何文化要素都不是孤立的，都会和别的文化要素组合在一起，构成一个复杂的文化系统。文化是通过后天的学习得来的，由人类构造的信息传播系统进行传递。“文化的内容显然不能靠遗传来传递。任何一种遗传基因都不能告诉我们如何跳波尔卡舞，要靠右边行驶，信仰某个神。文化的每个内容都是学来的”。① 文化是各个民族长期积累下来而又相对稳定地存在着的现象，文化是多种多样、丰富多彩具有民族性的，文化具有适应性，适应于特定的自然与社会环境条件，而对另一些社会则不一定适应；文化具有整合性，构成一个社会的文化的要素和内容相互协调一致；文化具有渗透性和持久性，文化是无时不在、无所不有的，且一旦形成将具有相当的持久性，文化是不断变迁的，随着社会物质生产的发展而不断发展。“一般说来总是制度首先变迁，或变迁速度快，其次是风俗，民德变迁，最后才是价值观念变迁。”②

从文化存在的形态、地位、作用来看，文化往往又可分为物质文化和非物质文化，主流文化和非主流文化。物质文化是指物质世界中，一切经过人的加工，体现人的思想的有形的东西，它的特点是因其有形而在使用过程中不断被损耗。而非物质文化，或精神文化，指制度、规范、观念等，它的特点是因其无形可以被反复使用而不被损耗。在非物文化中，又可以分为规范文化和认知文化两种。所谓规范，就是人们行为的规则，做事的方法，行动的蓝图。规范构成了一个国家或一个更小的社会文化的特点。规范包括法律、道德、习俗、禁忌等。认知文化的代表就是“知识”，由思想、态度、信仰、价值等构成，这些因素给社会成员提供观察世界，了解现实的手段。规范为人们指出如何行动、做事、做人，是约束人们行为的准则，其功能是引导善良、正确的行为，保持社会的秩序、和谐、稳定。知识教给人们在社会上谋生的手段，是工具性的文化。主流文化是社会中占主导地位，为社会上多数人所接受、认同，对现

---

① ［美］伊恩、罗伯逊：《社会学》上册，商务印书馆 1994 年版，第 69 ~ 70 页。

② 郑杭生：《社会学概论新修》，中国人民大学出版社 1999 年版，第 90 页。

存社会秩序起着维护、支持作用的文化。主流文化对社会大多数成员的价值观、行为方式、思维方式有很大的影响。非主流文化指在一般不与主流文化相抵触或对抗的前提下，仅为社会中一部分成员所接受或为某一社会群体持有的文化。从发展的角度看，主流文化与非主流文化的区分不是绝对的，随着时间的推移，主流文化可以转化为非主流文化，非主流文化也可转化为主流文化。

人类是文化的创造者，人们在创造文化的同时也影响创造了自己。人的一生需要进行社会化，而社会化的过程就是接受、创造、学习文化的过程。人要在社会中生存，必须学习与社会相伴而生的文化，否则，社会化就无从进行，人就无法适应社会，创造自己的价值。这一点也可以称为文化的教化培育功能。文化因此可以建构民族心理，塑造民族性格，形成民族传统。不同的民族、社会有不同的文化。由于文化的这些差异性，把不同的民族、社会区别开来，这是文化的最基本的功能。文化中的精神文化为社会提供了系统的行为规范，从而起到维护和巩固社会制度、调控和保持社会制度正常运转的作用。文化并不是由随意拼凑在一起的不同部分组成的，某一种文化的内容、功能、作用都是互为补充的，文化作为一种有机的体系，各构成部分相互依存，文化的某一部分解体，可能威胁到整个文化体系，并进而导致社会整合的瓦解。

面对林林总总的文化内容，丰富多彩的文化内涵，纷繁复杂的文化特性和功能，如何理解文化的概念。我们大致可以从广义和狭义来理解，把文化理解为广义文化和狭义文化。广义文化就是人类所创造的物质产品和精神产品的总和，而狭义文化则是人类所创造的精神产品的总和，主要包括人类所创造的制度文化和思想文化。广义文化的概念内容很宽，包括物质、精神及其相关的各个组成部分，狭义文化主要是以思想意识形态为主要内容的精神文化，包括制度观念、价值、思想、意识、道德、理想、原则、传统、习惯、心理等，广义文化和狭义文化是相对而言的，狭义文化只是将文化限定在相对于物质的精神层面，在各门学科以及人们的日常习惯中，广义文化和狭义文化往往交替使用。本书涉及的问题多为制度和精神层面，故行政文化的比较较多的是从狭义文化出发，围绕这一文化的价值与精神、思想与意识展开，同时也从广义文化着眼，阐述这一文化的背景与起源，认为文化是人们所创造体现人类文明的全部社会产品。

第三节 行政文化

行政文化是行政体系中的成员在一定的社会文化背景下所形成的对行政活动的态度、情感、价值观和信仰，也是千百年来行政活动和实践中形成的制度、原则、习惯、传统、观念、意识等。任何一个行政体系的结构、过程、程序及行政主体的行为观念，都会直接或间接受到行政文化的影响。社会中每一个成员都是在一定的文化环境下成长起来的，他们之间的相互行为和相互关系都不能离开这一特定的文化环境而存在。行政活动主要体现的是人的活动，而每个行政人员身上都具有各种文化因素，如信仰、价值观念、意识、情感、态度等。当一定的行政人员形成一个完整的行政体系时，行政体系中的行政人员就会自然而然地创造出一种内容更为广泛、普遍并得到公认的文化，这就是行政文化。行政活动既体现一定的文化因素，又受到一定文化的规范和制约。缺乏对行政文化及其作用的理解，不仅难以深入研究行政活动与行政管理，而且难以把握行政文化尤其是中西行政文化发展的历史及当代行政发展的规律。

一、行政文化的含义与内容

（一）行政文化的含义

文化是社会生活的一种重要因素，文化往往在不同的社会生活领域中表现为不同的形式。行政文化是文化在行政活动中表现出来的一种独特的文化形式，它借助行政主体、行政活动、行政对象而体现相应的特质。行政文化是一个复合的整体，是人们对行政体系及其行政活动的态度、情感、信仰和价值观以及人们所遵循的行政原则、行政传统和行政习惯等。广义的行政文化包括行政意识形态，以及与之相适应的行政制度和组织机构、运行机制，狭义的行政文化仅指行政意识形态，即在行政实践和行政活动基础上所形成的，直接反映和影响行政活动与行政关系的各种思想学说、心理现象、道德现象和精神活动状态。具体来说，包括行政意识、行政观念、行政理想、行政思想、行政道德、行政原则、行政传统、行政习惯、行政心理、行政精神等。

行政文化作为文化的一种表现形式，它的产生同样受到社会物质生产运动的决定性影响。但对行政文化直接产生影响的则主要是社会文化和具体行政活动，行政文化是在社会文化的基础上，在行政体系的行政活动中形成的。在不同的行政体系中，在一定的行政活动范围内，行政主体进行具体的行政活动和从事具体的行为时，总是不可避免地带有社会文化的各种因素和成分，形成特定的行政文化。因此，行政文化作为文化的一种表现形式，是通过行政主体之间的相互行为和相互关系表现出来的。通常，不同的社会有不同的行政体系，在不同的行政体系的活动中，形成不同的行政文化。中国传统社会在集权政治体系中形成的行政文化同西方社会在分权政治体系中形成的行政文化有着全然不同的特征。行政文化虽然受制于行政体系和行政活动，但是，作为文化的一种形式，行政文化也反作用于社会环境，在很大程度上影响行政活动。这种反作用既可能是积极的，也可能是消极的。所以，“当政治文化等上层建筑阻碍着经济基础的发展的时候，对于政治上和文化上的革新就成为主要的和决定的东西了”。①

行政文化作为文化的一种表现形式总是在不断发展和变迁。任何社会和国家的行政文化都会经历传统行政文化向现代行政文化的变迁。行政文化随着社会环境的变化，尤其是社会物质生产运动的变化而发生变迁，体现了行政文化的适应性特征。同时，行政文化的某个部分适应社会环境的变化而发生了变迁，行政文化的其他部分也会发生相应的变化，体现了行政文化的整合性特征。行政体系中的成员对行政文化的变迁也起着重要的作用。行政人员的行为变异或对行政文化规范的偏离给行政文化的变迁提供了可能。而社会环境则直接影响行政人员的观念、意识和价值观，从而间接地影响到整个行政体系的活动过程。因此，良好的社会环境是形成良性的行政文化变迁的前提。

（二）行政文化的内容

按照行政文化的定义，广义的行政文化一般包括行政意识形态，以及与之相适应的行政制度和组织机构、运行机制，狭义的行政文化仅指行政意识形态，即在行政实践和行政活动基础上形成的，直接反映行政活动与行政关系的各种思想学说、心理现象、道德现象和精神活动状态。最广义的行政文化还包括行政器物文化，即行政活动所需要的物质条件。本书从国家行政现象的发生及演进，行政活动与行政实践所及和影响将行政文化的内容确定在广义行政文化的范围。广义的行政文化包括制度行政文化和观念行政文化。何为制度行政文化或行政制度文化？俞可平先生说：“行政制度就是国家的公共事务管理和决策制度，也就是我们日常所说的政府制度。”② 也有的学者进一步认为，行

① 《毛泽东选集》第1卷，人民出版社1964年版，第300页。

② 俞可平：《当代各国政治体制》，兰州大学出版社1995年版，第89页。

政制度是“国家为了有效地执行宪法和法律，实现国家的行政职能而依法规定的有关行政权限、行政组织、行政领导体制、行政活动及其行政监督等方面的制度”。① 或行政制度是“国家为了实现行政管理的职能而做出的一套关于国家行政领导体制、国家行政决策体制、国家行政监督体制、国家行政机构的组织方式及其活动规程等方面的制度性安排”。② 简而言之，行政制度即政府制度是以一定的行政思想和观念为指导，由国家宪法和法律规定的有关国家行政机关的产生、职能、权限、组织结构、领导体制、运行机制、活动规程等方面的准则体系以及政府体制内各权力主体的关系形态。从广泛意义上来讲，主要包括国家行政领导体制与决策机制、国家行政机关的设置及其权限划分、国家行政监督制度与行政法律制度、国家人事行政制度等内容。行政制度是国家政治制度的重要组成部分。从国家权力体系来说，行政权力是不可分割的国家权力整体的一部分；国家机构系统来说，国家行政机关是它的重要分系统，与国家立法机关、司法机关等一起，分掌国家权力的各个部分，执行着国家不同的权力；从国家的职能及其实现来说，行政职能是整个国家职能的重要组成部分，国家的基本职能主要是通过经常的、大量的、行政活动来实现的。由于行政制度是国家行政管理与活动的各种规定性规则和制度，是人们制定出来为了规范和约束国家行政及其人员的规则和规章。这些规则和制度作为人类文明的成果本身就是一种文化。同时，制定行政制度与制定行政制度的主体的观念系统、价值取向是分不开的，其中包含制定行政制度的主体对制度的认识，以及制定行政制度的原则、理念与取向等，都属于行政制度文化的范畴。行政制度文化从整体来讲就是有关国家行政领导体制与决策机制、国家行政机关设置及其权限划分、国家行政监督与行政法律制度、国家人事行政制度的文化内核，是设计、执行、监督、变革这一系列制度的理性原则、价值取向、理念追求、道德标准及利益调整的观念和设计系统。由于人们更多的是从狭义来解释行政文化的，故行政文化多指观念形态的行政文化，其内容主要包括主观性的行政文化和规范性和行政文化。主观性的行政文化是对行政主体的态度、情感、评价等主观层面产生影响的行政心态、行政意志、行政评价、行政心理、行政精神、行政信念、行政价值、行政意识、行政思想、行政理想和行政道德等所组成的复合体。规范性的行政文化则指对行政主体的具体行政行为与观念产生规范性影响的行政文化，包括行政原则、行政规范、行政传统和行政习惯等

---

① 唐晓等:《当代西方国家政治制度》，世界知识出版社 1996 年版，第 177 页。

② 吴大英、扬海蛟:《现行政治制度论》，山西教育出版社 2000 年版，第 176 页。

因素。

作为行政文化的组成内容，主观性行政文化和规范性行政文化处于一种不断循环的相互作用过程。一般情况下，特定的行政体系中的行政主体在行政活动过程中反复表现的行政行为一旦稳定下来，就会构成行政为模式，从而形成行政原则、行政习惯延续下来。这些行政原则、行政习惯中的某些主观成分在行政实践中便上升为具有普遍意义的主观性行政文化，对行政体系产生持久的影响力。主观性的行政文化一旦巩固下来，便会对新的行政主体和行政活动产生指导性作用，并在新时期、新条件下帮助行政体系构造新的行政原则和规范。这样，主观性的行政文化和规范性的行政文化在不断的相互作用、相互影响中发展。主观性行政文化对规范性行政文化产生影响，规范性行政文化又是主观性行政文化得以形成的主要来源，对行政主体和行政行为产生规范性的影响。规范性行政文化的形成可以是行政活动过程中自然形成的，如行政传统、行政习惯，也可以是人们在行政活动中总结归纳出来的。规范性行政文化因其形成的自然性，故虽不具有法律的强制性，却也为大多数行政人员所自觉承认和遵守。

行政心态。行政心态形成于行政活动的起始阶段，并随着行政活动的展开而不断变化。行政心态是人们对具体行政活动所持的情绪、感知方式和态度的总和。如对既定行政方针和原则的积极响应或消极抵触，对某一行政计划和方案所表现出来的成竹在胸或无所适从，对将实施的政策和措施郑重其事或漫不经心。

行政意志。行政意志是人们决心达到某种行政活动目的而产生的精神状态，是行政心态上升至理性的强化结果。行政意志是行政观念和行政活动中的行为倾向，行政意志的形成，实质上是人做出某一行政行为时在对错之间、善恶之间、道德与非道德之间实行的选择。因此，行政意志，有强烈的目的性、目标性，是行政人员主观能动性的重要体现。

行政评价。行政评价是特定意识形态下，人们对社会实际存在或可能发生的各种行政行为所作的价值判断，以达到存真去伪、扬善抑恶的目的。行政评价一般分为社会评价与自我评价两种。社会评价主要是指社会舆论，其中包括一定社会集团和阶级有意识、有目的地通过舆论工具所传播的正式社会舆论，也包括人们自发传播的民间舆论。社会舆论在性质上有进步与落后之分，在作用上有积极与消极之别。自我评价主要借助于内心信念或主观意志的作用，在评价中，个体自身既是评价者，又是被评价者。与社会评价相比自我评价更为深刻、直接、迅速，是形成良好行政文化不可缺少的重要构成。

行政信念。行政信念是指人们对行政体系中的行政组织和行政活动的信念。它包括：一是对行政规范、行政行为的信念，这种信念对确定行政行为的原则和标准起作用；二是对行政目标的信念，即对行政机构和主体所达到的预期目的期望。行政信念是一个行政组织进行有效行政，完成行政任务的巨大内在动力。在一个行政组织中，所有行政人员共同一致的信念是这一组织管理活动高效率的保证。行政信念是行政组织的灵魂，坚持什么样的信念，信念的坚定性如何，直接关系到行政体系的功能发挥和行政活动的成败。

行政价值。行政价值是指人们对行政事务、行政现象的评价和看法。行政主体对行政事务的看法和评价在心目中的主次、轻重和排列次序，构成行政价值体系。行政价值及其体系是决定行政行为的心理基础。行政价值不仅影响行政主体的行为，也影响整个行政组织的行为进而影响行政活动的有效性。在相同的条件下，对于同一事物，人们的价值评判标准不同，就会产生不同的行为和活动。因此，选择合理的价值标准是行政组织生存、发展和行政活动正常、有效的重要条件。

行政道德。行政道德是行政人员在行政活动中应遵循的调节管理主体与客体，以及管理主体之间的关系的道德、准则和规范。通常行政道德是在行政信念和行政价值的基础上形成的。行政道德主要体现在行政主体的修养和具体行为中，体现在行政人员在行政活动中对一些基本的道德范畴，如义务、荣誉、责任、职业等的认识，态度和观念中。行政道德通过个人信念，社会舆论和职业道德等形式对行政人员的行为产生影响。行政道德的形成一般受国家法律法规的调节，并在行政体系中受行政组织的规章制度、行政目标宗旨的制约和影响。在不同的社会、政治体系中，行政道德的内容和形式有所不同。但通常，一些基本的道德规范是相同的，如忠于国家，维护本国的政治制度；严格执行本国法律法规，服从领导，保守国家和职务秘密；公正地履行职责，为公共利益服务，不利用职权谋取私利；忠于职守，勤勉服务，谦虚谨慎、团结协作、诚实守信、廉洁俸公等。行政道德是一般社会道德一样，由道德意识、道德关系和道德活动三个要素构成。行政道德往往具有阶级性与社会性、时代性与继承性、民族性与开放性、高尚性与广泛性的特点，行政道德是行政人员努力做好行政工作的精神动力，也是实现行政人员自身完善，顺利完成公务，规范行政行为的重要基础和保障。

行政意识。行政意识是行政主体对行政体系，行政活动和行政关系在主观上的反映。作为对行政事务客观存在的反映，行政意识不是一种单一的反映形式，而是各种反映形式的总和，包括感觉、知觉、表象等感性的反映形式和概念、判断、推理等理性的反映形式。从行政活动过程来讲，行政意识体现在行政主体的认知取向、情感取向、评价取向三个方面。认知取向是对行政活动、行政关系的了解与认识，它包括人们对行政组织的结构、功能、程序、目标等的了解与认识；情感取向是对行政活动和行政关系的感情倾向，如认同程度、支持程度、参与程度等；评价取向则是根据一定的标准，对行政组织、行政活动、行政关系作出的价值判断。一般情况下，行政意识的强弱取决于这三种取向的强弱。认知取向是行政意识的基础，情感取向和评价取向是只有在充分了解和认知的基础上才能进行，因而，对行政组织、行政活动有较充分认知的人，才会有较强的行政意识。行政意识对行政管理尤其是行政人员来说意义重大，相对来讲，有较强行政意识的人，特别是具有正面评价取向的人，对行政体系的认同、支持、参与程度较高，具有较高的管理知识水平，比较适合参加行政机构的决策和管理活动。由于在不同的社会和不同的行政环境下，人们的行政意识是不一样的，并且，即使在同一行政环境下，由于所处的职位和担任工作的性质、内容不同，行政人员的行政意识也不一样。为了提高行政管理的水平，实现行政活动的目标，行政组织通常采取一定的措施，提高行政人员的行政意识，促使他们增强对行政体系、行政活动的认知水平，提高对行政体系的认同、支持和参与程度。

行政心理。行政心理是行政关系体现者的知觉、情感、态度和个性的总和，及其对行政关系和行政活动的自发的感性反映形式。所谓行政关系的体现者，包括实施行政管理的人和接受行政管理的人，是行政主体与客体的统称。行政心理的实质，就是人们对于社会行政、政治和经济现实的主观反映，是社会精神现象的一个重要组成部分，并能通过行政行为能动地反作用于包括行政体制在内的社会政治制度。行政心理是人们基于现实需要，通过对种种行政活动、行政关系的切身体验而直接发生的知觉、情感和态度之总和。行政心理的发生，最初往往是人们在日常生活及相互交往中，以日常经验的形式所表现出来的对社会现实的直接感受。不同的行政心理往往导出不同的行政行为，从而影响行政关系，影响行政体制的改革。行政心理的这种能动作用，与行政观念和行政理论相比，不论是发生机制还是作用方式，都具有极为明显的内在性。行政心理往往受教育发展水平、社会心理、文化传统、经历阅历、社会实践活动、社会变革，以及政治制度的制约和影响，与此同时，行政心理对行政理论的形成、发展、传播、行政理论向行政实践的转化，对个体、群体和领导行政行为都产生十分重要的影响。行政心理也是行政体制改革的心理基础和社会心理条件。

行政精神。行政精神是行政意识发展水平及其成果的体现和概括。行政精神与行政意识具有共同性，二者同属于社会的精神生活领域，都是以行政实践为产生基础对现实行政关系和行政活动的反映。行政精神与行政意识是有区别的。首先，从各自所反映的内容来看，行政意识包括精神与糟粕两个方面，而行政精神仅是指行政意识活动的积极成果。其次，从各自反映的特性来看，行政意识侧重于对全部行政现象的反映，而行政精神则侧重于对体现行政本质及发展趋势的概括。行政精神的基本构成，一是思想、道德的构成，主要包括政治原则和思想、道德水平和性质、管理意识和作风，反映人们的世界观、信念、理想、觉悟、情操等方面的状况。二是智力、知识的构成，主要包括思维方式、管理技术、智力状况，反映人们的文化素质、教育程度、知识构成等方面的状况。思想道德方面的行政精神，其性质与发展方向由社会的经济关系、政治制度、行政体制直接决定，而智力知识方面的行政精神，其发展程度则同社会的物质生产、科技进步的发展程度直接相关。这两类构成相互联系，不可相互取代，但思想道德方面是行政精神中的决定性因素，是不同社会历史条件下行政精神本质的突出体现。

行政理想。行政理想是指行政人员对行政组织的发展和行政活动所要达到的较高期望的理想。一般地说，行政理想包含行政组织的长远目标、行政活动的规范状态、行政组织在社会中的意义与功能等方面的追求。例如，在行政组织发展的理想方面，实现行政组织的民主化、高效化、科学化是每一个行政组织和行政人员的长远的、普遍性的目标理想。与一般行政管理活动中的目标相比，行政理想是一个行政组织的根本性的、长远的期望，而行政目标则是具体管理活动所要达到的目的。但是，行政理想却是通过一个个具体的行政目标的实现而逐步达到的。行政理想对一个行政组织而言，具有十分重要的作用。设置合理的行政理想，可以引发行政人员积极参与行政活动的动机，促使他们产生想实现行政理想的内在需求，从而产生强烈的激励作用。行政组织在设定行政理想时，一般应从以下几方面来考虑：

（1）行政理想的现实性。行政理想不是随意构思的行政幻想，它必须反映行政活动的现实需求，能转化为具体目标并可以实现。

（2）行政理想的可接受性。行政理想要起到指明行政活动的方向、激励行政人员的作用，必须充分考虑到行政体系内成员的具体理想和要求，才能被行政人员接受并得到切实的贯彻。

行政思想。行政思想主要是指有关行政体系和行政活动的思想逻辑体系，有时也称之为行政哲学。自从人类社会出现较系统的行政活动以来，行政思想就已有之。早期的行政思想不成体系，只是一些观点和原则，如中国古代的《尚书》《论语》《史记》，古代希腊哲学家柏拉图的《理想国》和亚里士多德的《政治学》，意大利思想家马基雅弗利的《君主论》中就已提出了一些零星和宝贵的行政思想。20 世纪初泰勒创立科学管理理论，威尔逊创立行政学以后，行政思想开始成为一种较完整的思想体系而引起人们的重视和研究。于是，在现代管理史上，出现了各种流派的行政思想及其代表人物，行政思想如科学管理学派、行为主义学派、管理科学学派、现代管理学派、新公共管理学派，代表人物有泰勒、法约尔、威尔逊、古德诺、怀特、韦伯、巴纳德、厄威克、西蒙等。不同的行政思想尽管都存在或多或少的缺点，但在特定时期内对行政产生了巨大影响。行政思想中某些具有普遍指导意义的部分被提升为一般行政理论和行政原则，在具体行政活动中得到有效的运用。

行政原则。行政原则是指人们在行政活动中所应遵循的方法和准则。它是人们在行政实践活动中总结出的行之有效的普遍性规律，或上升为理论或归纳为一般准则。西方管理学研究提出了一系列指导行政管理活动的基本原则，主要有：目标原则、组织原则、效率原则、民主原则、法治原则、指挥系统原则、责任管理原则、管理幅度原则、例外管理原则等。我国传统行政中也总结出一套普遍遵循的原则，如权责一致原则、考试录用原则、任人唯贤原则等。当前，我国的社会主义行政管理，除了通常遵循上述管理的基本原则外，还必须遵循以下一些原则：坚持四项基本原则、人民群众参与管理原则、民主集中制原则、社会主义法治原则以及领导干部的年轻化、知识化、专业化原则等。

行政规范。行政规范是指作为确定或指导各种行政关系、行政活动的标准和规则，既是行政意志的最集中体现，也是行政意志转化为行政实践后的合理性成果。行政规范的表现形式包括成文规范，也包括行为规范。行政规范的主要特性有三：一是协调性，行政规范是道德性规范与法规性规范的有机统一，体现了两者功能的协调一致；二是原则性，行政规范以正向或反向方式承载着种种行政原则；三是外在控制性，各种行政文化对于人的行为均有一定的控制性，但行政心态与行政意志的行为控制是内在的，其实现过程是由内向外的逐渐显现，而行政规范的控制作用是在主体之外存在的，其实现过程则是由外向内的不断内化。

行政传统。行政传统是指在行政活动中历史沿袭下来的道德、观念、制度、规则等。它是特定行政体系在行政活动中积累而成的稳定的规范因素，体现在行政人员的思维方式、行为方式等方面。行政传统一旦形成，成为行政活动的支柱，则具有一定的权威性和独立性，在不同时代、不同的行政体系中发挥程度不同、功能不同的效应，成为影响和调节行政活动的超稳定系统，并表现出一种内控自制的历史惯性运动。传统的交接是行政文化得以继承的形式之一，通过行政活动的再现机制，重复过去的习惯和方式。行政传统对行政活动的影响主要是通过一些传统的道德、思想、价值观念、行为习惯、活动方式来影响行政人员的具体行为。作为过去行政活动的经验积累，行政传统的内容有些是优秀的，可以提高行政活动的效率和民主，如民主集中制；也有的是糟粕，如在行政人员任用上论资排辈。因此，要合理地继承行政传统，取其精华，弃其糟粕。

行政习惯。行政习惯是在行政活动中由于不断重复而逐渐形成并变为需要的行为方式。它也是行政传统在行政行为方面的具体体现。行政习惯包括稳定的行政行为方式和行政行为作风。在一个行政系统中，某些经常性的活动或行为往往是有效的，故自然而然地演变为一种习惯，这种习惯能使人们得到自我满足，对行政活动产生某种功效，因而人们对比做出肯定的评价，并在行政活动中予以接受和模仿，同行政传统一样，行政习惯有好有坏。良好的行政习惯可以产生良好的行政行为方式和行政作风。不良的行政习惯只会降低行政活动的效率，如独断专行的家长制作风、办事推诿、形式主义、官僚主义的行为作风。行政习惯具有稳定性，行政习惯一旦形成后无论好坏不轻易改变。因此，要培养和形成良好的行政习惯，除了对行政传统进行扬弃外，还应努力将科学的管理手段、管理方式和先进技术运用到行政活动中去。

行政文化不是一成不变的，也不是完全同一的。行政文化既是一个复杂的体系，又是随着社会政治、经济文化、管理的变迁而变化。因而，我们在宏观上把行政文化作为一个整体对社会的行政活动、行政关系发生作用的同时，又可以从不同的视角把行政文化分为一系列不同层次、不同类型的文化。

主体行政文化与客体行政文化。任何行政关系均是由行政主体与行政客体组合而成，由双方在行政关系中的地位不同从而形成不同的行政文化。主体行政文化是指行政管理过程中，实际拥有和行使行政权力的个体或组织的行政意识。主体行政文化的核心，是对行政权力性质的确认、维护和使用，它直接决定着特定行政文化的本质属性与基本特征，是构成特定行政关系的主导因素。客体行政文化是指行政管理过程中，不直接行使国家权力并作为管理对象的个人、群体和组织的行政意识，其核心是对行政主体的行为合理性的评价，其评价标准会因各自利益的不同而呈现多样性。当行政客体认为行政主体行为合理时，易与主体形成同一性的行政文化。反之，则难以形成同一性的行政文化。若行政主体的行为被行政客体评价为不合理，并长期得不到调整和改善时，会造成行政文化主客体间的异质性，甚至带来意识形态的危机。因此，客体行政文化在行政文化的构成中，虽不占有主导地位，但仍具有不可忽视的作用。

总体行政文化与区域行政文化。由于各地区政治经济文化发展的不平衡以及各地区政治经济生活和民族习惯、地域文化的差异，行政文化往往表现出区域性特征。总体行政文化是指存在于整个社会的各种行政活动中基本的、具有全社会普遍意义的价值体系、行政观念、民族气质、行政道德等因素构成的行政文化。它往往对整个行政系统发生作用，对全社会的各个组织和行政活动都具有意义。区域行政文化则是因为一个社会中不同地区的政治、经济发展不平衡，或由于生活于不同地区的民族之间的风俗习惯及其地域文化的差异，往往形成与总体行政文化在形式上存在一定差异的区域行政文化。每个行政区域都有自己独特的区域行政文化。总体行政文化是在整个社会不同地区的区域行政文化基础上提炼出一些共性的内容而形成的，故它是具有根本性、普遍性的文化。区域行政文化是社会总体行政文化在不同地区行政体系内的具体体现形式，是在总体行政文化的本质内涵作用下，结合本区域行政活动的具体条件和情况而形成的，但有时区域行政文化与总体行政文化存在较大的偏离，从而影响和阻碍整个社会的行政发展，使国家的行政活动难以协调一致。

组织行政文化与人员行政文化。行政机构是构成行政体系的基本单位。在行政机构内部，存在着两种相互联系的行政文化，即组织行政文化（亦称机构行政文化）与人员行政文化。组织行政文化是行政组织在进行行政活动和处理行政关系时所持的价值观念、行为准则。行政组织文化通常是由组织的性质、活动内容以及组织成员等因素决定的。不同行政机构的组织行政文化存在着差异。在行政活动中，组织行政文化通常对行政活动的内容和活动方式产生影响，如关于行政工作如何组织、职权应当如何发挥作用、管理和控制组织成员的方式等。同时，组织行政文化也影响着不同行政机构之间的关系，如开放性组织文化通常具有比较融洽的行政关系。人员行政文化是指行政人员在行政活动中所体现的价值观念和行为规范等。由于行政活动的实践主体是行政人员，行政文化的载体也是行政人员，所以人员行政文化是在总体行政文化、区域行政文化、组织行政文化的基础上形成的。人员行政文化的形成有许多来源，一方面，固然受到整个社会文化的影响，包括传统伦理道德、价值观念以及总体行政文化；另一方面，也受主体自身的家庭背景、成长经历、生活经验以及知识水平、信念和价值观的影响。当然，由于行政组织和行政人员之间的互动是最直接、最密切的，因而，组织行政文化和人员行政文化互为交融，相辅相成。

精英行政文化与大众行政文化。精英行政文化是指在行政系统中与有一定地位，对行政活动尤其是行政决策产生重要影响的精英们所持有的价值观念和行为方式。大众行政文化则是指行政活动中的执行者、接受者、旁观者对行政体系、行政活动产生的文化因素。在一般情况下大众行政文化在行政生活中的作用并不突出。但是，一旦精英文化与大众文化处于矛盾冲突的时候，行政管理会造成危机。因此，有效的行政管理和行政活动，应该是精英行政文化与大众行政文化在价值取向的一致与和谐。

显性行政文化与隐性行政文化。显性行政文化是指在行政活动中直接体现出来的文化因素，如行政规范、行政原则、行政习惯等，而隐性行政文化则往往是通过观念等潜移默化地影响行政和行为，如行政信念、行政价值、行政理想、行政思想等。隐性行政文化对行政活动、行政行为的影响与显性行政文化相比并不直接也不明显，但这种影响往往是潜在的、持久的。

传统行政文化与现代行政文化。传统行政文化是从历史上延续下来的行政文化，如中国传统行政文化，尤以三省六部行政机构文化和科举制选官用人的人事行政文化而堪称典型。现代行政文化则主要是反映当前时代发展的行政文化，如西方现代行政文化，以科学管理和依法行政为特色。通常在现代社会中起主要作用的毫无疑问是现代行政文化，但传统行政文化也会经常地、潜移默化地发生影响，这种影响不管对现在还对将来都是存在的，而且也是持久的。

理想行政文化与现实行政文化。理想行政文化是行政组织、行政人员对应该怎样进行行政活动所持的信念、价值和理想。它代表了在一定的环境下，行政组织和行政人员认为是正确的事物和正确的方向。现实行政文化是指行政体系在实际行政活动中所体现出来的行政价值、行政原则等行政文化。理想行政文化对行政组织和行政活动的判断往往是基于理想，希望达到某一目标，而现实行政文化则注重实现，根据实际强调可能性和现实性。

二、行政文化的特征与作用

（一）行政文化的特征

行政文化是一种多层次的、复合的文化，它的形成受到多方面因素的影响，如历史条件、地理环境、社会制度、民族特性、文化心理、文化背景、传统习惯等。行政文化是在社会文化的基础上，在具体的行政活动中形成的，不同的社会文化背景，不同的行政活动培育出不同的行政文化，行政文化的形成是一个长期而缓慢的过程，一旦形成则具有不少相对稳定的特性。

时代性和民族性。行政文化是一种历史现象，具有强烈的时代色彩。行政文化是在一定的历史条件下出现的，行政文化的产生是人类社会发展到一定的历史时期的产物。行政文化的出现是以国家行政活动为前提，是社会私有制、阶级、国家等历史现象的伴随物，行政文化随社会行政实践的发展而发展，不同历史时期的行政实践，都有与之相适应的行政文化。神权时代的行政文化是迷信的、神秘的，封建专制时代的行政文化是尚权威、重服从，资产阶级革命时代的行政文化是讲人权、尚实效、重法治，社会主义民主政治时代的行政文化则重科学、为民众、尚服务。行政文化的民族性主要表现在特定行政文化的具体形式上，以及特定行政文化在其形成、发展过程中所形成的具体途径和模式上，行政文化通过民族特性和民族形式的不断发展，逐渐积淀成行政文化传统，构成行政文化特色，这种行政文化特色往往因不同的国家和民族形成不同的模式和色彩，美国的行政文化通常表现为民主、自由、积极、奋发的特色，德国的行政文化表现为重法、守纪、严正、整齐的特色，英国的行政文化则有尚典、守旧、泥古、重名的色彩。

政治性与阶级性。行政文化的政治色彩十分突出。从某种意义上说，行政文化是从政治文化中分离出来的，犹如行政之于政治，任何行政文化总是带有政治色彩或蕴涵政治意味，作为国家政务的管理活动的行政，无论是政治与行政二分法，还是立法、行政、司法三分法，或多或少都是在体现国家意志的执行。因而，在阶级社会中行政文化具有鲜明的阶级性，行政文化的阶级性并不在于行政文化的产生主要是以阶级社会为条件，而主要在于行政文化在阶级社会中，总是一定阶级意志的反映，总是为一定的阶级利益服务的。不同阶级的行政文化，其阶级性既有相互对立、对抗的一面，又有相互同一、转化的一面，但前者更为直接，是阶级性的主导性构成。行政文化的阶级性，不仅是现实阶级关系的反映，而且也是以往阶级关系的体现，当然，主要是现实阶级关系的反映，这是行政文化阶级性的基本体现。

连续性与变动性。行政文化是连续的、持久的和无所不在的，行政文化一经形成将广泛地、持续地影响行政主体及其行政活动。行政文化的这种连续性，一是表现为任何具体的行政文化，都是以往存在的行政文化的某种延续、继承或扬弃，同时又都具有时间与空间上的推移性，具有向其他类型行政文化渗透、转移和演变的可能。二是作为人类社会整体的行政文化的连续性。这种整体性的文化连续性是无限的，其发展是不可间断的，主要体现在对优秀的行政文化遗产的继承与弘扬。由于历史是不断发展的，社会是不断变迁的，行政文化往往处于不断发展和变化之中，其间新的文化成因不断出现，并注入行政文化的历史长河中，使其具有更为生动多彩的内容与形式。行政文化的变动作为对社会变化的体现，可以是滞后的，也可以是前瞻的。滞后性的变动，往往是被动的，有时由于难以及时适应社会变革而成为历史进步的阻碍。而前瞻性的变动，是对社会变化的主动意识和自觉适应，往往成为行政改革和社会发展的动力。

整合性与多元性。行政文化是在一个相当长的历史发展过程中，在人类社会的经济、政治发展和治国安邦的相互作用过程中，在大量行政实践与行政活动中，在不同社会文化的冲突和交融中，由不同区域和人群逐渐整合而成，不同的区域和人群使行政文化呈现出多元的特征。

渗透性与隐蔽性。行政文化是一种无形的社会积淀物，是人们在长期行政活动中知识、经验、理想、信仰、道德、价值的积淀，是通过长期创造、延续、传承而实现的。因此，行政文化往往以比较隐蔽的形式渗透到社会的各个领域，渗透到各个行政组织和行政人员中，渗透到具体的行政活动中。

（二）行政文化的作用

行政文化的形成及其特性决定了行政文化是一种潜在的无形的力量，其影响是巨大持久，无所不在，无时不有的。行政文化的作用和影响主要体现在以下方面。

第一，对行政行为的作用和影响。任何特定的行政活动无不受到行政文化的制约，无论是行政决策还是行政执行都是如此。行政文化通过人们的行政心理、行政意识、行政思想、行政习惯等对行政行为发生作用。行政文化对行政行为的影响是全面的、直接的，不仅影响行政决策是否果断、科学、可行，而且影响行政执行是否快捷、完整、灵活。具有自觉行政意识和进取行政思想的人，能够成为当机立断、独立思考的决策者和坚定、灵活的执行者；反之，则成为优柔寡断、故步自封的决策者和僵化、拖拉的执行者。开放型的行政文化氛围，会使决策者的行为具有开放、民主、效率倾向；相反，封闭型的行政文化氛围则会使决策者因循守旧，唯书唯上，思想僵化。民主型的行政文化氛围会使决策者的决策具有创造性、灵活性和综合性；相反，专制型的行政文化氛围会使决策者专横武断，刚愎自用。晦暗型的行政文化氛围会使决策者心胸狭隘，玩弄权术，争功诿过，造成行政风气腐败；相反，明朗型的行政文化氛围则会使决策者胸襟开阔，宽宏大度，公平正直，坚持原则，从而形成廉正健康的行政风气。当然，由于文化背景的不同，人们判断决策者和执行者的标准是不同的。但无论评价标准如何，行政文化对人们行政行为的影响是巨大的。

行政文化对行政行为的作用和影响大致体现在对行政人员行为、行政领导行为和行政组织行为三个方面的影响。

行政文化对行政人员（包括行政领导者和被领导者）行为的影响，主要通过行政人员的心理和精神因素间接地作用和影响行政人员的行为。当然，行政人员的心理又是受政治制度、社会心理、社会发展和变革以及行政人员个人的教育水平和阅历影响和制约的。按照心理学的理论，心理现象分为心理过程和心理特征。心理过程包括认知活动、情感活动和意志活动。心理特征，主要指个性心理特征，包括智力、能力、气质、性格等。行政文化对行政人员行为的间接影响途径体现在行政人员的心理过程和心理特征方面。

首先，行政文化通过认知、情感对行政人员的态度和行为发生影响。心理是行为发生的基础。心理过程直接决定行政行为的具体内容。行政文化主要通过对人的认知、情感的影响作用于行政人员的行政态度和行为。认知主要指行政个体对事物的了解、信念和思想等内容。在不同的行政文化环境中，行政个体的认知方式、认知范围、认知内容、认知深度都会有差异。如在开放、民主的行政文化中，行政个体的认知方式多元化，认知的范围也较广，对行政事务的认识更为准确和全面等。行政文化对情感的影响则主要表现在行政价值观、信仰、意识等方面。行政价值、信仰等文化因素包含了特定的评断事物的标准，这些标准直接作用于个体的情感，如好恶、爱憎、喜怒等。通过影响行政个体的认知和情感过程，行政文化间接地影响行政人员在行政活动中的态度与具体行为。

其次，行政文化通过主体的个性影响和作用行政人员的行为。个性是指决定人的行为的普遍性和差异性的稳定的心理倾向和心理特征，包括人的价值观、态度、性格、气质和能力。个性对于行为的意义在于，它决定了人的行为方式。生活在社会中的行政个体，不能不受到该社会文化传统的影响，包括行政文化。任何一种行政文化所包含的价值观念、信仰、理想以及思维方式和行为方式，均通过一定的文化作用机制输送到个体，从而影响和塑造人们的个性及其行为。因此，不同的价值观念，不同的思维方式和行为模式，产生不同的个性，进而导致不同的行为。

行政文化除了对行政人员的心理产生作用以外，在一定程度上也直接作用于行政人员的行为，即规范行政人员的行为。一个人要想成为社会中的一员，生存于社会，适应于社会，就必须使自己的行为符合社会规范，为其身处的文化接纳。这种符合社会文化要求的行为规范并非与生俱来，而是通过社会化即社会的教化与文化的熏陶而形成。对于行政人员而言，其行政行为除了要符合社会文化的一般规范之外，还必须符合自己所处的行政组织文化的特定规范。

尽管行政文化仅仅以价值、观念或习惯等非强制的因素表现出来，但行政人员的行为必须符合这些内容所体现的要求。行政人员从组织内部多数人的行为模式中学习和体会什么是可以做的，什么是不可以做的；什么是对的，什么是不对的；什么行为会受到组织的肯定，什么行为会受到组织的否定，从而习得并遵守行为准则。

行政文化对行政行为的影响，是通过文化的作用机制来实现的。通过这种机制，行政文化将特定的价值、观念和行为规范传输到行政人员，对其行为予以导向和制约。行政文化的作用机制主要为：一是灌输机制。即行政组织通过以组织为主的机制向行政人员传递各种价值标准、行为规范。任何行政组织为了稳定、有效地开展活动，必须围绕保持制度完整和行为有效这一中心，把组织的思想精神灌输到每个成员的头脑中，使他们明白怎样的行为才是正当、合理、有效的。行政人员所在的组织是灌输行政文化的主要机构。此外，学校、家庭、大众传媒等也在传播社会文化时将某些行政文化的传统传递和灌输给行政人员。二是学习机制。即行政人员学习行政组织的规范和行为方式，自愿将该组织的价值标准、传统、规范等行为准则变为自己的内在标准，并自觉承担起对它的责任和义务的过程，也可称为内化机制。行政人员要成为组织的合格成员，就必须掌握该组织的文化。在学习过程中，行政人员了解和学习组织的角色规范，逐步形成自己的政治观点、道德观点、价值标准和行为方式。同样，行政人员也从社会中，从学校、家庭、大众传媒等学习既定的文化内容。相对于灌输方式，学习机制是行政文化得以传承的更为重要的方式。

行政文化对行政领导行为的影响也是巨大的，行政文化通过行政领导对整个行政体系和行政活动发生作用，这是因为行政领导在行政体系和行政组织的活动中起着首要的作用。行政领导在一定的观念、思想和氛围的影响下，对行政组织的活动和行为做出自己的判断、抉择和设计，从而规定了行政组织的活动方式、内容，并在相当程度上决定了行政组织和行为的结果。在行政活动中，领导体制、领导观念、领导素质、领导方法、领导态度、领导情绪以及具体的领导行为，都会受到社会文化和行政文化的影响。

从内容上看，行政文化对行政领导行为的影响主要体现在三个方面。一是行政价值和行政信念对行政领导行为的影响。行政文化中的价值、信念因素，影响着行政领导对组织体制、领导权力、领导责任、领导伦理、领导目的、领导方法、领导原则等的基本看法，如法制的观念、民主的观念、权威的观念等，都是行政文化中影响领导者的重要内容。这些价值、观念的渗透和传递，影响行政领导的具体行为和活动方式。二是行政知识和行政思想对行政领导行为的影响，人们在行政活动实践过程中总结出的有关行政领导的知识和理论，如领导组织、领导决策、领导方法、领导艺术等，对行政领导的能力和素质有着直接的指导作用。在不同社会，每一个行政组织在一定的历史时期都会形成有关行政领导的知识和理论体系。社会和行政组织通过一定的渠道和途径向行政主体传播行政领导知识和理论，使进入领导职位的行政人员掌握一定的领导知识和理论，进而运用于具体的行政领导活动过程中。三是行政传统对于行政领导行为的影响。在历史发展过程中累积而成的行政文化传统在当前的行政领导活动中发挥着重要的作用，尤其是行政文化中的传统道德观念、传统价值标准、传统的思维方式和行为方式，往往对行政领导的观念、领导目标、领导责任、领导作风、领导方式产生影响。

从方式上看，行政文化对行政领导行为的影响主要表现在领导权威、领导素质和领导行为方式三个方面。领导权威是领导者能够实施有效领导的基础。行政文化对领导权威的影响，主要是对权威的来源、权威的行使产生一定的作用。马克斯·韦伯曾经将权威的类型划分为合理的权威、传统的权威和魅力的权威三种。在不同的时期和不同的社会中，人们对权威来源的认同是有差异的，由此形成不同的权威文化。在法理型权威文化中，往往通过正式规章程序，经过民主选举的行政领导，显然可以得到广泛认可和支持。而依靠其他途径获取领导职位的方式，则不会得到认同。在一个民主观念较浓厚的社会中，领导者在行使权威时，充分考虑被领导者的想法和见解，采取参与式的管理方式，一般可取得较为理想的领导效果。反之，领导者专断独裁，不考虑下属的意见随意发布命令，强制实施某些计划，则领导者的目标很难得以实现，领导效果也难以保障。领导素质是指领导者所具有的品德、能力、知识、修养和领导艺术等。有效的领导者应具备什么样的素质，众说纷纭。美国学者鲍莫尔的观点较为典型，他认为，一个较成功的领导者必须具备以下几种素质：（1）合作精神；（2）决策才能；（3）组织能力；（4）恰当地授权的能力；（5）善于应变的能力；（6）勇于负责精神；（7）敢于创新精神；（8）敢冒风险精神；（9）尊重他人；（10）品德超人。现实行政中完全具备以上素质的领导者是很少的，领导者素质不是天生的，是通过学习、实践积累的，是通过以文化为主要内容的社会化过程逐步形成的。

领导方式是指领导者计划、组织、行事方式。行政文化对行政领导方式的作用主要表现在领导行为方式和领导作风方面，领导者的行为方式和领导作风的形成，不可避免地受到其自身的价值观、知识能力水平、心理特征和个性以及领导对组织内部的成员、工作环境、工作目标的认知与评价等文化和心理因素的影响，而上述因素又与领导者所处的行政文化背景密切相关，相当程度上接受后者的调适。反过来，行政领导的行为和作风对整个行政组织的文化产生重要影响。领导者的决策和管理核心的地位，使得领导者的行为在具体的管理活动过程中被仿效和学习，领导者的价值观念、态度、行为作风对整个组织的文化形成和演变起着举足轻重的作用。因此，行政文化和领导者的行为是一种相互作用和相互影响的关系。

行政文化对行政组织行为也有较大影响。行政组织行为包括行政领导、行政决策、行政计划、行政用人、行政沟通、行政监督、行政发展等，这些行为均会受到行政组织内部文化因素的影响，行政文化对行政组织行为的影响表现在：

（1）行政文化对行政组织行为的目标、价值标准产生影响。任何一个行政组织进行活动时，都是以特定的目标为指向，以一定的价值标准为前提的。行政组织的目标选择和价值确定与行政组织所处的文化环境密切相关。行政组织的领导、决策、计划、发展等行为都是在明确的目标指导下进行的，行政目标是在该组织的行政信念、行政理想作用下确立的，且随着行政组织的信念和理想的变化而改变。

（2）行政文化对行政组织行为实施者的心理产生影响。行政组织行为是以行为实施者的心理和动机为基础的。与行政个体心理不同，行政组织行为由组织成员共同实施，其行为的心理基础是群体心理。群体心理的形成，一方面来源于组织个体成员的价值观念、信仰、个性、知识水平、能力等；另一方面则来源于组织成员共同的心理倾向性，这种倾向性由行政组织文化传输的共同需要、共同价值、共同信念、共同理想和奋斗目标所决定。不同的行政文化对组织内部群体心理的影响有明显不同。如在开放型的行政文化环境下，组织成员一般具有主动积极的态度，不怕困难，勇于创新，组织成员对组织活动积极有效，富有创造性，能较好地实现组织的既定目标。而在保守型的行政文化背景下，组织成员缺乏个性和理想，对行政体系缺乏认知与情感，评判事物的价值标准简单平庸，做事墨守成规、不思进取、抱残守缺，在这样的心理因素作用下，该组织的行为只能停留在组织维持的层次上，谈不上组织的发展和有效实现既定目标。

（3）行政文化对行政组织行为方式产生影响。行政组织的行为方式通常决定行政组织达到特定目标的程序、速度、质量和理性程度等。行为方式的不同，反映了该组织所处的行政系统或社会系统中的人们的思维方式与观念系统的差异。而这种差异又是由行政文化背景所决定的。在民主社会，行政决策往往是在集体充分讨论的基础上进行的决策，采用民主决策和科学决策方式。相反，在缺乏民主气氛的背景下，集体讨论和表决的程序是不存在的，精英主义、官僚主义或经验主义决策方式为主要的决策方式。

第二，行政文化对行政观念的作用和影响。行政观念的形成与演变，离不开认识由感性至理性的内在过程，行政人员在行政实践的基础上，对客观存在及其规律的感知、分析、判断、推理等一系列活动，在这些活动中，道德要求心理活动、精神状况始终起着重要作用。行政文化因自身性质的不同，会对实践作正确或错误的指导，也会对客观现实作真实或扭曲的反映，更会对行政观念的内涵作科学或荒谬的解释。因此，行政文化对人们行政观念的影响是长远的、深层的。行政文化作用于行政活动往往是通过行政人员的观念、信仰、习惯来实现的，行政人员是行政活动的主体，在行政活动过程中，行政文化环境对行政人员的观念起着直接的决定作用，社会成员进入行政活动领域后，不可避免地带有原有行政文化影响下各种积极或消极的因素，并在一定的行政体系内和具体的行政活动中形成特定的思想观念。如官僚主义、高高在上、遇事推委、不求有功、但求无过、为政不廉、任人唯亲等行政观念很大程度上与封建的等级制度、价值观念、思维方式、伦理道德等行政文化氛围有关。而行政观念经过较长时期的积淀又成为行政文化的组成部分。因此，从这个意义上说行政文化与行政观念是相互影响的。

行政文化可以通过思想、意识、理想、价值、道德、信念等影响人们的行政观念，进而影响人们的行政活动。在中外行政史上，各个时期、各种流派的行政思想及其代表人物，都往往受到这一时期特定的行政文化的影响，同时又在特定的时期内对行政活动产生巨大的影响，将行政文化中的某些规则和习惯内化为理论和学说，行政思想就开始成为一种比较完整的思想体系，而行政思想中某些具有普遍指导意义的部分被提炼和上升为一般行政理论和行政原则后在具体的行政活动中得到了有效的运用。行政意识作为对行政事物客观存在的反映，不是一种简单的反映形式，而是各种反映形式的总和，包括感觉、知觉、表象等感性的反映形式和概念、判断、推理等理性的反映形式。在特定的行政文化背景下，行政意识均体现行政主体的认知取向、情感取向和评价取向，形成特定的行政意识观念。相对来说，具有较强行政意识的人，特别是具有正面评价取向的人，对行政体系的认同、支持、参与程度较高，具有较高的管理知识水平，能够参与行政机构的决策和管理活动。由于不同的行政文化背景，人们的行政意识是不同的，进而形成不同的行政观念。在理想主义文化背景下形成的行政理想包含行政组织的长远目标，行政活动的规范状态，行政组织在社会中的意义与功能等方面的追求，调协合理的行政理想可以引发行政人员积极参与行政活动的动机，理想主义的行政观念会对行政人员的行政活动产生强烈的激励作用。行政价值作为人们对行政事物、行政现象的看法和评价，这种看法和评价构成了人们行政活动的心理基础，人们的价值观念不仅影响行政主体的行为，也影响整个行政组织的行为，进而影响行政活动的有效性。在行政文化诸多因素中，行政信念一旦内化为人们思想观念，将成为一个行政组织进行有效行政，完成行政目标的巨大内在动力，关系到行政活动的成败和行政体系功能的发挥。而作为行政人员在行政活动中应遵循的道德准则和行为规范的行政道德是在行政信念和行政价值的基础上形成的。在一定行政文化背景下，行政道德主要体现在行政主体的修养和具体行为中，体现在行政人员在行政活动中对一些基本的道德范畴的认识、态度和观念中。最终又影响行政人员的行为和活动。由于行政道德在行政文化构架中处于较高层次，行政道德以其调节与激励、规范与约束、教育与塑造功能有效和有力地影响和制约行政人员的行政观念和行为。

行政文化也可以通过行政传统和习惯影响人们的行政观念。行政传统是特定行政体系在行政活动中积累下来的稳定的规范因素，体现在行政人员的思维方式、行为方式等方面。行政传统一旦形成，则具有一定的稳定性和权威性，在不同的时代、不同的行政体系中发挥不同功能不同程度的效应，成为影响人们行政观念和行政行为的超稳定系统，行政传统对行政观念和行政活动的影响主要是通过一些传统的道德、思想、价值、习惯来影响行政人员的具体行政行为和思想观念。而作为行政活动中由于不断重复而逐渐形成的特定行为方式的行政习惯，也具有显著的稳定性和渗透性，对人们行政观念和行为的影响是持久的。行政文化通过传统和习惯影响行政观念这一过程实际上是相互作用，相互交错，相互融合的。

第三，行政文化对行政体制的作用和影响。行政文化从多方面影响行政体制（组织、机构），这种影响和作用是潜在的、复杂的，通过历史条件、地理环境、民族特性、文化心理、文化传统、社会制度、政治状况、经济水平等对行政体制发生作用。封闭的地理环境、落后的社会制度、较低经济水平下形成的崇尚权威、注重人治、讲求等级的行政文化会产生专制主义的行为体制；相反，开放的地理环境、先进的社会制度、较高经济水平下形成的崇尚民主、注重法制、讲求平等的行政文化会产生民主色彩的行政体制。守旧、惰性、注重形式的行政文化会产生低效率的行政体制；相反，进取、勤奋、讲求实效的行政文化会产生高效率的行政体制。

行政文化对行政体制的具体影响主要体现在结构、目标、形式、发展等方面。

行政文化对行政体制的行政组织结构产生影响。这里的行政组织结构是指行政体制内部各部分或各层级之间建立的一种相互关系的模式。行政结构体现的是行政机构内部的权力和责任的分配关系，以及人事和工作协调关系。行政文化对行政组织结构的影响主要是通过行政价值观、行政思想和行政传统来实现。价值标准不同，行政组织结构的模式也不同。如持理性价值观的行政组织，其结构设计往往按科学的组织理论和组织原则来构造；坚持审美价值观的行政组织，其结构形态体现出协调、平衡的特点。在行政组织的结构模式中，最常见的两种形态是集权型组织结构和分权型组织结构，前者是按照以权力为中心的价值观建立起来的，后者则是按照以群体的价值为中心的价值观构造起来的。行政组织结构往往是在一定的思想、理论原则的指导下进行的。现代行政思想的发展过程中涌现出各种各样的组织理论，其中有关组织建立的原则，对行政组织结构的设计与发展有较强的指导意义。如厄威克提出的目标原则、权力与组织相符原则、职责原则、组织层级原则、控制幅度原则、专业化原则、协调原则、明确原则等。穆尼和雷利提出的递阶原则、功能原则、参与原则、协调原则等。而行政传统对行政结构的影响通常是间接的、潜在的，通过人们的传统价值观念、行政人员的传统心理和传统习惯来发挥作用。如传统社会中的等级观念和集权意识，往往对行政组织结构中的等级结构和权威体制表示出相当的认同，从而加强了组织结构中的等级关系和权威的地位。又如传统的由小农经济滋生的封闭保守的行政心态，容易导致大而全、小而全的行政结构模式，各个行政组织画地为牢、故步自封、不思改革。

行政文化对行政体制的目标体系产生影响。任何行政体制，尤其是具体的行政机构和组织在不同的时期，目标不可能是唯一的一个，往往是由许多不同的子目标构成的一个目标体系。在这样一个目标体系中，存在着目标的优先次序和目标的结构问题，同时也存在着如何处理好各种目标间的关系问题。行政理想、价值观念等文化因素对目标优先次序的确立以及目标关系的处理起重要作用。行政文化对行政体制的目标取向也产生影响。行政文化主要是通过行政信念、行政价值、行政理想、行政道德等因素对行政体制的目标性质产生影响。就政府组织来说，其总的目标取向是执行政策，通过具体行政活动以规范社会、推动社会的发展。但是，由于政府内部分工的不同，不同层次、级别和性质的政府组织，其具体的目标是有差异的，这些组织在制定自己的目标时，显然会受到行政文化的影响。

行政文化对行政体制的形式产生影响。任何具体的行政体制和行政组织形式都是人们在长期行政活动的实践中选择的结果，其中不仅客观存在的管理需要、行政条件和资源状况制约着人们的选择，而且行政文化更是深深地影响着这一选择。在客观因素大致相同的情况下，人们会因行政文化的差异而选择不同的行政体制和组织形式，而在客观因素基本相异的条件下，人们也会由于行政文化的同一性而选择相同的组织形式。同时，行政文化在行政体制和行政组织形式的发展和变迁中，同样起着重要的作用。行政体制发展和变迁离不开一定的社会文化背景，其中就包括行政文化背景。行政文化是行政体制发展的文化理论基础和社会心理基础。行政体制的发展和变革是需要文化理论资源的，任何一个社会的文化都具有传承性，行政文化尤其是思想、理论、习惯和传统，在历史发展的长河中延绵不断，时刻影响着行政体制的发展和变革，而人们的行政心理更是行政体制变革的社会“感应器”，当人们的情绪、需要、利益要求或变革期望，达到一致并持续强化时，会组合成共同意向和心理趋势，外化为统一的舆论和行为，对变革产生影响力和作用力。此外，作为行政文化组成部分的行政心理也是行政体制变革中民众心理的基础。“政之所兴，在顺民心；政之所废，在逆民心”。① “心安，是国安也。心治，是国治也”。② “失天下者，失其民也；失其民者，失其心也。得天下有道：得其民，斯得天下矣。得其民有道：得其心，斯得民矣”。③ 在一定的行政文化背景下，人们心理的承受力、支持力和对发展和变革的认识能力、适应能力、平衡能力是行政体制变革和发展的重要因素。

---

① 《管子·牧民》。

② 《管子·心术下》。

③ 《孟子·离娄上》。

第三章

中西行政文化的起源与成因

第一节　中国行政文化的起源与成因

源远流长的中国行政文化虽然没有像西方行政文化那样创造过较早的民主行政体制和众多的现代行政学流派，但其以悠久的历史与传统、丰富的思想和实践、超常的稳定与传承令西方行政文化望尘莫及。中国古代何以保持着行政制度与体制的稳定与活力，中国古代何以维持着丰富多彩的行政思想与文化的传承与延续。究其原因，我们不能忽视中国古代政治制度与政治结构，以及几千年的中国社会文化尤其是儒家文化，也不能忽视中国古代的经济制度和经济结构，以及对其产生影响的地理环境。

一、中国行政文化的起源

行政文化起源于行政活动与行政实践，是行政活动与行政实践的总结与积淀。中国行政及其文化的最初源流可以追溯到原始社会时期的公共管理和夏、商、西周时期的国家行政。

（一）原始社会时期的公共管理

管理是行政之源，先有管理，后有行政。管理这一社会现象是在漫长的社会实践中逐渐形成的，它是人类社会区别于动物界的重要标志。华夏文明之初，人们群居而生，共同劳动、共同生活、共同消费。“昔太古尝无君矣，其民聚生群处，知母不知父，无亲戚、兄弟、夫妻、男女之别，无上下长幼之道，无进退揖让之礼。”①“昔者先王未有宫室，冬则居营窟，夏则居橧巢。未有火化，食草木之实，鸟兽之肉，饮其血，茹其毛。未有麻丝，衣其羽皮。”②人们只有依靠相互协作才能获得足够的食物，才能生存，才能战胜自然，这样便有了管理。管理的出现是社会进步的标志之一，原始时期有了管理活动，但未形成专门的管理职能。生产力与社会分工的发展，使管理活动逐渐丰富和发展，成为一种对社会越来越重要的职能，同时也就逐渐形成了与管理活动相关的习惯、传统、思想、机构和制度。人类从原始群居到氏族公社，再到部落联盟，从性别、年龄分工到第一、二次社会大分工，根据能力各司其事，是原始社会基于生产力水平的缓慢发展的一种公共管理活动的发展。严格意义上的行政是公共行政，即国家行政或政府行政，应该是始于国家的产生。然而，中国在国家产生前的氏族社会后期已经开始有了“公共事务”的管理。

原始社会是较低生产力水平下的天下为公的“大同”社会，据《礼记·礼运》记载，当时的社会是“大道之行也，天下为公。选贤与能，讲信修睦。故人不独亲其亲，不独子其子，使老有所终，壮有所用，幼有所长，矜寡孤独废疾者皆有所养。男有分，女有归。货恶其弃于地也，不必藏于己；力恶其不出于身也，不必为己。是故谋闭而不兴，盗窃乱贼而不作，故外户而不闭，是谓大同”。它的管理机构和制度必然是原始民主制的，从性质上说是一种没有强制的原始民主管理，从内容上看是一种纯粹的社会“公共事务”管理。

氏族是原始社会最基本的社会经济单位，主要以血缘来划分，是原始社会氏族制度的基础。原始社会中的氏族成员人人平等，均有直接参加管理的权利和义务，社会公共事务由成年氏族成员共同管理。氏族内的各种重大公共事务，都需要召集氏族全体成年成员大会讨论决定。在部落或部落联盟中，由各个氏族长或部落酋长组成的议事会，是执行部落或部落联盟全体成员大会决定的管理机构，即处理日常公共事务的机构。议事会以公开会议形式处理事务，部落所有成年男女成员均有权参加讨论，自由发表意见，最后由议事会根据多数意见做出决议。

公共事务的主要管理者氏族首领，包括部落和部落联盟的首领都是由全体成年成员自由投票民主选举。到了原始社会末期，部落联盟的首领有时也通过各部落首领组成的议事会民主推举产生。对氏族首领的素质要求是勇敢、勤劳、能力卓越，为人所敬爱。传说中的“三皇五帝”就是这样的贤能者。氏

① 《吕氏春秋·恃君》。

② 《礼记·礼运》。

族首领的工作和职责就是为大家服务，没有报酬，没有特权，不脱离生产劳动。氏族首领在社会公共事务的管理中不能独断专行，主要起召集作用。当时私有制还未产生，没有形成独断专行意识的社会基础。据《尚书·尧典》记载："帝曰：'咨！四岳，汤汤洪水方割，荡荡怀山襄陵，浩浩滔天。下民其咨，有能俾乂？'佥曰：'於！鲧哉。'帝曰：'吁！咈哉，方命圮族。'岳曰：'异哉，试可乃已。'帝曰：'往！钦哉。'"① 当时，为了治理泛滥成灾的洪水，议事会坚持推举鲧主持治水，尧虽不赞成，最后也只得同意。这说明尧的权力是有限的，并受到议事会的制约，尧的提议必须在多数人赞同时才会被通过，而多数人的意见尧必须执行。氏族成员对于氏族首领不仅有选举权，还有罢免权。氏族首领虽无一定的任职年限，却也不是终身制，更不能世袭。如果不称职，或做了严重危害公共利益之事，或年老不能主事，氏族成员可以召开大会罢免其职务。在氏族首领身边平时还有几位年龄较大、经验丰富、威望高的长者，协助氏族首领分管各项公共事务，他们是首领的老师、辅佐，对首领也起着约束、教导的作用。由于氏族内部没有对抗性的矛盾和冲突，因而除了舆论和自然形成的一些习惯规则或公共道德外，往往不存在也不需要强制手段，没有处罚、监禁或死刑。所谓"神农无制令而民从"，"刑政不用而治，甲兵不起而王"。② 可以说比较真实地反映了这一时期社会情况和公共管理。正如恩格斯所说："这种十分单纯质朴的氏族制度是一种多么美妙的制度啊！没有军队、宪兵和警察，没有诉讼，而一切都是有条理的。……在大多数情况下，历来的习俗就把一切调整好了。"③，这些代表和协调全体氏族成员公共利益，为全体氏族成员约定成俗和自觉遵守的公共道德、习惯、行为和传统在长期的生产生活实践中逐渐形成，并积淀成最初的公共管理文化（行政文化）。如果违反了这些为全体成员所遵守的公共道德、习惯和传统，必然受到当时无比强大的社会力量和舆论的谴责。氏族的公共场所，既是议事会议室，也是"学校"，即长辈对小辈教育之地，以及传授诗歌、声律，批评错误言行之地。春秋时的乡校议政，就是氏族社会遗传下来的舆论监督制度的一个事例。氏族首领提倡无私的批评和议论，政事没有不公平的。"黄帝立明堂之仪者，上观于贤也；尧有衢室之间者，下听于人也；舜有告之旌而主不蔽也；禹立谏鼓于

① 《尚书·尧典》。

② 《商君书·画策》。

③ 《马克思恩格斯选集》第4卷，人民出版社1972年版，第92~93页。

朝而备讯唉。"①"尧有欲谏之鼓，舜有诽谤之木"。② 当时的"诽谤"一词就是氏族成员对公共事务或对氏族首领的议论，或对不符合公共道德和公共准则的言行的善意批评，也就是我们今天所说的行政监督或建议。

原始社会时期的氏族图腾是早期公共管理的精神支柱和思想渊源之一。在长期的生产生活实践中，随着生产力的发展，思维水平和认识水平的提高，人们开始尝试解释动物与人类的生死、日升月落、雷鸣电闪、草木枯荣等自然现象，于是有了日神、月神、雷公、电母、土地神、河伯等观念，原始宗教由此产生。最初是对自然的崇拜发展到祖先崇拜和图腾崇拜。先民们相信自己的氏族与某种动物、植物或无生物有着血缘关系或其他特殊关系，于是就把它作为本氏族或本部落的崇拜对象和族徽，即图腾，对其表示尊重或祈求保护就是图腾崇拜，也是一种信仰、一种思想。传说东方的夷族以鸟为图腾，西方的犬戎族以犬为图腾，炎帝族以牛为图腾。图腾的来源与该氏族的生活环境有密切联系，如西北高原上的各氏族多以野兽为图腾，黄河流域多以两栖动物和鱼类为图腾，东部沿海地区各氏族多以鸟类为图腾。进入父系社会后，随着部落联盟的扩大，图腾的形态也有了变化，产生了几个氏族所共有的部落图腾，如夏族的龙图腾、商族的凤图腾，据说皇帝、共工、夏、祝融、匈奴等皆出自龙图腾。龙作为超越、综合各氏族各部落的想象化神灵，从此成为中华民族共同尊奉的至上神。原始社会的图腾崇拜作为原始宗教信仰，是一种必然的文化现象，它既反映了在生产力不发达、认识水平低下的情况下，对神秘的自然现象的迷惑和恐惧，也反映了华夏祖先对自然的热爱。从当时管理的意义上说，它是管理的精神支柱，起了维系和加强本氏族成员的团结、凝聚与集体意识的作用，从历史发展来说，它是以后道家以法自然为中心，儒家天人合一思想的渊源，对中国传统行政思想与文化的起源无疑有一定的影响。

原始社会末期，随着私有制的产生，原始民主制的管理和文化逐渐受到冲击和淡化。由于各部落之间为了争夺土地、山林、牲畜、财富和人口不断发生战争，需要一个有指挥才能、英勇善战的军事首领，而战争也强化了军事首领在氏族内的地位和作用。此时各部落首领组成的联盟议事会还起着重要的作用，议事会选举军事首领，决定重大事项。军事首领要对部落联盟的人民负责，不称职的可罢免，全体成员大会仍是部落联盟的最高权力机关，可以否定议事会的决定，联盟内最重要的事务如对外宣战、媾和等，仍需由全体成员大

① 《管子·桓公问》。

② 《吕氏春秋·自知》。

会讨论决定。这种原始社会解体前的体制叫“军事民主制”，它预示着原始社会的解体。尧、舜、禹时期，就处于军事民主制时期，尧、舜、禹先后为华夏部落联盟领袖，尧年老之时让位于舜，舜年老之时又让位于治水有功的禹。这就是历史上所说的“禅让制”。但据另一些文献记载，尧、舜、禹职位的更迭，表面上是维持着禅让制的形式，实际上都经历着激烈的斗争。尧晚年曾想把职位传给儿子丹朱，但有威望的舜借口尧破坏了民主制，用武力囚禁了尧，放逐丹朱，取得职位。舜临死前又想传子商均，禹也凭借威信和力量继任了部落联盟领袖。禹年老之时，部落联盟议事会推举皋陶为继承人，但皋陶不久即死去。大家又推举伯益为继承人，禹虽无法反对，但暗中培养儿子启，把大部分政事交给儿子负责处理，并让启的亲信分管许多事务，却不给伯益实际工作。禹死后，启在一些部落首领的支持下，夺取了联盟领袖的职位，从而结束了军事民主制，开始向世袭王权过渡，原始民主制终结。

考察中国原始社会时期的公共管理发展是以氏族社会为基础，没有强制的、民主的、纯粹的、简单的公共事务管理。列宁说：“曾经有过一个时期，国家并不存在，公共联系、社会本身、纪律以及劳动规则全靠习惯和传统的力量来维持。”① 这种管理以约定成俗的公共道德、习惯、传统和图腾崇拜为其思想文化基础，以氏族成员大会、部落联盟议事会和禅让制为运作模式。现代意义的政府行政尚未产生，但随着原始民主制的瓦解，禅让制向世袭制的过渡，预示着“行政”终将在华夏大地出现。建立在生产力水平低下，原始公有制、氏族成员集体劳动，共同生活基础上的原始民主制管理模式和管理理念与现代民主管理和现代行政不可同日而语，但它的演变过程和发展轨迹是探寻行政发展应该注意的源头。

（二）夏、商、西周时期的国家行政

现代意义的行政是国家产生以后才有的社会现象，而国家的形成是社会生产力发展到一定阶段的产物。公元前 21 世纪，随着私有制的产生，贫富分化的出现，氏族制度逐渐瓦解，作为统治与行政工具的军队、政府、法庭、警察、监狱等机构构成的国家产生了。与原始社会相比，这是一个文明时代，“今大道既隐，天下为家。各亲其亲，各子其子，货力为己，大人世及以为礼，城郭沟池以为固，礼义以为纪。以正君臣，以笃父子，以睦兄弟，以和夫妇，以设制度，以立田里，以贤勇知，以功为己。故谋用是作，而兵由此起；

① 《列宁选集》第 4 卷，人民出版社 1972 年版，第 45 页。

禹、汤、文、武、成王、周公，由此其选也。……是谓小康”。① 国家是如何形成的，其演变的轨迹何在？相传尧舜时，黄河流域泛滥成灾，尧召集长老和部落首领议事，推荐鲧主持治水工程。鲧采取筑堤堵水防水的方法，虽勤勉不息，但“九载，绩用弗成”。② 舜时只得推荐鲧的儿子禹继续领导治水，禹吸取教训，首先调查测量，“行山表木，陆行乘车，水行乘船，泥行乘橇，山行乘檋，左准绳，右规矩”③，同时，改堵的方法为疏导的方法，疏通河道，排除积水，让河水顺着河道流入大海，经过十三年艰苦努力，三过其门而不入，终于制服了洪水。禹因治水有功，成为舜之后的部落联盟领袖。禹做了部落联盟领袖后，“以四海为壑”，征讨三苗，召集各部落大会，形成了以华夏族为核心，包括周围各族组成的大联合。“禹合诸侯于涂山，执玉帛者万国”，④ 这种联合是国家产生的前提条件。禹在联合诸侯的过程中，禹“致群神于会稽山，防风氏后至，禹杀而戮之”。⑤ 禹的权力之大，表明一种在氏族之外并凌驾于氏族制度之上的权力正在形成，预示着国家即将产生。禹治水的成功也促进了各地经济文化的交流，“茫茫禹迹，画为九州，经启九道”。⑥ 这一具有历史意义的事件，标志着中国早期行政已突破了以血缘关系为基础的部落界限，奠定了中国行政区域划分和郡县制的基础。公元前21世纪，禹的儿子即位后，废除了禅让制，正式建立了中国历史上第一个奴隶制国家夏王朝，可以说大型水利工程建设最终促成了国家的形成。美国学者魏特夫（Wittfogel）认为：“这样的工程时刻需要大规模的协作，这样的协作反过来需要纪律，从属关系和强有力的领导”，“要有效地管理这些工程，必须建立一个遍及全国或者至少及于全国人口重要中心的组织网。因此，控制这一组织网的人总是巧妙地准备行使最高政治权力，于是专制君主与专制主义制度的产生变得不可避免了”。⑦

国家形成后，实现了从原始公共管理到国家行政的变革。国家行政也称政府行政，与原始民主制的公共管理不同，它不是按血缘而是按地区来划分居民，是建立在国家的强制力的基础之上，并设有专职机构和专职管理人员的国

① 《礼记·礼运》。
② 《尚书·尧典》。
③ 《史记·夏本纪》。
④ 《左传·哀公十七年》。
⑤ 《国语·鲁语》。
⑥ 《左传·襄公四年》。
⑦ ［美］卡尔 A. 魏特夫《东方专制主义》，中国社会科学出版社1989年版，第67页。

家政府行政管理。夏王朝建立后，把全国按地区分为“九州”来进行管理。“九州”为冀州、兖州、青州、徐州、扬州、荆州、豫州、梁州、雍州①，大致包括黄河中下游地区，这是中国历史上最早的行政区划，其影响是深远的。夏王朝已经设立了完全脱离生产，依靠贡赋生活的专职国家政府官吏，《礼记·明堂位》记载：“夏后氏官百。”如夏王左右设“四辅臣”，称“四邻”：前曰疑，后曰丞，左曰辅，右曰弼。设“三正”：掌管政事；设“羲和”：掌管历法；设“太史”：掌管典籍；设“瞽”：为乐师；设“官师”：为教师；设“遒人”：宣示政令，搜集民意；设“大理”：调解诉讼，掌管刑狱；设“啬人”：征收贡赋。此外，夏朝还设立了地方行政机构，“九牧”就是夏王派去管理“九州”的地方行政长官。夏朝的侯国或部落的首领称“伯”，夏朝已设有家臣，如“单”管理王家事务，“御龙”是专为养蛇的职务，“车正”为管理车辆的职务。

从公共管理到政府行政的变革，使社会经济和文化有了很大的进步。启即位后的第十年，在大穆之野举行了一次盛大的音乐舞会，演奏了“九韶”“九章”等音乐，会上“万舞翼翼，章闻于天”，《墨子·非乐》。如果没较高的物质文化水平，是无法举办这种大型的音乐舞会的。农业生产、酿酒、手工业都有了较大发展，尤其是出现了以铜、锡等为材料熔铸而成的青铜器，还掌握了天文历法，制定了“夏历”。公元前 16 世纪夏朝政治腐败，夏王桀更是凶残的暴君，人民无法忍受，黄河下游商部落首领汤起而讨伐夏桀，史称“商汤革命”。商汤灭夏，建立商朝。

商朝是我国奴隶社会的发展时期。从商汤灭夏、商朝建立，到商纣王败亡，大约六个世纪。商朝时期政府行政进一步确立，无论是行政机构设置还是行政管理方法，都比夏朝更趋完善。商王是国家的最高统治者，享有绝对的权力，商朝的行政区域大体分为商王直接统治区和隶属于商王的分封区两部分。商王直接统治区以王都殷为中心，大体包括今河南北部、河北南部、山东西部、山西南部，这一地区称为“商”，归商王为首的中央政权直接管辖，商朝设有比较系统的行政机构，在中央任职的官员统称为“内服”官。在诸侯封地任职的称为“外服”官。“内服官”大体分为三类：第一类是政务官，有尹和卿士，尹的地位最高，权力最大，为辅弼之臣；卿士是朝廷的执政官。第二类宗教官，以巫为首，有祝、宗、卜、史等，负责管理宗教事务和占卜、祭祀。第三类是事务官，有管理军事事务的射、戍等，有管理“众人”即奴隶

① 《尚书·禹贡》。

的小众人臣，有管理农业生产的小耤臣，有管理手工业的司工。“外服”官，是商王直接统治区外设立的诸侯职官，有侯、伯、甸等，具体负责各地的行政事务。同夏朝相比，商朝的统治区域扩大了许多，为了加强统治，商朝将夏朝已有的分封诸侯进一步制度化。“兄终弟及”的传统制度，在商朝后期逐步被废除，以嫡长子继承制为核心的宗法制度进一步确立。商王嫡子有王位继承权，某些庶出的子孙则有分封权；商王的子孙，除继位为王和在朝廷任职外，大都被封为诸侯。商朝受封的诸侯除同姓诸侯外，还有不少异姓诸侯。

从公共管理到国家行政的变革，最初是借助于神的力量来实现的。夏商朝代，神的观念支配着行政活动，夏、商行政很大程度上表现为神权行政。人们对上帝、天神的崇拜支配着一切思想和行为，从政府行政到日常生活，诸如行政决策、年岁丰歉、出入吉凶等等，事无巨细，均先卜而后行，无事不卜，无日不卜。夏商时期在国家管理和政府行政中的神权思想主要表现为：

（1）君权神授思想。原始社会时期，人人平等，对神的崇拜也是平等的，神对人也一视同仁。夏商时期，有了等级不同的各级行政官吏，因而认为在神鬼世界也有高低贵贱之分，并且有一个居于诸神之上的“上帝”。君主受上帝之命来管理人间，死后还要回到上帝身边，因而等级制度是合理的。《尚书·召诰》说“有夏服（受）天命”，而商汤讨伐夏桀也是天意，“有夏多罪，天命殛之。……予畏上帝，不敢不正（征）”。①

（2）祭祀本身是行政活动的主要内容。夏商时期，“国之大事，在祀与戎”。② 祭祀与战争是国家重要的两件大事。商人认为至上神（上帝）又是自己的祖宗神，“天命玄鸟，降而生商”。③ 敬天与祭祖不可分。商代从上到下，无不重视祭祀，一年四季敬天祭祖十分频繁，宁可耽误正经的劳作，也要祭祀。

（3）在广泛的行政活动中，常借助于鬼神。夏商时期的政府行政决策，往往既不是君主个人专断，也非贵族开会讨定，更不是民主大会决定，而主要是通过占卜问神这个特殊的方式来决定。甲骨文是商朝政府占卜的记录，甲骨文上有很多“卜年”的记载，农事要占卜，战争要占卜，盘庚迁都要占卜、武丁改革要占卜。崇尚神灵的夏、商政府行政虽然也属君主专制集权国家，但夏、商的专制主义与秦以后的专制主义是有差异的。夏商时期还残留着原始民

---

① 《尚书·汤誓》。

② 《左传·成公十三年》。

③ 《诗经·商颂·玄鸟》。

主制的痕迹。一是王权要受辅佐大臣的制约，二是王权还要受到贵族议会和舆论的限制和影响。

公元前1057年，周武王灭商，建立起我国历史上第三个奴隶制王朝西周，中国奴隶制社会发展到了鼎盛时期，西周成为中国奴隶制国家机构和行政管理最为完善的时期。西周在继承夏、商行政的基础上，建立了一套基于井田制、分封制与宗法制基础之上，系统而完善的国家行政制度和管理方式。

井田制起源于原始社会末期的土地公有制度，它是夏、商、西周时期的基本土地制度和经济基础。西周是井田制最为完备的时期，有比较统一的土地面积计算标准。土地被划分为“井”字形的方块，一方块田约为一百亩，称为一田，纵横相连的九田为一井。周王名义上是全国一切土地与人口的最高所有者，所谓“普天之下，莫非王土，率土之滨，莫非王臣”。① 诸侯、卿大夫、士等大小各级贵族和行政官员均按等级与所属关系，直接或间接从国王那里分到不同数量的土地与奴隶，并且世代相袭，各自成为所受分地的实际所有者与管理者，形成系统而层层相属、较为稳定的经济单位。井田制虽是一种经济制度，但它与官员的级别、权利、义务相关，对此后中国三千余年的行政管理与文化产生了相当的影响，是开启和导致重中央、轻地方、重形式、轻内容的行政习惯的原因之一。宗法制度也是源于原始社会的血缘家族关系。宗法制度在中国一直延续了几千年，贯穿奴隶社会、封建社会的始终，而且始终是历代统治者维护其统治的重要思想支柱和统治工具，宗法制度到周朝逐渐完备。所谓宗法制度，就是用“大宗”和“小宗”的层层区别把奴隶主贵族联系起来，其核心是嫡长子继承制度，周王是天下的共主，是“大宗”，周王的嫡长子继承王位，其他诸子相对于“大宗”为“小宗”，被分封的诸子在他们的封国或封地又是大宗。同样，诸侯的继承都也必须是嫡长子，世代保持封国或封地里的大宗地位。显然宗法制度与等级制度互为表里，使西周的国家构成了一个庞大的奴隶制大家族等级体系。分封制则是在宗法制基础上实行的一种实施手段，即按照规定的“大宗”“小宗”地位，自上而下，把土地和臣民逐层分封，即所谓的“封邦建国”。分封制是周王朝所创立的一种新制度，这是一种分权的行政体制。西周王朝建立后，随着嫡长子继承制的逐步确立，其他庶子则享有分封权，再加上疆土空前扩大，为了有效管理新征服的广大地区，周王把同姓和异姓子弟，功臣分封到各地去做诸侯，以拱卫周王室，即所谓的

① 《诗经·小雅·北山》。

“封建亲戚，以蕃屏周”。① 周武王、周成王先后分封七十一国，其中同姓诸侯五十三国。分封诸侯要服从周王室的统治，对周王承担镇守疆土、出兵勤王、缴纳贡赋、朝聘述职、随王祭祀等义务。分封制在当时是历史发展的必然，也是一项进步的行政措施，有利于周王对各地的控制，也有利于调动诸侯的积极性，促进地方经济文化的发展。

西周的中央与地方行政机构较为系统和完善。周王是国家的最高统治者。在周王之下，辅佐他进行统治的相传有三公：太师、太傅、太保，为辅弼之臣。据说成王时，周公为师，召公为保，“相王室以尹天下”。师保居于统辖诸侯百官以侍奉周王的地位，拥有极大的权力，是国家官僚和行政机构的总管。在师保之下，设有太宰、太宗、太史、太祝、太士、太卜，合称六卿。由于六卿经常在王室左右，故简称为“三左三右”，三左为史、祝、卜，三右为宰、宗、士，协助周王处理政务。具体分工大致是，太宰为朝廷中的政务总管，太宗管理宗族和谱系，太史掌管典籍，太祝掌祭祀，太卜管筮卜，即人神之间的媒介，太士也是神职官吏。六卿还有很多僚属，各有专职，总称为卿事寮。在六卿之外，朝廷还设有五官：司徒、司马、司空、司士、司寇。司徒（司土）负责管理土地和农业生产；司空（司工）负责管理百工职事；司马负责掌管军赋；司士负责管理版籍爵禄；司寇掌管刑罚法律。五官也有很多僚属，构成专门的官僚系统。《诗经》中讲到的西周政府组织时所说的“三事大夫”也是指的三种职官，即常伯、常任和准人，也称为牧、任人和准夫。常伯是管理民事的官，是“牧民之官”，所以也称为牧；常任是负责选拔人员，充实政府的长官，所以也称任人；准夫是管理司法的官。此外，还有分工更细的各种专门的官吏，如管理山林川泽的林和虞，管理农事的后稷，掌管出纳王命的膳夫，率师从事防守或征伐任务的师氏等。在周王直接统治的周国，分布着众多的封国，构成周朝的地方政权。与中央政权的卿事寮官僚机构相比，诸侯为外服官。诸侯除对周王保持隶属地位恪尽义务外，在自己的封国内则有相对的独立性。可以依照王室的官僚制度和组织机构，设置百官有司，管理封国内的行政事务。西周地方行政分为国、邑两级。诸侯的封地称“国”，大夫的封地称为“邑”，前者皆筑有城，后者为居民点，相当于村镇。大夫的宗庙所在称“都”。西周地方基层行政系统为五家为比，五比为闾，四闾为族，五族为党，五党为州，五州为乡的“乡制”②，分别设有比长、闾胥、族师、党正、

① 《左传·僖公二十四年》。

② 《周礼·大司徒》。

州长、乡大夫。在边远地区实行"遂制",即"五家为邻,五邻为里,四里为酂,五酂为鄙,五鄙为县,五县为遂"。①

建立在井田制、宗法制和分封制基础上的西周行政管理与行政制度不仅较夏、商时期完备,而且行政思想和学说也更为丰富。辅助武王灭商、辅佐成王摄政的周公是西周的开国完成者和制度的制定者,他在总结前人思想的基础上,系统地提出了影响至深的行政思想和学说。《尚书·大传》记载:"周公摄政:一年救乱,二年克殷,三年践奄,四年建侯卫,五年营成周,六年制礼作乐,七年致政成王。"其中"建侯卫""制礼作乐"概括了周公的显赫政绩和治国思想。史载周公平定叛乱后,在武王分封的基础上,主持了大规模的分封,使分封制度臻于完善,并改革了行政机构,周公还通过制作礼乐以协调行政秩序,从政治、经济到文化方面制定了一套完整的典章制度及配合礼仪活动所制定的乐章与舞蹈。内容涉及中央与地方的关系,统治集团内部的等级关系,田制、法制、嫡长子继承制及祭祀、朝聘、征战、婚丧等。周公的行政思想和学说概括起来有四:一是从尊神到重德的行政指导思想。商人笃信"命在天",最终导致败亡。周公总结经验教训,提出了天命无常、唯德是授的思想,从而解释了这一问题并回答了这一关系到西周政权"合法性"急需解决的思想认识问题。"德"在最初是包含多方面、丰富理论内涵的综合概念,"民之质矣,日用饮食。群黎百姓,遍为尔德。"② 这是行政内涵。"即见君子,孔燕岂弟。宜兄宜弟,令德寿岂。"③ 这是讲个人修养。"帝谓文王,予怀明德……不识不知,顺帝之则。"④ 这是宗教方面。"德"的出现是中国政治思想上的飞跃,它对中华民族文化心态的构建、文化形象的塑造,以及行政思想的发展,起到了基础和骨架的作用。"德"是周公行政思想中的核心,有德就能得到上天的保佑和人民的爱戴,有德得天下,无德失天下。天命以德之所在为归属,以德之所在为转移,德在周,故天命于周。周公讲的德包括:敬天;尊宗敬祖;尊王命;虚心接受先哲之遗教;怜小民;尽心治民,慎行政;无逸,不放纵自己;行教化;慎刑罚。⑤ 总之,德是一种品德要求,也是一种行政规范。二是行政与伦理合一的行政原理。中国古代的行政伦理是由周公开创的。宗法制度是周王朝立国的根基之一,主要特点是"礼治"即行政与伦

---

① 《周礼·遂人》。

② 《诗经·小雅·天保》。

③ 《诗经·小雅·蓼萧》。

④ 《诗经·小雅·皇矣》。

⑤ 《尚书·康诰》。

理的一体化，周公是这一制度的完成者。周公一方面反复宣传周文王受命于天，同时又反复提出他所做的都是遵承祖业，是按文王、武王的方针和遗训办事，基本国策是文王、武王制定的。周公强调尊祖敬宗的高明谋略为历代统治者所仿效和推崇。宗族体系与行政体系相统一，行政制度是靠宗法人伦建立的，维持好伦常关系是天下大治的前提。宗法制度兼备了行政管理与血亲道德制度的双重功能，族权与政权合一，行政与伦理合一，在当时的行政认识水平下，有助于打破神的枷锁，使西周的行政世俗化、理性化、合法化。三是敬天保民的施政原则。“敬天”是指顺应天意，“保民”就是顺从民意，让人民有安全舒适的生活。这一原则的要旨就是：“惟命不于常。”上天所授予的大命是不固定的，上天并不永远保佑某一个王朝的统治，商王朝“酣身厥命，罔显于民”。① 受到了上天的惩罚，所以为政者，要敬奉天命，爱护百姓，勤于政事，才能得到上天的保佑。“天畏棐忱，民情大可见”。② 上天是可怕的，它是否真诚地保佑你，要从民情中体会出来。民情是反映天命的镜子，认为社会政治的得与失，要从民情中去体察。“义刑义杀”。③ 刑罚是国家主要的行政职能与手段，刑罚不当会招致民怨，滥用刑罚则导致民怨沸腾，不利于社会秩序的安定。因此，治国以文治为主，以礼乐之教为重，刑罚要谨慎，不可随心所欲，要严格依据法典用刑。四是重实绩和分工的人事行政观。周公说：“古之人迪惟有夏，乃有室大竞，呼俊，尊上帝迪，知忱恂于九德之行。”夏代先王竞相招徕贤者，按照上帝的意旨行事，经过认真仔细考查他们的言行政绩，才知悉他们是否符合德行。而夏桀“惟乃弗作往任”，任用官吏只凭个人喜好，以貌取人，而不考查考核，不任用经考查考核证明是贤才的人，所以国家很快灭亡。作为君主，不应该去管属于官吏职责内的事，君与臣各有各的职责，君主不应不适当地干预官吏的工作，而要放手让官吏他们自行其职，各职其事。

综而观之，夏、商时期是中国奴隶制国家初创时期，随着国家的建立，中国实现了从原始民主制“公共管理”到奴隶制王权专制的政府行政的转变。夏、商奴隶制王朝初步建立了一整套中央和地方行政机构，并将全国划分为“九州”，开始了中国最早的行政区划。由于这一时期人们刚刚从原始社会的图腾崇拜发展而来，对神充满了敬意，人们对上帝、天神的崇拜支配着一切思想和行政，政府行政在很大程度上表现为“神权行政”，行政活动中的祭祀、

① 《尚书·大诰》。
② 《尚书·康诰》。
③ 《尚书·康诰》。

占卜比比皆是，天命和君权神授支配着人们的行政观念、行政意识和行政行为。而西周时期，建立在宗法制、分封制、井田制基础上的政府行政，在国家行政机构和行政制度上更为完善，在行政意识和行政观念上突出表现为重德讲礼的“礼治行政”，这不仅保持了西周中前期政局的稳定性和行政的有效性，也为形成中国传统行政思想中行政与伦理合一的传统提供了理论依据和社会文化基础。西周时期奴隶制国家的行政开始制度化和法律化，西周实为中国传统行政机构与行政制度、行政思想与行政学说的奠基时期。王国维先生说：“中国政治与文化之变革，莫剧于殷周之际。”① 从这个意义上说，中国行政及其文化之源始于殷周。

二、中国行政文化的成因

黑格尔说：“民族的宗教、民族的政治制度、民族的伦理、民族的法制、民族的风俗及民族的科学、艺术和技能，都具有民族精神的标记。”② 每个民族和国家都有自己的文化，而这种文化又都深藏着“民族精神的标记”，这既非造物主的赐予，也非绝对理念的先验产物，而是从深厚的民族生活的环境和土壤里生长出来的。现代行政学十分重视研究自然以及人类社会历史文化对公共行政的产生、影响和塑造，20 世纪西方行政生态学的兴起即是“研究自然以及人类文化环境与公共政策之间的相互影响情形的一门行政学分支学科”。③ 依此理论，行政是随着国家的产生而出现的，因行政活动和行政实践而产生的行政制度、行政传统、行政习惯和行政思想、行政观念、行政意识等形成的行政文化必然与特定的自然与社会文化环境密切相关。中国行政文化与博大精神中国文化一样，有其政治、经济、文化根源。

（一）政治成因

行政是从属于政治的，也就是说国家的国体、政体以及其它一些政治制度和政治结构对行政及其文化有着巨大的影响和制约作用。古代中国自国家产生以来，长达四千年从奴隶社会到封建社会的历代王朝，均是君主专制政体。这种专制君主制有以下几个特点。

其一，国家权力高度集中于君主个人，君主拥有立法、司法、行政、军事

---

① 《观堂集林·殷周制度论》。

② ［德］黑格尔：《历史哲学》，三联书店 1956 年版，第 104 页。

③ 引自彭文贤著《行政生态学》，台湾三民书局 1988 年版，第 19 页。

等无限权力。自国家创立以来，中国就同时创立了独裁的君主专制政体。奴隶制国家的君主制制度表现为宗主制。国家的立法、司法、行政大权掌握在全国最大的宗主国王手中，国王是天下共主，具有政治的、宗族的双重权力地位，决定了凡属国家大事都由王命决定，所谓“礼乐征伐自天子出”。在军事上，天子拥有最高军事指挥权，可以统率和指挥所有的军队，在司法上，拥有最终的司法裁决权，可以裁决诸侯的争讼。封建制国家的君主专制制度表现为皇帝制。随着中央集权制的政治制度和政治结构的确立，从秦朝开始封建国家建立起了以皇帝为权力核心的封建官僚机构。它加强了自奴隶制国家以来最高统治者君主个人的权力，明确了皇帝具有无限的权力，即“天下事无大小皆决于上”，皇帝总揽一切大权，皇帝的意志就是法律。宋代以后，君主集权制进一步强化，宋朝统治者，“因唐五代之极弊，收敛藩镇，权归于上，一兵一籍，一财之源，一地之守，皆人主自为之也”。① 这种强化的君主集权体现在：行政权更加集中于皇帝一人，宋朝宰相权力大大削弱，事无大小均需奏请皇帝，一切政令决定权归皇帝，宰相成为办理文书、处理庶务的职掌。到了明清，宰相制度被废除，权力进一步集于皇帝，行政、立法和司法权更为皇帝个人所垄断。

其二，国家政治体制和政治兴衰取决于君主个人素质。中国几千年的封建君主制，在国家政治体制上，实质是一种个人素质体制，国家统治的维持和政治的兴衰，较多地取决于君主个人的素质。君主的性格、修养、执政的方式、手段，为人的品质、作风对政治体制的走向和政治的兴衰有着重要的影响。中国历代王朝兴亡更迭、长短不一，如果深入考察这些周期的政治原因，就会发现，君主由于他们所处的社会历史条件以及个人生活背景的不同，决定了他们拥有不同的个人素质，使其在各自的性格、修养品格和行为方式上存在差别，其执政的方式和特点也不相同，有的专横跋扈，有的招贤纳谏，有的残暴乖戾，有的仁慈宽厚。这种不同的个人素质决定了政治与行政的举措及一个王朝的兴衰。西汉的“文景之治”与西汉一代比较清明的吏治，皇帝起用一批高瞻远瞩、弘毅温厚的布衣宰相密切相关，唐代“贞观之治”与唐太宗个人的政治作风有着必然的联系，他虚心纳谏的作风对唐代政事堂制度下群体制约和辅助关系的确立有着巨大的影响。

其三，以终身制和世袭制，确保君主和少数人的权力和统治地位。中国古代专制君主制，无论是奴隶社会，还是封建社会从君主在统治阶级内部权力地

---

① 《水心文集》卷四《始议》，《叶适集》，中华书局 1961 年版，第 759 页。

位的确立，到最高统治者政治权力的行使，始终遵循着以少数为原则的统治，并且以最高统治者的终身制和世袭制为保证。从政治体制来说，根本不存在统治阶级内部成员参政、议政、国家决策和最高统治者不适合的情况下，行使罢免权的一系列制度。终身制决定了统治阶级内部不可能存在对最高统治者地位合法性认同的怀疑，世袭制排除了统治阶级内部对最高统治者进行选择的可能性。而从中央到地方自上而下地由君主亲自挑选官员的任命制，使统治阶级内部排斥了其广泛成员的参政权利，被任命的官员主要以对君主负责为前提来参与政事。最高统治者以统治阶级整体利益为重，扩大统治基础的选官用人制度，包括汉代的征辟制和隋唐以后的科举制，只不过是终身制和世袭制的有效补充。

中国古代的君主专制制度的政治结构与政治权力关系的基石实则是封建的宗法制，它支撑着中国君主专制制度的大厦，宗法制由原始亲权关系发展而来，最早的部落首领的权力，来源于氏族血缘尊长的身份。国家建立后，政治权力的分配，以宗法血缘关系为原则，在奴隶社会，大宗率小宗，小宗率群弟，国家组织的设置按亲属尊卑为序。“天子建国，诸侯立家，卿置侧室，大夫有武宗，士有隶子弟”，[①] 成为人所共知的史实。贾谊说：“今自王侯三公之贵，皆天子所改容而礼之也，古天子之所谓伯文、伯舅也。”真实地反映了以宗法规范国家的政治权力关系。中国进入封建社会后，新兴的地主阶级以“万物皆有法式”的立法追求，大规模地制定法规，实行变法，破坏了世卿世禄制度，国家机关的权力关系不再以血缘宗法为基础。但君臣、官属关系的准则，仍然是宗法关系的延伸：“君子之事亲，故忠可移于君；事兄悌，故顺可移于长；居家理，故治可移于官。”[②] 君臣、官属之间，根本不存在以法为基础的领属、权责、制约关系，而只有君恩臣忠、官令吏从的“愚忠”要求。所谓“君者，国之隆也；父者，家之隆也。隆一而治，二而乱”。[③] “君亲无将，将而必诛”。[④] “臣事君、子事父、妻事夫”为“天下常道”。宗法制深深浸透在政治权力分配和政治权力关系之中。宗法制从中国古代政治的主体结构，逐渐成亚结构，大致经历了三个阶段。第一阶段，从奴隶制国家创立到秦始皇建立封建中央集权制国家。这是宗法制血缘关系作为主结构在中国国家政治结构中形成、发展和成熟的时期。夏朝确立了君主的世袭制，初步建立了以

---

① 《左传·桓公二年》。
② 《孝经·广扬名》。
③ 《荀子·致士篇》。
④ 《公羊传》。

国王为核心的国家行政机构，这一国家以宗法制为主体结构，作为国家特征的一切强制力量和行政权力的划分，一概以承认夏为全体氏族部落的盟主为前提，被征服和臣服于夏的氏族部落，按照指定的区域行使管理权和履行对国王的一切义务。《尚书·志典》载："克明俊德，以亲九族；九族既睦，严章百姓。"夏王朝以宗族长者治家之法治理国家，力求在宗族国家中像氏族首领一样成为有权威的道德表率，以保持建立在血缘基础上的宗族成员的和睦和秩序，借以达到由不同氏族合并而成之宗族国家的目的。商朝在夏的基础上，开始形成了以宗法制为核心，以宗法制和分封制为内容的奴隶制国家的政治结构，全国就像一个扩大的家族，各地有封地的大小贵族，构成了拱卫商朝的统治网。以血缘关系维系的贵族集团，他们既是家庭的宗主，又是国家的治者，宗族血缘的亲疏决定了他们在一国之中的权力大小和等级高低。周朝将宗法制国家结构发展到了登峰造极的地步。周王为天下之宗，各同姓诸侯为小宗，各国诸侯分别为一国之大宗，而其同姓的卿大夫则为小宗。以此类推，就分出了王族、宗族、家族的等级，加之同姓之间互称叔伯兄弟，异姓之间结为甥舅关系，从而形成了宗族统治网。这样，天子统率诸侯，诸侯统率卿大夫，逐级形成一个宝塔式的等级结构，宗法组织与国家结构的紧密结合，形成了一套以宗族血缘关系在全国范围的统治网。第二阶段，从秦统一中国到唐末五代，这是中国宗法血缘关系在封建国家政治结构中的变异时期。秦统一中国，在中国国家发展史上具有开创意义的是建立了封建专制主义为特征的中央集权制度。夏、商、周以来的宗法制结构发生了重大变化，国家政治结构的主体从奴隶制国家分封的统一，转变为封建制国家中央集权的统一。秦在全国推行单一的由中央直接管辖的郡县两级行政体制，创立了皇帝制度，建立了从中央到地方统一而又严密的统治机构和封建官僚制度。从秦朝到唐末，中国封建国家政治结构的主体开始发生变异，宗法制政治结构在这一演变过程中逐渐沉淀下来，成为中国封建社会政治结构的亚形态，持续支撑着奴隶制国家以来就已经形成的君主专制制度。第三阶段，从宋朝建立到清朝覆亡，这是中国封建宗法制在封建政治结构中逐渐稳定为亚结构的时期。宋建立的高度中央集权制为元、明、清所继承。宗法制在这一时期国家的政治结构和政治活动中仍然起着重要的作用，宗法制与中央集权制相互依存、相互补充，继续维持着君主专制制度的稳定和延续。

政治是国家意志的表达，行政是国家意志的执行，在古代中国执行君主的指令就是行政。由此可见，建立在宗法制基础上的君主专制制度必然对中国古代行政及其文化产生深刻的影响。这些影响往往具有诸多消极因素，如重人治、权威、人情而轻法治、民主、制度；追求等级而不尚平等，注重大一统集权而缺乏必要的分权意识，注重治国经验而忽略必要的制度研究和机构设计。凡此种种在中国古代行政和传统行政文化中是比较突出的。

（二）经济成因

人类历史和文化的发展是以自然和经济为基础的。因此，地理环境及其在此基础上形成的社会经济结构是一个民族和国家文化形成的前提和基本因素。中国行政文化与其他中国文化一样深深根植于中国古代特殊的社会经济结构。这一社会经济结构突出地表现为具有东方色彩的农耕文明。中国的农耕文明源于中国特殊的地理环境，中国最早的文明是以黄河流域为摇篮发展起来的，在此基础上形成了最早的部落联盟国家。黄河流域的华北平原，北部是燕山山脉，南部则是起伏连绵的桐柏山、大别山，西部为太行山脉、秦岭、大巴山，东临浩瀚的太平洋。五千年前，在这些原始人类难以逾越的天然屏障内，气候温和，雨量充沛、森林密布、土地肥沃广阔，河流湖泊众多，为原始农业的发展提供良好的条件，使中华文明得以孕育，中国文化得以奠基。自秦统一天下后，汉、唐、明、清建立泱泱大国，在不断扩大的疆土上，中国的四周仍然为天然屏障所阻隔。东临大海，西为高山大漠，北为寒地，西南为青藏高原及横断山脉，形成半封闭的大陆性地理环境。“这种一面临海（须知，这是古人难以横渡的太平洋，与地中海这样的内海不相同）其他三面陆路交通极不便利，而内部回旋余地又相当开阔的环境，造成一种与外部世界相对隔绝的状态，这对中国文化类型的形成，其影响是不可低估的”。① 正如梁启超所说：“故亚洲东西南北各自成一小天地，而文明之竞争不起焉。波斯与印度之间，惟有一路可通，亚历山大以来用兵所通行者是也；而卡布尔之高原，又使之与西亚细亚相隔绝。若夫中国与印度之间，更是无一路可适用于行军通商者；雪山之峻险，常在千丈乃至千百丈以上之高度，而帕米尔高原，盛夏积雪。故舍海陆外，无可以相通之道。坐是亚细亚虽有创生文明之力，而无发扬文明之力，盖由各地孤立，故生反动保守之恶风，抱惟我独尊之妄见。以地理不便，故无交通，无交通故无竞争，无竞争故无进步。”② 整个亚洲都因交通阻隔而限制了文化交流的规模，中国也不例外，它从一种半封闭的大陆性地理环境中获得了比较完备的隔绝机制。这正是一个独立的文化系统得以形成和延续的先决条件。所以，虽然从秦汉到隋唐，中国文化虽与中亚、西亚的草原文化以及南亚

① 冯天瑜、周积明：《中国古代文化的奥秘》，湖北人民出版社 1957 年版，第 57 ~ 58 页。

② 梁启超：《地理与文明关系》，《饮冰室合集》（二），中华书局 1985 年版，第 110 页。

次大陆的佛教文化进行过颇有深度的交流，但中国文化始终保持着自己的风格和系统。从未像印度文化和埃及文化那样出现过断层，这不能不归因于特殊的地理环境。在古代中国，交通的不便使“地理环境的特殊性决定着经济关系以及在经济后面的所有其他社会关系的发展”。由于“生产力发展的首要条件就是这种地理环境的特性”。① 因而在中国这个特定的环境中，形成了不同于西方商业文明的东方农耕文明。

中国古代神话有关以农耕立国资料十分丰富。如黄帝族以龙为图腾，播种百谷草木，卵化鸟兽虫蛾。② 而炎帝族，“人身牛首，长以姜水”③，其别号“神农氏”，“始教天下耕种五谷而食之”。此外，“伏戏服牛乘马”，“伏戏仰则观象于天，俯则观法于地”，“少昊以鸟为纪，玄鸟司分，伯赵司圣”，区分春分、秋分、夏冬至农耕节令，后羿氏射十日变革历法，以求与农业节令一致。商族因以风为纪，依季节而识南北信风，“禹、稷躬稼而有天下”。④ 作为一个有着悠久历史的农耕民族，中国的先民早在大约六千年前就逐步超越狩猎采集经济阶段，进入以种植经济为基本方式的农业社会。中原地区的古代部落首领能够统治天下，是农业发展的结果。中国农具的制作，牛耕的发明，农书的刊行，都著称于世。进入史载文明后，中国历朝历代以农立国，小农经济，自给自足，重农抑商，以农耕为主体，轻商品交换，重伦理轻物质的农业文明成为中国古代文明的基本形态。人们躬耕不辍，日出而作，日落而息，凿井而饮，成为中国古代社会的基本生活方式。

在农耕文明基础上的中国古代社会的经济结构是比较单一的小农经济。这种经济结构是以一家一户为基本经营单位，其特征是经营规模小和以家庭劳动为主，并与自然经济紧密结合，农民不但生产自己需要的农产品，而且生产自己所需的大部分手工业品。以粮为主的单一农业经济结构和农耕、手工业的家内结合，是中国古代社会经济结构的重要表现形式。由于生活必需品的生产和消费紧密结合于家庭内部，生产者消费者不需要与外部世界发生更多的社会联系，所以，农民谋取生活资料的方式主要是与自然而不是与社会交换，产品进入社会流通只是偶然的、局部的，商品经济在整个经济中居于次要地位。古代的手工业多被限制在一个狭小的市场范围内，生产经营同样打上了自然的烙印。手工业生产不是为了扩大资本积累财富，而是以谋生为目的的经济活动，

① 《列宁全集》第38卷，人民出版社1959年版，第459页。

② 《史记·黄帝本纪》。

③ 《史记·帝王世纪》。

④ 《论语·宪问》。

尤其是官营手工业包括工程建筑主要是满足战争的需要和皇室、贵族奢侈生活的需要。中国古代的官营手工业尽管一直很发达，有着精湛的工艺，但往往不是创造价值交换的商品，而是自然经济形态内部的附属品。

中国古代由于自然条件的限制，更是统治阶级出于狭隘的财富观念和维护封建等级秩序的需要，历朝历代在崇尚农耕的同时，多实行抑商、贱商政策，有关抑商的论著、奏疏、条陈、法规、诏令随处可见。统治阶级往往采取政府颁布法规法令的形式，限制商品经济。如《吕氏春秋·上农》曰："古先圣王所以导其民者，先务于农。民农，非徒为地利也，贵其志也。民农则朴，朴由易用，易用则边境安，主位尊。民农则重，重则少私义。少私义则公法立，利专一。民农则其产复，其产复则重徙，重徙则死处。"战国时期魏有《奔命》律，"叚门、逆族"，"寡人弗欲，且杀之"，秦有"七科谪"，曾有"市籍"，"父母有籍"，"大父母有市籍"，一律"谪戍"之列，还规定"事末利及怠而贫者，举以为收孥"。(《史记·商君列传》)汉武帝实行"告缗"，"中产以上大抵破家"，《晋令》贱商，使着履一黑一白。《唐令》以工商为贱业，士族不得经营，从使中国社会成为士、农、工、商四阶层构成的"四民社会"，商人为末位。直到晚明，洪武十四年令，商贾穿着止绢、布，竹路禁轿骑。种种强制性的法令、法规使经商之人为社会所不齿。此外，统治者不断对商人实行垄断、重税和诸多限制，在经济生活中形成防止商品经济发展的内在机制。如从春秋起，封建国家实行禁榷制度，重要商品的生产与远销，完全由政府垄断。凡铁、盐、茶、酒、矾、香药都曾列入禁榷范围。唐代征当铺典当税、粮食买卖税"取其一"；商贾的财产税，每缗税二十。甚至死人和蔬菜瓜果过关也要纳税。明代政府在各府、州、县、市集都设立商税机关"税课司局"，并遍处分设"抽分局"对商人课以重税。清代政府在江宁、苏、杭一带设立织造衙门，规定机户所领机数，限制纺织业的发展。而官营商品，生产上不计成本，价格上实行垄断，是封建官府对商业生产和流通领域的控制、独占，中断了生产物的商品化过程；对流通商品多课以重税，"重关市之赋"，"重市廛之租"，苛捐杂税使商人"家若被盗"，"归心于农"；统治阶级在赋税、贡纳物品外，无法满足的奢侈需求，则通过官办作坊提供，致使官营作坊的规模虽然越来越大。而官营手工业作坊产品自产自用，是以使用价值为目的非商品化生产，数量繁多的消费品由官府自行生产，各地能工巧匠为官府无偿服徭役，商业活动的空间越来越有限。

在漫长的古代社会，中国封建经济结构形成了自身稳定的特点。这就是小农业与家庭手工业相结合，单一的农业经济结构以及商业资本与土地、高利贷资本相结合。这些特点使小市场为生存条件的小商品远远不到瓦解自然经济的现实水平，大部分经济关系始终无法冲破宗法关系的藩篱。① 经济结构决定社会组织结构，而社会组织结构又取决于不同社会成员之间彼此确定的社会关系。古代希腊和罗马城邦国家，由于平民阶层的壮大，建立起了古代民主制度。居民按地缘身份参加选举，意味着宗法关系在“公法”领域的消失；海商贸易的发展，使社会成员不得不放弃族内财产转移的各种习惯方式，而依契约转移财产所有权。于是社会成员之间，依照“平等”意义上的公共关系管理国家行政权，依照“契约”关系联结社会不同经济组织，实现与自然的物质交换。全部社会组织的构成，以平等交换的契约关系为基础，以契约的平等观念向立法领域的渗透为条件，按照契约关系制定法律，从而决定了社会成员之间的行为准则。中国古代社会是封闭的自给自足的自然经济，商品交换的范围十分有限，形成了宗法制的社会结构，血缘关系是最重要的社会关系“一切古代社会都自认为是来自一个原祖，并且除此之外，他们虽经努力，但仍无法想出他们所以会结合在一个政治团体内的任何其他理由”。② 由血缘关系所构成的社会组织，不能满足西方社会以海商贸易为主的生存条件，而同样的组织却能够容纳农耕民族的几乎整部古代史，因此，宗法制在中国得以延续并长期影响着中国古代的结构和经济关系。

基于封闭地理环境和自给自足自然经济基础上的中国传统行政文化，把“国”在某种意义上看作是“家”的延伸。在自然经济条件下，一家妻幼子女的吃穿系于家长一身，这些足以使男性家长获得家庭或家族生活上的地位与权威。家长是一家之君主，国君是一国之家长，两者互为补充。在中国的传统纲常规范中得到了清晰的表述：“君为臣纲，父为子纲，夫为妻纲。”由于中国传统社会是一个层层封闭的体系，家庭与家族之间，村社与村社之间，地区与地区之间都有明显的文化间隔，一切经济关系和社会关系依宗法关系而调整。行政文化观念数千年一脉相承，行政体制世代相袭，行政活动缺乏社会成员的积极参与和法律制度规范约束，官场中的人情、事故及讲究繁琐程序和规则。与这种特殊的地理与经济结构不能说不无关系。

（三）文化成因

在专制主义中央集权高度发展的古代中国，行政在某种意义上说就执行君主的意志，政治与行政的关系十分密切。行政文化是作为大文化的社会文化的

① 张忠利、宗文举：《中西文化概论》，天津大学出版社 2002 年版，第 33 页。

② 梅因：《古代法》，商务印书馆 1996 年版，第 74 页。

组成部分，寻找中国传统行政文化的文化根源，我们不得从中国古代的社会文化尤其是与行政文化紧密相关的儒家文化背景中去寻找。中国文化实在是一个纷繁复杂的万花筒，无论是显形态的思想、理论、学说，还是潜形态的心理、情感、习惯、传统、思维模式、价值取向都十分丰富。古代中国文化最重要组成部分是中国封建社会儒家文化。这一文化是以自给自足的小农经济和封建宗法关系为基础，以维护专制王权为核心的政治文化。其基本特征主要有：

(1) 强调伦理道德。道德为任何社会所具有，道德与政治常常联系在一起，但就道德与政治关系的表现形式主义而言，中国与西方有很大的不同。一是西方传统政治文化尽管有道德的内容，但从总体上看，道德与政治已作为独立的认识客体相互分开了，其所追求的是正义和平等。中国儒家政治文化中道德与政治则始终是联系在一起的，其所追求的是道德人格和宗法等级制度。二是西方传统政治文化中的道德总是和理想的社会政治制度联系在一起，一般表现为善、正义等一些抽象的道德范畴；中国儒家文化中的道德则总是和人的行为联系起来。集中表现为“三纲五常”的伦常原则。在整个中国古代社会，不管主张如何变化，伦常问题始终都是儒家文化的中心内容。无论是主性善，伦常“根于心”的孟子，还是讲性恶，其“善者伪也”的荀子，无论是主张“名教本于自然”的玄学，还是主张“孝悌忠信、仁义礼智，皆理也”的理学，都无不论证伦常问题。从这个意义上说，儒家文化是一种伦常的政治文化，这种文化有两个很突出的特点。其一，伦常是儒家文化的思想基础。在儒家文化中，伦理道德被看是人的本质，孔子把礼看作区别人与动物的标志；荀子把“有辨”看作人与动物的区别，“辨”就是礼的核心和本质。程颐把“天理”看作人的本质，“人只有个天理，却不能存得，更做甚人也”。《遗书》卷二十四。所谓天理，不过是神化的三纲五常。既然伦理道德被看作人的本质，因此，人的行为的最高准则就是实现道德，而实现的途径则是按照伦常的规范要求修身养性。这样伦常便成为了中国古代政治文化的思想基础。其二，伦常是重要的统治工具。伦常作为儒家文化的思想基础，它突出表现在“德政”上，德政的实质是要求统治者通过自身的道德修养以感化百姓，并通过“三纲五常”的道德观念以教化百姓。中国儒家的“正者盖所以正人之不正”，“躬行其实，以民为先”①，“以德为教”，“明人伦之教”就是典型的德政思想。在德、礼、政、刑的关系上，德是居于首要位置的。孔子说：“圣人治化，必刑政相参焉。大上，以德教民，而以礼齐之，其次，以政导民，而以刑

① 《朱子语类》二、三。

禁之。化之弗变，导之弗从，伤义以败俗，于是乎用刑矣。”①

（2）民本主义突出。重视“民本”是中国古代儒家文化的重要内容。从周代敬天保民中的“怀保小民”开始，中国封建社会在对待“民”的问题上，出现了“富民”“养民”“牧民”，以及“民为邦本”“民贵君轻”“吏为民役”等各种有关“民”的思想。由此可见，儒家文化是“重民”的政治文化。历史上各种关于民的思想，尽管最终目的是要维护君主专制统治，但却反映出历代统治者对民的重视。历代统治者之所需“重民”，原因在于小农经济是专制王权的基础，是国家的兵力和财政的直接来源，没有民任何一个政权都无法维持。孟子“得其民斯德天下”② 的“政在得民”的思想和唐甄提出的“封疆，民固之，府库，民充之，朝廷，民尊之，官职，民养之，奈何见政不见民也”③ 的思想，充分说明了这一点。中国古代儒家文化中的“民本主义”与西方近代政治文化中提倡人的平等、独立、尊严反对封建的等级观念和神权政治是不同的，就本质而言就是要维护封建君主专制和封建等级制度，“民”只是被怜悯和利用的对象。荀子说：“有社稷者而不能爱民，不能利民，而求民之亲爱己，不可得也。民不亲不爱，而求其为己用，为己死，不可得也。民不为己用，不为己死，而求兵之劲，城之固，不可得也。”④

（3）注重人事与经验。西方政治文化讲究理性思维，注重对事物本身的认识，追求理论上的完整。表现出较为浓厚的思辨和科学色彩。中国古代儒家文化在人性、天人关系、人与自然、人与社会等关系上虽不乏理性思维，但并不注重事物本身，而在于人事，在于论证人事的原则，集中表现为人的行为的道德准则和为政、从政的方法。中国古代儒家文化注重对治国方法的研究。司马谈说：“天下一致而百虑，同归而殊途，夫阴阳、儒、墨、名、法、道德，此务为治也。”⑤ 历史上长期存在的人治与法治、德治与礼治、王道与霸道、君道无为与君道有为等问题的争论清楚地说明了这一点。儒家政治文化中把“政治”理解为治国之道十分典型。如《国语·齐语》中“政者事也”，“治者理也”，“教不善则政治”。甚至到孙中山时代还说：“政治两个字的意思，浅而言之，政就是众人之事，治就是管理，管理众人之事便是政治。”⑥ 中国

---

① 《孔子家语·刑政》。

② 《孟子·离娄上》。

③ 唐甄：《潜书·明鉴》。

④ 《荀子·君道》。

⑤ 《论六家要旨》。

⑥ 《孙中山选集》下册，人民出版社 1956 年版，第 661 页。

古代政治文化之所以不像西方政治文化注重对政治制度和政治体制的研究，其原因在于：中国封建社会的小农经济和宗法关系不仅造成了君主制度的长期存在，而且集各种权力于一身，以君为师确认了权力对认识的最高裁决权。各种思想和学问只有为王权和封建秩序服务，并为统治者首肯才有存在的价值，知识分子对王权有严重的依附性。当然，中国古代工商业不发达，因而没有西方那样的自然哲学，更没有像西方历史上存在过各种各样的政体形式，这些因素都影响了儒家政治文化重人事与经验，而不重制度与科学。

中国古代政治与行政的高度统一，政治文化决定行政文化。以儒家文化为代表的中国古代政治文化重视伦常道德，使“为政以德”成为理想行政，而民本主义则演化成“亲民爱民”的行政实践，重人事与经验的务实性，使中国古代行政文化缺乏理性创新与思考，始终沿着固有的轨迹发展。

第二节 西方行政文化的起源与成因

研究和论及西方行政文化，必须从古代希腊入手。因为在古代希腊创建了西方最早的国家——城邦国家，诞生了西方最早的民主制度和公共行政。在古代希腊时代的思想家和政治家的论著中，几乎涉及现代西方行政学说的许多理论和观念。古代希腊的行政及其文化是西方行政及其文化的源头。

一、西方行政文化的起源

古代希腊是现代西方文明的发源地。黑格尔说过：“一提到希腊这个名字，在有教养的欧洲人心中，尤其在我们德国人的心中，自然会引起一种家园之感。”① 恩格斯也曾说过：“在希腊哲学的多种多样的形式中，几乎可以发现以后的有所观点的胚胎、萌芽。”② 西方的哲学、文学、法学、政治学、历史学都源于希腊，行政及其文化也同样源于希腊。

（一）古代希腊氏族社会的解体和城邦国家的产生

希腊文明开始于克里特，从克里特传播到大陆希腊，其中心是迈锡尼。也就说，希腊文明受到克里特文明和迈锡尼文明的影响。由于克里特和迈锡尼这

---

① ［德］黑格尔：《哲学演讲录》第1卷，商务印书馆1981年版，第157页。

② 《马克思恩格斯选集》第4卷，人民出版社1972年版，第287页。

两个地方都处于爱琴海上，并且这种文明又具有海上文明的特征，故学界通常又把这一文明称作爱琴文明。

据考古发现，克里特文明可以追溯到公元前3000年的铜器时代。公元前2000年，克里特出现了西方最早的奴隶制国家，在公元前17世纪到16世纪，克诺萨斯的米诺斯王朝建立了克里特岛的统一王权，克里特岛进入了经济文化的繁荣时期，公元前1400年前后，克里特文化遭到破坏后迅速衰落。而大约在公元前1600年，原先居住在希腊半岛的阿开亚人，在移居到伯罗奔尼撒半岛的迈锡尼和梯林斯等地后，在那里建立了奴隶制的国家。在迈锡尼国家形成的过程中，克里特的影响起着很大的作用，迈锡尼社会的经济发展，特别是手工业和农业，很大程度上受到克里特文化的影响。迈锡尼国家在国王之下设有军事统领、地方长官和农村公社长。约公元前12世纪初，在希腊中的多利亚人的不断入侵下，迈锡尼文化逐渐衰亡。

西方早期的历史文献中所提到的多利亚人、阿开亚人以及达那俄斯人，实际上都是居住在古代希腊地区的不同部落的希腊人，但概括所有希腊部落的“希腊人”（hellens）这个通称，大约是在公元前8世纪才出现的。恩格斯在《家庭、私有制和国家的起源》一书中，曾深入地研究过希腊人早期的历史情况，研究过希腊氏族中雅典国家的产生过程。他说：“希腊人，在他们出现在历史舞台上的时候，已经站在文明时代的门槛上了。”① 公元前10世纪左右，希腊人中的雅典氏族已经建立了维护氏族秩序和抵御侵略的公共权力，但是还没有形成公共职务的世袭制度。恩格斯说，在野蛮时代结束以前，总是不可能有严格的世袭制度的，因为这种世袭制度同富人和穷人在氏族内部享有完全平等的权利是不相容的。但管理宗教和祀奉的祭司已经形成一种特权，在氏族中逐步占有特殊的地位。原始民主、原始平等的观念仍占有统治地位，权利义务的观念和维护公共权力的观念已经出现，随着氏族机关的建立，服从氏族首领和氏族机关指挥的观念和意识已经形成。希腊有文字记载的历史是从荷马史诗开始的，公元前11世纪至公元前9世纪，也是希腊社会由氏族社会向阶级社会过渡时期，这一时期希腊半岛的雅典有四个希腊人的部落，分居于阿提长的4个地区，部落内部已经形成了一套公共权力制度，有了议事会、人民大会和巴赛勒斯。议事会是常设的权力机关，最初由氏族的首领们组成，后来则由氏族成员选举产生的一部分代表组成，这些人后来便逐步发展成为氏族中的贵族。荷马史诗中曾描述过这种氏族代表组成的议事会，随着国家的产生，这种

① 《马克思恩格斯选集》第4卷，人民出版社1972年版，第97页。

议事会就变成了元老院。人民大会有两个形式，一种是当议事会开会时，氏族成年男女自发地聚集在议事会周围，用欢呼和喊来影响议事会。另一种是由议事会召集的人民大会，讨论和解决各种有关本氏族部落的重大问题，每一个男子均有发言权（妇女除外），人民大会拥有最高权力，决议由举手或欢呼通过。巴赛勒斯是军事首领，但还不是君主，由氏族成员选举产生，除统率军队外，还拥有祭祀、审判、行政权力。此时，“氏族制度已经走到了尽头。社会一天天成长，越来越超出氏族制度的范围；即使是最严重的坏事在它眼前发生，它也既不能阻止，又不能铲出了。但在这时，国家已经不知不觉地发展起来”。① 公元前8世纪至公元前6世纪是希腊国家形成的时期，这个时期，希腊人在爱琴海、黑海、地中海沿岸和近海的许多岛屿上，建立了100多个国家。这些国家都以城市为单位，一个城市连同附近的农村，便是一个国家，所以这些国家便被称为城邦（polis）。恩格斯说，国家是靠“部分地改造氏族制度的机关，部分地用设置新机关来排挤掉它们，并且最后全部以真正的国家机关来取代它们而发展起来”。② 雅典国家正是在对氏族制度的一系列改革中逐渐建立起来的。最早的改革可以追溯到雅典氏族社会末期的提秀斯改革。提秀斯首先在四大部落之上，设立一个中央管理机关——雅典总议事会。从此，以前由各部落独立处理的许多重要事务，便改由雅典总议事会统一管理，原先彼此独立的四个部落，便真正融合为一个统一的城邦。然后，把原先雅典氏族的全体成员，不问氏族、胞族或部落，一律划分为三个等级，即贵族（eupatriden）、农民（geomoren）和手工业者（demiurgen），并赋予贵族以担任公职的特权。至此，长期形成的贵族特权，已为初步建立的雅典城邦所认可。恩格斯说：“它有着重大的意义，因为它向我们展示了新的、悄悄发展起来的社会要素。它表明，由一定家庭的成员担任氏族公职的习惯，已经变为这些家庭担任公职的无可争辩的权利；这些因拥有财富而本来就有势力的家庭，开始在自己的氏族之外联合成一种独特的特权阶级；而刚刚萌芽的国家，也就使这种霸占行为神圣化。”③ 公元前7世纪左右，巴赛勒斯这一由氏族成员选举产生的军事领袖，终于被贵族推举的国家官吏——执政官（archon）所取代，各氏族部落的领导机构也逐渐变为地区行政机关，称为诺克拉里。诺克拉里的出现，标志着按血缘划分居民变成了按地域划分居民，行政区划产生了。公元前6世

① 《马克思恩格斯选集》第4卷，人民出版社1972年版，第112页。
② 《马克思恩格斯选集》第4卷，人民出版社1972年版，第107页。
③ 《马克思恩格斯选集》第4卷，人民出版社1972年版，第109页。

纪，雅典经过梭伦改革和克里斯梯尼改革，国家组织完全取代氏族组织，雅典城邦国家最终形成。雅典城邦制度的确立，标志着古代希腊已由氏族社会的公共管理发展成为国家行政。

（二）古代希腊的民主行政

古代希腊在氏族社会逐渐解体的基础上建立的奴隶制城邦国家，最多时达到200余个。在所有的城邦中，最著名和最有代表性的是雅典和斯巴达，前者实行民主政体，后者实行寡头政体。民主政体与寡头政体的冲突长期贯穿于整个希腊半岛的历史。因此，古代希腊民主只是一种宽泛的提法，反映的只是一部分城邦的政治特征，确切地说，只是雅典的城邦政治。政治决定行政，古代希腊的国家行政较东方专制主义中央集权行政来说当属民主行政。当然，民主行政也是一种宽泛的提法，反映的是雅典城邦民主制行政。

所谓城邦，即城市国家，以一个城市为中心，包括附近若干村落，每个城邦都是独立的，互不统属，国小民寡。所谓民主，则是由希腊语的demos（人民）和kratia（统治）派生出来的，是希腊人用来表述一种新的城邦政治生活和政治实践的概念。亚里士多德在《政治学》中讨论君主制、贵族制和民主制的性质时，认为一人执政是君主制，少数人执政是贵族制，多数人执政是民主制。“民主是大多数人的统治”遂成为古希腊所有政治学著作公认的定义。因此，城邦民主制是指城邦国家中全体公民享有平等的权利，行使决定国家政治和参与国家管理的权力的政治制度。雅典民主制是古希腊城邦民主制的典范。雅典民主制虽然也把奴隶、外邦人，妇女排除在外，但却面向取得公民身份的全体自由民开放，这与斯巴达及其他一些城邦的政治仅限于少数贵族阶层有较大的不同。伯里克利时代，雅典民主制极盛时期，公民大会成为最高权力机关，公民在形式上一律平等，每个公民在公民大会中都有选举权，每个公民都有可能被选为五百人会议成员，每个公民都要轮流参加陪审法庭，几乎所有的官职都向每个等级的公民开放。当然，雅典城邦和斯巴达以及其他希腊城邦一样，都是奴隶制国家，政治权力为奴隶主阶级所垄断。所谓“大多数人的统治”是有明确内涵的，它指的是拥有公民资格的自由民这个特定群体，而自由民在城邦总人口中只占少部分。正如美国学者威尔·杜兰所说：“这就是雅典的民主政治——是历史上最狭隘亦是最充实的，最狭隘，系指其享受民主权利的人数之少；最充实，是谓全体公民在管制立法及治理公众事务上的直接与平等权利。"①

雅典城邦民主制的形成经历了数百年的漫长过程，经梭伦改革（公元前594年）和克里斯梯尼改革（公元前508年）最终形成。梭伦改革主要有三项重要的内容：

（1）在经济上，颁布"解除债负令"。取消以往一切公私债务，废除债务奴隶制，并由国家赎回因负责被卖到国外为奴的雅典人。

（2）在社会结构上，以财产而不是按血亲划分社会等级。

（3）在政治上，削弱贵族的权力，提升公民大会的作用。

克里斯梯尼改革的主要内容有：

（1）以地区原则划分的新选区替代按氏族部落组成的旧选区。

（2）以五百人会议替代以前的四百人会议，以此为公民大会准备决议，并执行公民大会决议。

（3）规定公民大会有权通过投票决定放逐被认为是危害国家的分子。梭伦和克里斯梯尼的改革奠定了雅典民主制的基础。基于民主制政治制度的古希腊国家行政，在行政体制、行政机构、行政监督制度和人事行政等方面都有民主的色彩，是西方行政制度和行政实践的源头。

行政体制。古希腊的城邦国家与东方奴隶制国家的中央集权行政体制不同，是在原始氏族公社民主制基础上建立起的奴隶主共和制的行政体制，这种行政体制以国家权力体制的分权为特征。当然，这种分权与近代资产阶级国家的分权是根本不同的，它并不是立法权、行政权和司法权的分立和制约，而只是国家权力从一人手中转到奴隶主阶级的少数人手中。雅典是古希腊城邦国家中最有代表性的国家之一。梭伦和克里斯梯尼改革后，形成了典型的民主共和政体，行政权等国家权力从一名终身执政官手中转移到9名实行任期制的执政官共同执掌。公民大会是国家的最高权力机关，公民大会由年满20岁的全体雅典公民组成，其职权是审议决定国家的一切大事，选举和监督国家官员，审查终审法庭的判决。国家常设的政府机关是五百人会议，其成员从年满30岁并登记在册的公民中选出。司法权从元老院和执政官手中转移至陪审法庭，并在国家中首次设立护法官，行使监督行政长官和公民大会的权力。斯巴达实行的奴隶主贵族寡头政体是对奴隶和附庸民族而言，在奴隶主阶级内部却是实行贵族共和民主制，在这种政体下，奴隶主阶级内部实现了分权和分掌政权者的

① ［美］威尔·杜兰：《世界文明史·希腊的生活》（上），东方出版社1999年版，第347页。

互相制约，保证了国家权力的行使为统治阶级全体成员谋利益。国家的统治阶级是全体斯巴达人，奴隶和附庸民族为被统治阶级。斯巴达人是国家的公民，年满30岁的全体公民组成公民大会。由公民大会选举包括长老会议成员、监察官和陆军总司令官在内的公职人员，战时决定国王率军出征并对法律议案进行表决。除公民大会外，长老会议也是权力机关，其职权是起草法律和其它决议草案，审议即将交给公民大会表决的议案，审判刑事案件和国家行政案件，并有权废黜国王。

行政机构。雅典是古希腊城邦国家中，中央机构最完备的国家。在雅典，最高权力机关是公民大会，由公民大会选举产生五百人会议作为国家最高常设政府机关，五百人会议主持日常行政工作，并从中每天选出一名行政首脑。五百人会议主要职能是审查提交给公民大会表决的议案，召集主持公民大会，监督公民大会通过的法律和议案的执行，另外也负责一些具体的行政工作，如掌管国库和国玺，与外国谈判，接待外国使节等。五百人会议之下设有各种官职分掌国家各方面的事务，如监督行政长官和公民大会的7名护法官；主持行政和司法的9名执政官；掌管指挥军队的司令官；维持治安的警察官；调解敌对阶级利益的民选调解官等。雅典的咨询机构为元老院，又称贵族会议，最初除咨询权外，还有监督权和司法权，后来这两方面权力被剥夺，成为纯粹的咨询机构。斯巴达的人民会议是公民大会，它选举产生的是28人的长老会议。长老会议既是咨询机构，又是行政决策机构和司法执行机构，还有权废黜国王。此外，还有一个比较重要的国家权力机关，就是5人组成的监察官院，该机构除负责监督军队招募、监督国家法律执行和习惯的遵守以及战时监督国王行动外，还负责规定税收，同外国使节谈判，召集长老会议和公民大会等，但必须对公民大会负责。①

行政监督制度。古希腊城邦国家一般都设有专职检察官对国家机关及政府官员进行监督。雅典城邦国家对官员的监督，最初由公民大会和元老院实施。公民大会的监督除了审议国家各项重大事项外，主要是弹劾官员，官员如有危害国家的行为，都要交给公民大会审判，由公民以贝壳或陶片投票来决定这些人是否予以放逐。被放逐的必须在10天之内离开雅典城邦，10年以后才允许回来。放逐期间其财产并不没收，放逐期满回来后，财产归还其本人，并恢复其一切权利。元老院又称贵族会议，由卸任的执政官和卸任的重要官员组成，其成员终身任职，元老院掌握着监察权，它不仅可以监督国家官员，更重要的

---

① 杜子英、黄启东：《简明行政史》，中共广东省委党校1998年版，第192~193页。

是，元老院还拥有对公民大会实监督的权力，它不准公民大会的议程越出常规，违反国家法律；它有审判国家公职人员渎职罪的权力。随着雅典民主制的发展，元老院的权力逐渐被剥夺。雅典专门设立 7 名护法官，护法官任期 1 年，任职期满后，即转为元老院的议员，这 7 名护法官实施对公民大会，元老院以及行政长官的监督，这些高级官员有权干涉公民大会和元老院的措施和提案，有权干涉行政长官的行为。除护法官的监督外，陪审法庭对雅典所有卸任的执政官和行政官员都要进行“政绩审查”，如果卸任官员被证明在任职期间曾侵吞公款或受贿，被陪审官判其有罪，将会处以他侵吞公款或受贿金额的 10 倍的罚金。斯巴达城邦国家专门设立监察官院，每年由公民大会从贵族中选出 5 人组成，其中 2 名检察官员负责监督国王在战争期间的行动，其余的则负责对官员的监督。此外，检察官院还掌握很大的权力，如监督对军队的招募，对国家法律和习惯的遵守执行，对战利品的分配，规定税收额，负责召开长老会议和国民会议，同外国使节谈判等。随着斯巴达政治的发展，监察官院还逐渐控制了几乎全部案件的审判权。监察官特别是首席监察官的权力很大，但仍要对公民大会负责，一些重大事项，如战争、媾和等仍需取得公民大会的通过认可。

人事行政。古希腊城邦国家的人事行政受民主共和制的影响，民主色彩浓厚。这些国家的主要官员，一般都采取选任制，由各种代表会议选举产生。雅典的各种国家官员，包括元老院成员、执政官、护法官、调解官等都采取选任制。一般是从五百人会议中选举，开始时，这些官员都是终身任职，但自梭伦改革和伯利克里改革后，变为轮流任职，每个公民都有机会被选为执政官或其他国家官员，不过，这些官员一般都是从有地位、有身份、有影响的贵族中选出。卸任后的执政官等重要行政官员即进入元老院。斯巴达政权机关长老会议的成员，由公民大会选举产生，其他行政官员包括执政官、监察官等也都由公民大会选举产生。在雅典所有民选官员都必须接受公民会议和元老院的监督，执政官还必须每年 9 次从公民大会获得信任案，否则不能继续执政。任何一位公民都可以控告执政官的不法行为，在执政官任期届满时，还必须接受审查，一旦发现任职期间有过失，轻则处罚、重则判以死刑。在官员的薪酬方面，较早执政官和议事会成员都不领取薪酬，实行免薪制，因为这些人都有地位有身份、有财产的人，故其担任公职没有报酬，纯属为社会尽义务。后来因官员的选举取消了财产的限制，由国家给予公职人员一定的津贴，开始实行津贴制。

（三）古代希腊的行政思想与学说

奠基在希腊城邦制度上的古希腊民主行政，是西方国家行政的起源，这一民主行政从根本上说是当时历史条件的产物。古希腊民主行政对西方政治与行政产生了巨大影响，也为人们研究早期政治制度和行政活动提供了丰富、生动的内容。从行政文化的视角来看，行政活动与实践是行政文化的有形外在表现，行政制度与机构是其物化形态，行政思想与学说是其升华了的系统化的理论形态，是行政文化的近似反映。古代希腊生动的行政活动与实践培育了丰富的行政思想和学说，而丰富的行政思想和学说又反过来影响古代希腊的行政活动与实践。古代希腊行政文化正是在这种交互作用中产生、发展。

在政治与行政二分法诞生以前，行政不仅源于政治，也完全从属于政治。因此，研究古希腊的行政思想与学说应该从古希腊政治思想与学说开始。其实，古希腊的政治思想与学说本身就蕴含着大量和丰富的行政思想和学说，这些行政思想和学说围绕着古希腊现实的城邦民主制的国家管理而展开，与国家行政有关的国家统治与管理，国家制度设计与政体划分的思想与学说十分丰富。从德谟克利特："国家事务应被看作是最重要的，它超乎一切。每个人都应努力使国家完善。不要试图获得比国家更高的地位，也不要试图掌握超出有益于公共机关的权力。因为一个沿着正确道路向前的国家是最强大的支柱，其中有着一切。如果它安宁，就一切都安宁；如果它被毁灭，则一切都被毁灭。"① 到苏格拉底强调："君主和统治者，并不是那些带有王笏的人，从显贵中选拔出的人，凭抽签登上王位的人，或是靠强力欺骗获得统治的人，而是那些善于统治的人。"② 从柏拉图的政体循环论和政体分类论到亚里士多德的国家起源论和政体多样论。西方行政思想与学说在现实政治的影响下，不断寻求和探讨理想的国家政体与管理，同时也不断丰富和发展了其内涵与价值。柏拉图与亚里士多德是杰出代表。

柏拉图（plato，公元前427~前347年），古希腊伟大的哲学家和思想家。他的思想对其后西方哲学和政治学以及其他许多思想领域都产生了巨大的影响。柏拉图在系统阐述哲学与政治问题时，也关注国家的政体与制度设计，留下了丰富的国家行政学说。主要有：

理想国家的基本原理。柏拉图思想的核心是建立一个各阶级各安其位、各守其序、各司其职的正义国家。理想国是他研究和衡量现实政体的尺度，也是其政体学说的归宿。柏拉图国家基本原理可归结为：国家德性原理。柏拉图认为，城邦（国家）是一个具有伦理目的的共同体，它的最终目的是达到所谓

---

① 《古希腊罗马哲学》，商务印书馆1961年版，第120页。

② 蔡拓：《西方政治思想史上的政体学说》，中国城市出版社1991年版，第28页。

的“至善”——正义，只有符合正义原则的城邦生活才是和谐的。分工、等级、至善三项原则共同构成柏拉图国家德性原则的内涵，国家以人们的相互需要为生产前提，以相互分工得以形成，以等级划分而获得秩序和和谐，以至善的伦理目的为最终依归。国家理性原理。柏拉图的国家理性原理与国家德性原理密切联系，其重要地位丝毫不亚于后者，国家理性原理是柏拉图国家原理在更深层次的意蕴。包括“美德即知识”、人性论、知识权力论三个方面。国家法治原理，即以法律为依据是仅次于最好的国家的“二等理想国”。按照柏拉图的观点，个人是缩小的国家，国家是扩大的个人，因此，研究国家可以从研究个人入手。每个人都有三种品性，即理性、意志和欲望。与个人的理性、意志和欲望相对应的国家三要素是议政、护卫和生产，这也是国家生存的三种功能，三种必要的分工。由此产生了三个相应的阶层：统治者、战士、生产者、统治者负责掌管国家大政，战士负责辅佐统治者，用武力保卫国家，生产者负责生产粮食和提供一切生活必需品。在柏拉图看来，贤人政治和法治是管理国家的两个重要方法，所谓贤人政治，就是由最优秀、最富有智慧的哲学家担当国家的统治者。他说：“除非哲学家成为我们这些国家的国王，或者我们目前称之为国王和统治者的那些人物，能严肃认真地追求智慧，使政治权力与聪明才智合而为一……否则的话……我们前面描述的那种法律体制，都只能是海客谈瀛，永远只能是空中楼阁而已。”① “在哲学家统治城邦之前城邦不能摆脱邪恶”。② 当然，法律也很重要，“如果一个国家的法律处于从属地位，没有权威，我敢说，这个国家一定要覆灭；然而，我们认为一个国家的法律如果在官吏之上，而这些官吏服从法律，这个国家就会得到诸神的保佑和赐福”。③ 其实，柏拉图更倾向于贤人政治，他说：“在各种政府形式中，保有一种政府形式主义是最妥当的，它是真正的政府；这种政府的统治者懂得科学，而不是不懂科学。至于这种政府是否受法律的统治，或者没有法律，它的人民是否愿意被统治，那都是无足轻重的。”④ 这才是管理国家最理想的方法。

理想国家的制度设计。为了保证理想国家的基本原理能够合乎逻辑，柏拉图依据正义原则设计了理想国中的各种制度，主要包括等级制度、教育制度和共产优生制度。等级制度是柏拉图为了论证国家的德性和理性原理而设计的，柏拉图认为，国家（城邦）至少需要三种职能才能有效地运作，才能使完善

---

① ［古希腊］柏拉图：《理想国》，商务印书馆 1986 年版，第 214 ~ 215 页。
② ［古希腊］柏拉图：《理想国》，商务印书馆 1986 年版，第 215 页。
③ 《西方法律思想史资料选编》，北京大学出版社 1983 年版，第 24 ~ 25 页。
④ 《西方法律思想史》，北京大学出版社 1983 年版，第 35 页。

的共同生活成为可能。这三种职能就是生产职能、保卫职能和管理职能，与三种职能相对应，需要生产者、护卫者和统治者三种特定的人。首先，城邦为了维持最低限度的生活，必须要有一个生产者等级，包括农人、牧人、建筑工匠等。这些人构成国家中的最低等级，为整个城邦提供生产资料和消费资料，执行的是整个国家的生产职能。其次，随着城邦的扩大，城邦之间为争夺资源和利益，难免冲突和战争，需要一批经过训练，专以战争为职业的人，这就是作为第二等级的护卫者，这一等级执行城邦的保卫职能。再次，城邦还必须有一个统治者阶层。城邦的管理是一门繁杂的艺术，需要知识和智慧，需要有超凡脱俗的素质和能力的哲学家才能担当此任。这一等级是城邦的第一等级，引导和控制着城邦的社会政治生活，执行着城邦的管理职能。柏拉图的等级划分并不是一种严格的等级制度。因为它遵循着等级开放原则，不是血统而首先是人的天赋决定他属于哪个等级。统治者擅长于统治术，护卫者擅长于战争术，而生产者只擅长于从事生产。三个等级的划分还与道德有关，国家的善是由三种基本的美德构成，即节制、勇敢和智慧。统治者的天性是理智，所以他们具有智慧的美德。护卫者的天性是意志，所以他们具有勇敢的美德。生产者的天性是情欲，他们的美德是节制。教育制度是柏拉图为了实现贤人政治培养哲学王而设计的。柏拉图重视教育的政治作用有以下两个原因：第一，人并非生而正义的，通过教育能够使理性在灵魂中居于统治地位，从而使人具有美德。第二，从人治的角度理解政治统治的必然结果。有什么样的公民，就有什么样的城邦，只有通过教育使每个人都成为具有美德之人，城邦才能实现正义，才能培养出真正的哲学王。柏拉图设计的教育制度由一系列的训练构成，最初等的训练是音乐和体育，学习音乐可以陶冶心灵，从事体育锻炼则可以强健体魄，这是任何理想国公民都应接受的教育。较高等的训练是国家选拔一部分20～30岁有天赋的人进行数学、天文学、辩证法的学习，为培养哲学王打下基础。最高等的训练是在35～50岁，进行诸种政治实践训练，以锻炼统治者的能力，通过政治实践考验的人，在50岁之后再脱离具体的政治事务而研究哲学，以便成为哲学王，成为统治者，掌管城邦事务。柏拉图教育制度的最终目的实际是为一个理想国家和法制国家培养高素质、充满智慧的统治者和良好的守法公民。共产优生制度是柏拉图为了使城邦统治者远离种种诱惑，以保证城邦德性，延续而设计的。柏拉图认为，人性中既有高尚的一面，又有低劣的一面，教育固然可以使人用理性去规范欲望，使其成为一个高尚的人，但世间仍存在种种诱惑如财产、妻儿等，这些诱惑会使人变得贪婪不义。为了保证城邦的美德不致丧失，应实行“共产优生”制度。首先，在统治阶级内部，任何人都不得拥有私有财产，不得拥有私人住所、土地、金钱和贮藏室，应住在公共营房，在公共食堂就餐。其次，在统治阶级内部废除一夫一妻制的家庭关系，代之以按照统治者要求进行的有节制的交配，其目的除了使统治者远离家庭的诱惑之外，还在于获得尽可能优秀的后代。此外，柏拉图在制度设计上还主张男女平等，根据自身的天赋参与国家的管理工作。他说："没有任何一项管理国家的工作，因为女人在干而专属于女性，或者因为男人在干而专属于男性。各种的天赋才能同样分布于男女两性。根据自然，各种职务，不论男的女的都可以参加，只是总的来说，女的比男的弱一些罢了。"①

政体理论与机构设置。柏拉图的行政观很大程度上体现在对国家政体的研究和国家行政机构设置的主张上。柏拉图认为世界上存在着五种类型的政体，即贤人政体、军阀政体、财阀政体、民主政体和僭主政体。其中，贤人政体是指"王政或贵族政治"，是由统治者中一两个卓越的人掌权的政体，是最为理想的政体，是现实中存在的与国家原型最相近的政体形式。而其他四种政体则是非理想的政体，或者说是国家原型在现象界中的异变形态，它们是与人的灵魂中的非理性因素相对应的，"有多少种变形的政体就有多少种变形的灵魂"。② 柏拉图认为五种政体之间是一种循环流变关系，虽然贤人政体是现实中可能的最好政体，但是并不能保持永恒不变，因为"一切有产生的事物必有灭亡，这种社会组织也是不能永久的"。③ 由于优生法则被破坏，导致不同等级的人混杂在一起，一些骁勇善战的人在混乱中登上统治者的宝座，贤人政体便为军阀政体所取代。这种政体也不是永久的，由于统治者追求财富的欲望日趋强烈，荣誉和勇敢也遭到鄙弃，政权逐渐由富人把持而演变为财阀政体。由于财阀政体的特征是贫富对立，除少数统治者外，多数人穷苦不堪，于是穷人们便起来推翻原来的统治者，建立民主政体。民主政体的特点是极端自由，由于不顾一切地追求自由，其结果破坏了民主社会的基础，从而导致极权统治的需要，民主政体演变为个人独裁的僭主政体。在僭主政体上，人们生活在憎恶与恐惧之中，没有一个城邦比僭主统治下的城邦更不幸，一旦人们认识到这一点，便会要求对政体进行改革，城邦又回到贤人政体。这就是柏拉图的政体循环论。柏拉图的政体循环论本身已涉及政体分类，只不过在五种政体循环论中，他侧重的是政体的变化循环，而不是政体的分类问题。柏拉图对政体的分

---

① ［古希腊］柏拉图：《理想国》，商务印书馆 1986 年版，第 87 页。
② ［古希腊］柏拉图：《理想国》，商务印书馆 1986 年版，第 175 页。
③ ［古希腊］柏拉图：《理想国》，商务印书馆 1986 年版，第 315 页。

类是根据统治者人数的多少和是否实行法治。他认为政体应分为六种，君主政体（kingship，一个人统治，依据法律进行统治，并取得被统治者的同意）、僭主政体（tyranny，一个人用暴力进行统治，没有合法的统治权力）、贵族政体（aristocracy，有功的少数人依据法律进行统治）、寡头政体（oligarchy，少数富人的统治，缺乏严格的法纪）、民主政体（democracy，多数人依据法律进行统治）、暴民政体（democracy or timocracy，多数人的统治，没有法纪）。柏拉图是主张混合政体的，即吸收君主政体与民主政体的优点混合而成的政体。根据混合政体的设想，柏拉图主张设立如下国家机构：

（1）议事大会。决定国家重大事项，所有公民都可以参加。

（2）执政院。由品德和才智都经过审定，经公民大会三次选举程序产生的37人团体，成员年龄须在50～70岁，任期20年，职责是维护法律和审判罪案。

（3）元老院。由来自城邦各个阶级的360名代表组成，选举的方法是复杂的，任期1年，其中30人组成每月行使主要统治职能的委员会。

（4）军事统帅。由3人组成，执政官提名，符合兵役年龄的公民选举产生。

（5）监察官。负责监察和处置官吏的不良行径。

（6）访问使。负责到国外做考察访问。

（7）太上贤哲院。研究、咨询及议事机构。

亚里士多德（Aristotle，公元前384～前332年），是古希腊最博学的思想家和西方学说史上的重要人物，被公认为西方政治学的奠基者和创始人。亚里士多德在系统阐述政治问题的同时，也专门和详尽地探讨了有关国家行政问题，留下了大量有价值的行政思想和学说。主要有：

国家起源与政体形式。在国家起源上，亚里士多德从自然起源论出发，认为国家是从现实城邦生活中获得的。他说："人在本性上应该是一个政治动物"。①，"人类自然是趋向城邦生活的动物"。② 亚里士多德把国家的起源归结为人们的自然本性，人的自然本性驱使人们过优良的生活，人类为了延续后嗣要结成配偶和家庭，多个家庭结合在一起就组成村坊，若干村坊又组成"城邦"，即国家。亚里士多德把国家的起源归结为人的自然性的必然发展，否认了任何意志的作用。在他看来国家虽然也是一个社团，但国家"又是社会团

① ［古希腊］亚里士多德：《政治学》，商务印书馆1965年版，第130页。
② ［古希腊］亚里士多德：《政治学》，商务印书馆1965年版，第7页。

体发展的终点，是至善的社会团体”。同上。国家与社会的重要区别在于国家有统治权，国家的统治权是为了全体公民的利益，与家长对妻子儿女、主人对奴隶的权力不同。国家的目的是为了促进和追求高尚的道德，使国家中的每一个成员都能具备适量的财富，强健的体魄和高尚的灵魂，“全城邦可以得到自足而至善的生活”。① 亚里士多德十分重视对政体问题的研究。在他看来，政体就是一个城邦政治权力的分配制度，决定着城邦最高统治机构的设置和政权的安排，涉及国家的统治稳定和行政效率。亚里士多德通过对古希腊 150 多个城邦的政体形式考察后，提出了划分政体的两条原则：“一是从政体的宗旨看，是维护全城邦的公共利益，还是只维护统治者本身的利益；二是从掌握最高统治权的人数看，是一个人、少数人还是多数人掌握着最高权力。”凡照顾到公共利益的各种政体就都是正当或正宗的政体；而那些只照顾统治者们利益的政体就是错误的政体或正宗政体的变态。② 亚里士多德把政体分为六种。在正宗政体中，由一人掌握最高权力的称为君主政体，由少数人掌握最高权力的称为贵族政体，由多数人掌握最高政权的则称为共和政体。在非正宗或变态政体中，僭主政体是君主政体的变态，寡头政体是贵族政体的变态，平民政体是共和政体的变态。亚里士多德认为，一切政体都包含有三个要素，即议事部分、行政部分和审判（司法）部分。“一个优良的立法者在创制时必须考虑到每一要素，怎样才能适合于其所构成的政体”。③ 亚里士多德关于政体的三要素说，第一次提出了政体中的行政机能问题，初步区别了不同于议事权力和司法权力的行政权力，对西方分权学说和行政思想具有重大贡献。亚里士多德还分析了政体发生变革的原因，并提出了防止其发生的办法。他认为政体变革的主要原因是社会地区的不平等。因为一般城邦都以正义、平等为建政原则，但是地位不同的人们对于正义和平等的理解不同。如寡头们在财产上处于优裕的地位，就把政治权力的不平等分配视为正义；而平民则因大家都是自由人，就把政治权利的平等分配视为正义。要防止政变就要防微杜渐，建立法制，防止特权，奖惩严明，城邦才能长治久安。在亚里士多德看来，最稳定、最能长治久安的政体是以中产阶级为主体的共和政体。亚里士多德通过对政体的探讨，实际上提出了治国的基本方略、原则，以及政府管理中如何协调社会矛盾并保持社会稳定的基本原理。

---

① ［古希腊］亚里士多德：《政治学》，商务印书馆 1965 年版，第 14 页。
② 同上，第 132 页。
③ ［古希腊］亚里士多德：《政治学》，商务印书馆 1965 年版，第 125 页。

行政机构的设置与职能。亚里士多德在探讨政体三要素时曾说："行政机构有哪些职司，所主管的是哪些事，以及他们怎样选任，这些问题都须一一论及。"① 由此，提出了一系列关于行政机构设置与职能的基本原则。主要有：

（1）行政机构的设立是构成一个城邦必不可少的一部分，行政机构设置的种类和数目在任何政体中都需要认真考虑。

（2）行政机构的设置应该考虑到城邦的大小，在大邦中，对于每项业务可能都要设置一个适当的职司，一职兼理几项业务为合宜，而在小邦中，多种业务不可能不由少数职司，少数人员来兼理，所以小邦尽可能让它们的官吏兼任若干职司。

（3）行政机构的设置，还应注意到，哪些事情应该在各处就地设置职官，哪些事情则应由一个集中的职司管理。

（4）行政机构的设置应以所司业务为依据，还是以所管辖的人们的类别为依据。

（5）行政机构的设置，还应考虑到不同的政体情况，有些行政机构属于某一类政体所独有，在不同的政体中同一行政机构的地位与权力应该有所区别。为此，亚里士多德提出了具体的行政机构设置主张。

大致为：

（1）市场监理。负责商市管理，检查商务契约和维持市场秩序。

（2）城市监护。负责监护城区公私财产，维持并修理损坏的建筑和街道、勘察田畴，解决民间界务纠纷以及其他类似的业务。

（3）乡区监护。职责与城市监护相似，但所管区域为城外的郊区。

（4）经财司。征收并保存公共财务收益，并按规定分配于各个部门。

（5）注册司。办理民间契约和法庭判决的注册事务，一切诉讼和司法预备程序都得在这里先行登记。执法司。执行已经判决并已登记于册籍的各种刑罚，监守囚犯，追取应邀的借款或罚金。除这些机构外，城邦还须设置城防和其他军事机构。亚里士多德还对国家行政机构及其工作人员进行了界定，他认为："所有这些官吏中，只是那些在一定范围以内具有审议，裁决和指导责任的职司，才可称为行政人员。"②

行政人员的任用与监督。亚里士多德对有关行政人员的任用问题也进行了诸多论述。首先，不同政体中的行政人员有不同的任用方法。由全体公民负责

① ［古希腊］亚里士多德：《政治学》，商务印书馆 1965 年版，第 215 页。
② ［古希腊］亚里士多德：《政治学》，商务印书馆 1965 年版，第 221 页。

选任而从全体公民中采用选举法或拈阄法选拔行政官员的适合平民政体，由全体公民负责选任，从全体公民中通过选举、拈阄或者是两者兼用而选拔行政官员的适合共和政体。由部分公民负责，从部分公民中，采用选举或拈阄或者是兼用两种方法选拔官员的适合寡头政体。从全体公民中采用选举方法，或者是经由全体公民，从部分公民中采用选举方法来选拔行政官员的适合贵族政体。其次，亚里士多德提出了选任行政官员的一些基本原则。如：

（1）适才适用原则。因为行政机构的职权性质不同以及各个行政机构由于具有不同职权而负有不同的业务和责任，所以各自应该选用不同的行政官员，比如管理财赋的商务人员的业务与责任就不同于统率军务的军事人员。

（2）专人负责原则。即每一项具体的行政事务都有专人负责。“各项业务各设专职就比较一职监理几项业务为合宜，事有专属，当然料理得较为妥帖。”①

（3）德才兼备原则。亚里士多德认为，要选拔德才高尚，具有较强政治能力的人来担任行政官员，因为“公职只应选贤任能，不管谁愿意或不愿意担任这种职位”。② 亚里士多德特别强调，担任一个城邦中最高职务的人，必须具备三个条件，即效忠于现行政体，足以胜任他所负职责所需的才能，适合于该政体的善德和正义。如果在德才难以兼备的情况下，则视职位的性质而定。“以军事职司而言，我们必须把重点放在作战经验上，而宁愿以品德作为次要的条件；将才为世所稀有而善德则比较易于找到。如果说到一个公产管理人员或是一个司库，就该遵循相反的原则来进行选择，这类职务所要求的品德应该超越常格，至于计算财物的智能却是一般人们所共通具备的”。③ 亚里士多德还提出了行政人员的任期问题，反对终身制，即使是善人执政，也不应该搞终身制。对行政官员的监督，亚里士多德也十分重视。他指出，从历史上看，公职人员在处理公务时往往有徇私舞弊的事情，所以应该给他们另行设置监督的机构，监察官有权检查所有行政官员的行为。

法治与依法行政。亚里士多德说：“法律是最优良的统治者。”④ 城邦治权的所有者必须按照法律的精神治理城邦。在古希腊城邦政治中，曾有过法治与人治的激烈争论，一些主张君主政体的人认为：“法律只能订立一些通则，当国事演变的时候，法律不会发布适应各种事故的号令。……很明显，完全按照

---

① ［古希腊］亚里士多德：《政治学》，商务印书馆 1965 年版，第 222 页。

② 同上，第 90 页。

③ 同上，第 272 页。

④ ［古希腊］亚里士多德：《政治学》，商务印书馆 1965 年版，第 171 页。

成文法律统治的政体不会是最优良的政体。”① 亚里士多德表示反对，他说：“一切政务还得以整部法律为依据，只有在法律所不能包括而失其权威的问题上才可让个人任用其理智。”② 亚里士多德反对个人专断，反对把个人意志凌驾于法律之上，法治比人治更能确保公正，依法行政就是要依照法律处理国家的各种事务。“法律应在任何方面受到尊重而保持无上的权威，执政人员和公民团体只应在法律所不及的‘个别’事例上有所抉择，两者都不该侵犯法律”。③ 这样才能治理好国家。亚里士多德认为，法治应包含两重含义，即“已成文的法律获得很普遍的服从，而大家所服从的法律应该本身是制订的良好法律”。④ 依法行政的基本前提是要制定良好的法律，必须树立法律的威信，统治者和被统治者都要服从法律。法律不应该是一成不变，必须根据社会的发展和人们的经验进行必要的修订和补充，以求完善。但法律本身应该有相当的稳定性，不能轻易变更法律，“人们倘使习惯于轻率的变革，这不是社会的幸福，要是变革所得的利益不大，则法律和政府所包含的一些缺点还是姑且让它沿袭的好；一经更张，法律和政府的威信总要一度降落，这样，变革所得的一些利益也许不足以抵偿更张所受的损失。”⑤ 亚里士多德虽然十分赞赏贤良执政，但他始终认为，个人的理智只能作为法律的一种补充，任何时候都不能违背法律的基本精神。

作为政治学家的亚里士多德是西方历史上最早专门研究国家行政的学者，他从古希腊城邦的政治实践中，发现城邦的行政机能问题，这一发现不仅成为西方分权理论的起点与历史渊源，而且也为后来的西方学者研究国家行政提供了启发和借鉴。亚里士多德通过对政体的研究，尤其是150多个城邦国家政治实践的实地调查和比较研究，最早阐述了行政与政治的密切关系，开创了行政学的实证研究和比较研究。他对国家起源及其目的问题的探讨，虽然最终未能找到国家起源的科学根据，也没有完全摆脱伦理国家观的影响，但对西方近代行政思想中以社会契约论及功利主义来探讨“人类为何要建立政府”问题影响深远。他对国家行政机构的职能、地位、作用和设置，以及人事行政和法制行政的研究，已经构成了现代行政学研究的基本内容。亚里士多德不仅开创了西方从学理上研究国家行政之先河，而且也开创了西方行政学说史上注重行政

---

① ［古希腊］亚里士多德：《政治学》，商务印书馆1965年版，第163页。
② 同上，第163页。
③ 同上，第192页。
④ 同上，第199页。
⑤ 同上，第81页。

制度研究的传统，对西方行政文化的学科性和学理性发展影响甚大。

二、西方行政文化的成因

古希腊著名政治家伯里克利在悼念公元前431年阵亡的雅典英雄的葬礼演说中说：“我们的政体确可以称为民主政体，因为行政权不是掌在少数人手里，而是握在多数人手中。当法律对所有的人都一视同仁，公正地调解人们的私人争端时，民主政体的优越性也就得到确认。一个公民只要有任何长处，他就会受到提拔，担任公职，这是作为对他优点的奖赏，跟特权是两码事。贫穷也不再是障碍物，任何人都可以有益于国家，不管他的境况有多么黯淡。”① 古希腊民主是西方政治文明的瑰宝，古希腊民主制行政实践对西方行政及其文化产生了深远的影响。从亚里士多德起，不少西方学者认为东方专制主义源于东方民族的奴性，而西方民主制度（城邦民主制是其古代形态）则源于希腊民族、西方民族的民主性。亚里士多德的这段话很典型，他说，蛮族王制类似僭主性质的王制，“因为野蛮民族比希腊民族富于奴性；亚洲蛮族又比欧洲蛮族富于奴性，所以他们常常忍受专制统治而不起来叛乱”。② 亚里士多德把古希腊国家中断专制政体而演变为令人惊叹的希腊城邦民主制度仅仅归结希腊民族本身固有的先天的自由、民主特性未免过于简单和荒谬。然而是什么原因造成了古希腊民主的政治与行政，又是什么因素使同样源于氏族社会公共管理的中西方在进入国家行政后有如此之大的差异。造成古希腊行政文化个性的原因是非常复杂的，既有希腊民族特有个性，更有自然、历史和社会政治的成因。

（一）自然成因

古希腊近海多山，海岸线曲折多湾，岛屿星罗棋布，内陆山脉连绵，群山把各地分割成小块，交通阻塞，耕地有限。这种独特的自然地理环境有利于独立自主的公社或城市的生存，有利于城邦国家自治传统和多元文化的形成，而不利于大一统集权国家的形成。古代的希腊并不限于现今称为希腊半岛的那一块地方。早在公元前一千多年前，也就是在希腊奴隶制开始形成之时，希腊人就开始向外移民。往东，他们移民到了爱琴海诸岛并且扩展到小亚细亚沿海一带，而后甚至扩展到了黑海沿岸以远；向西，他们移民到了西西里、意大利南

---

① 转引自［美］斯塔夫里阿诺斯《全球通史·1500年以前的世界》，上海社会科学院出版社1988年版，第209页。

② ［古希腊］亚里士多德：《政治学》，商务印书馆1965年版，第159页。

部以及现今的法兰西、西班牙的地中海沿岸地区。所以，西方史书一般把古代希腊世界分为东西两部分。东部希腊包括希腊半岛、爱琴海诸岛以及小亚细亚沿海地区；西部希腊则包括西西里、意大利南部以及法兰西、西班牙沿岸。古代希腊实际上是一个地理和文化概念，并不是统一的国家，其核心部分以爱琴海区域为中心，包括黑海沿岸、意大利半岛南部和西西里岛等希腊移民区。在公元前的十几个世纪中，这里分布着一群操希腊语的民族，他们具有共同的语言、宗教和文化，创造了古代希腊的历史和文明。数千年前出现的几个重要文明，包括中国、印度、埃及、巴比伦文明一般都产生于大河流域，植根于大河冲积而成的广袤的平原，然而希腊人却生活在另一种完全不同的自然条件下。

爱琴海地区是古希腊文明的发源地和中心。包括希腊半岛、爱琴海诸岛和小亚细亚西部沿海地区。其主要部分是位于巴尔于半岛南端的希腊半岛。三面环海，除北部外，没有一个地方距海超过50公里，特别是它的东海岸非常曲折，沿岸有许多良港，航海十分便利。爱琴海中岛屿星罗棋布总计达483个。航行在海中，如果天气晴朗，几乎在任何地方都可望到陆地和岛屿。在古代航海技术不发达的条件下，它给航海人增添了出海航行的勇气。古希腊人从旧石器时代起就从事航海，他们的生活与海洋息息相关。实际上，整个希腊世界都依存于海洋，希腊城邦或点缀于地中海中，或分布于地中海沿岸和与地中海相通的黑海沿岸。希腊半岛以外的陆地城邦一般都是沿地中海岸分布的，很少深入内陆。宛如地中海这块锦缎上绣出的花边。柏拉图形象地称之为“环绕池塘的蛙”。完全内陆型的城邦是很少的。地中海是欧、亚、非三大洲环护拱卫的内湖，它四周有陆地环绕，海中有孤悬的岛屿，还有两个巨大的半岛切入海中，给海上航行和交通带来极大的便利，也是希腊人得天独厚的自然条件。尽管许多希腊人从生到死都没有出过海，但他们的生活与富有活力的地中海世界紧密相连。希腊文明属于与内陆文明或大河文明不同类型的海洋文明。①

黑格尔曾说：“水性使人通，山性使人塞；水势使人合，山势使人离。在西半球的北温带濒海形成了一个大陆，正如希腊人所说，有着一个广阔的胸膛。”② 在地中海沿岸，因航运的便利而兴起的海商贸易形成了地中海文化，这种海洋型文化赋予了古希腊文明独有的特质。由于古希腊濒临地中海、黑海，而地中海通过直布罗陀海峡与大西洋相通，通过苏伊士运河、红海与印度洋相通。具有便利的海上运输条件。而作为其国土主体的希腊半岛、多崎岖山

① 丛日云：《西方政治文化传统》，大连出版社1996年版，第5页。

② ［德］黑格尔：《历史哲学》，商务印书馆1981年版，第12页。

地，平原较少，河流短少，土地贫瘠，不适宜农业耕种。但其海岸线曲折，多天然优良港湾，古希腊人在这种地理环境下很早就利用海洋优势，发展工商业与海上贸易，同时积极向外扩展。按照历史唯物主义的基本原理，经济基础决定上层建筑，物质生活条件决定人们思想文化观念的产生及其内容和性质。地理环境、自然条件、物质资料的生产方式以及人口因素都是物质生活条件的组成部分，地理环境和自然条件作为物质生活条件之一，对社会发展的推动作用是通过影响物质资料的生产方式而实现的。这种推动作用在科学技术不发达的古代社会尤为重要。古希腊的地理环境和自然条件使古希腊人没有也不可能大规模发展农业经济，而是因地制宜地发展了工商业与海上贸易。工商业与海上贸易是古希腊国民经济的主体。海上贸易的特征就是互通有无，打破时空限制向外发展，同时海上贸易作为商品经济讲究的契约和法律。这大大有助于古希腊形成开放、民主、法制的政治与行政文化。此外，由于古希腊的地理版图十分破碎，除点缀在地中海广大区域中的岛屿和沿岸各城市外，唯一的一块大陆希腊半岛也被纵横交错的群山分割成一小块一小块的区域。除帖撒利亚盆地外，几乎没有一块大一点的平原。不少地区彼此隔绝，在群山环抱的谷地，各自独立互不统属的区域社会得以形成。在这样的地理条件下很难像其他大河流域国家因治水而兴修水利工程形成统一的政治中心，确实不易建立领土广大的中央集权国家。古希腊的城邦民主制与此不无关系。大自然对希腊人的影响似乎有意在塑造这个民族的个性。除了优良的海上通商条件外，希腊本土的矿产也比较丰富，这对发展手工业十分有利。但是，对古代民族生存至关重要的农业条件却很差。这里山多土地贫瘠，灌溉条件缺乏，希腊人必须付出艰苦的劳动，才能维持一种俭朴的生活。然而，这块贫瘠的土地却是滋养自由、民主和平等的精神沃土。在这里，奢靡的生活方式和极度的贫富分化不易形成。希腊人很少有大块土地的，在斯巴达，数百年间，全体公民享有相等的一块份地，维持着公餐制度。这里既没有奢靡、浮华，也不容许人们以消极、萎靡、懦弱和怠惰的态度对待生活。相反，它促使人们产生积极活跃、勇敢和富于进取的精神。这里有清新的空气、优美的海湾，风景秀丽，气候宜人，是陶冶人的情操，发展人的精神和智慧的好地方。人们形成了精神生活重于物质生活的观念，善于思考，对平等、自由、智慧、美德的追求锻造了独特的文化。

（二）历史成因

古希腊之所以会产生城邦民主制的国家行政并形成颇有特色的行政文化，除了特殊的自然地理条件外，还有其特殊历史条件、历史发展和历史机缘。公元前 1600 年左右，原先居住于希腊半岛操希腊语的阿开亚人，在移居伯罗奔尼撒半岛的迈锡尼和梯林斯等地之后，在那里建立了迈锡尼国，创造了迈锡尼文明。迈锡尼文明曾达到很高的水平，迈锡尼王朝的政制与克里特大同小异。所谓“小异”，是指迈锡尼王国中，在国王之下似乎发展起一个上层阶级和一种贵族政治。与克里特相比，迈锡尼王国的东方专制主义特征少了一些，而贵族政治色彩是多了一些。但总的来说，迈锡尼王朝曾经存在“王政”“神授王权”这种东方专制主义的典型特征，也就是说希腊城邦民主制并非直接来源于原始公社的氏族民主制，而是“神授王权”这种政体在特殊历史条件下演变的结果。研究和了解这些特殊的历史条件，才能真正弄清何以东方各国（包括中国）没有从“神授王权”演变为城邦民主制，而古希腊却实现了这一转变。

公元前12世纪特洛伊战争之后，迈锡尼王朝并没有建立起统一的帝国而是急剧衰落了。按历史发展的常规，特洛伊战争的胜利，会加强军事统帅的权力，进一步发展成强大的统一的集权王朝。然而希腊人可能由于固有的民族特性，并没有按这一常规发展，而是重新回到分散状态，迈锡尼文明也因战争的消耗而逐渐衰落。战后不久，从北方来的多利安人摧毁了迈锡尼文明。从此，希腊本土形成了各邦分立、不相统属的局面，再也不存在一个凌驾于诸小国之上的最高王权。多利安人入侵的特殊历史条件，创造了形成城邦的历史契机。由于多利安人此时仍处于原始社会的发展水平，他们的入侵导致了迈锡尼文明的毁灭，希腊社会在随后的三四百年间处于一个停滞的时期，被史学家称“黑暗时代”（Dark ages）。然而，正是这个“黑暗时代”却孕育了希腊的城邦民主制生活和文化。

迈锡尼文明被毁灭后，多利安人并没有进化到建立统一王朝的水平，他们的入侵中断了迈锡尼时代希腊各部落比较脆弱的统一联系，使他们重新回到部落和地方性的封闭生活中，在迈锡尼文明的废墟上，希腊形成了完全破碎的政治格局。直到公元前9～公元前8世纪，希腊人才形成具有固定居住区域和共同方言的三个部族。三个部族相互隔离，每个部族内部的各个氏族和部落又保持各自的独立性。由于被纵横交错的山川切割，和大大小小的海洋阻隔，希腊各氏族和部落在基本与外界隔绝的条件下长期过着独立的生活。这种独立的生活培育了独立的精神，使希腊人缺乏建立庞大国家和统一王权的想象力和心理需要。希腊之所以没有形成统一的国家和王权而是朝着大大小小的城邦发展，除了希腊自然地理条件的限制和居民的分散外，还与这一阶段没有遇到迫使其内部统一的外来压力，也没有一种外来压力使希腊人的生存受到严重威胁。这种情况使得希腊分散的城邦制得以长期存在，也没有形成具有统一欲望和动力。公元前8世纪~公元前5世纪，希腊社会处于相对安定的时期，没有遇到严重的外来侵略。公元前5世纪初，当波斯大军到来的时候，希腊各城邦已经完成了自己的形成过程，尤其是雅典经过克里斯梯尼的改革，雅典人实现了“权利的平等”“摆脱了僭主的桎梏”而得到解放，他们尽力竭力效忠自己的城邦，“雅典的实力就这样强大起来了”。① 有能力战胜波斯大军，捍卫城邦的独立，避免了毁灭。正是这样的历史机缘与地理环境相结合，使古希腊城邦有得天独厚的发展条件，使之创造了一个更新的文明。

黑格尔曾经概括过历史上的一种常见现象：世界精神发展的每一个阶段，都有一个民族作为世界精神的承担者，这个民族的“民族精神”就是该阶段世界精神的体现。而后，它又被另一个民族所取代。人类历史就是以这种方式向前发展的。或许是历史的机遇，或许是自然条件使然，古希腊有效避免了外来的军事征服，创造了举世惊叹的城邦民主制，并站在一个较高的起点上，把希腊特有的文化推向前进。古希腊无论是在人种还是精神气质上，都属于欧洲。他们与古罗马人、日耳曼人同种同源。在文化上他们之间有较强的“兼容性”。从地理位置上看，古希腊世界横跨亚欧两洲，是东西方文明的交汇点。但是其主体部分在欧洲，更为重要的是，古希腊文明后来通过罗马人的中介，主要为西欧人所继承。正如美国政治学家乔治·萨拜因所说：“希腊人的直系后裔是西方人而不是东方人。”② 希腊民族可以说是政治天才，其独创性是无与伦比的。对希腊公民来说，人人参与政治是他们享受人生，实现人生价值的一个重要目标，人人参与国家管理是他们梦寐以求的理想与荣耀，留下了颇为丰厚的政治与行政文化遗产。

（三）社会成因

公元前8世纪至公元前6世纪是希腊国家形成时期。这一时期古希腊的社会结构及其政治发展，对日后城邦民主制行政及其文化的形成影响极大。沿着西方文化之流上溯其源头，我们发现希腊氏族内部出现分化，人口增长、移民浪潮冲击着传统的氏族社会组织，一个个的政治实体——城邦国家产生了。尽管希腊城邦国家的形成、发展、最终达到民主制的繁荣，是通过一系列政治改革实现的，但其漫长的演变过程与古希腊社会结构的变化是分不开的。在氏族社会瓦解，国家产生的过程中，古希腊并没有像中国一样，从血缘社会过渡到宗法社会，而是逐渐发展成契约社会。

① ［古希腊］希罗多德：《历史》，商务印书馆1959年版，第545页。

② ［美］乔治·萨拜因：《政治学说史》，商务印书馆1986年版，第16页。

在多利安人南下的浪潮中，人们的迁移和混居夹杂在一起。由于人口的流动迁徙，原有的氏族血缘关系开始受到破坏，建立在血缘关系基础上的氏族部落组织无力管理一个各氏族杂居的社会。多利安人的到来，还大大促进了原来已有相当规模的海外移民。移居海外的不仅是那些旧王朝的遗民，还有出于各种动机而出走的人。如意外的灾难，冒险家的气质，自立门户的强烈愿望等等。当然，更多是通商和谋生的需要。在这些诸多因素中，看来不甘“寄人篱下”的精神和开通新商路的需要，是导致海外移民的主要原因。希腊文明是一种海上文明，手工业和商业的发展，需要不断寻找和开辟新的市场和新的原料来源。以契约为基础是相对于过去以血缘为基础而言的。在血缘基础上建立的是血缘关系依附关系极为密切的部族国家，而海外移民城市，由于海上迁移的特殊性使国家产生的基础发生了变化。顾准先生在《希腊城邦制度》一书中转引了西方学者汤因比的一段论述：“跨海迁移的第一个显著特点是不同种族体系的大混合，因为必须抛弃第一个社会组织是原始社会里的血缘关系。一艘船只能装一船人，而为了安全的缘故，如果有许多船同时出发到异乡去建立新的家乡，很可能包括许多不同地方的人——这一点和陆地上的迁移不同，在陆地上可能是整个血族的男女老幼家居杂物全装在牛车上一块儿出发，在大地上以蜗牛的速度缓缓前进。跨海移迁的另一个显著特点是原始社会制度的萎缩，这种制度是一种没有分化的社会生活的最高表现，它这时还没有由于明晰的社会意识而在经济、政治、宗教和艺术的不同方面受到反射，这是‘不朽的神’和他的‘那一群’的组织形式。”①

这意味着血缘关系的纽带已经很松散，血缘不再是族盟的组成单位，每个血族的成员并不全属于同一个族盟，而是无规则地分布于多个族盟之中。于是，族盟变成自愿联合的，在保卫生命和财产中建立了密切关系的地域性族盟，基于共同利益的亲密伙伴关系已高于血缘关系。用汤因比的话来讲就是：“跨海迁移的苦难所产生的一个成果……是在政治方面。这种新的政治不是以血族为基础，而是以契约为基础的。根据古代宪法的仅存资料来看，根据法律和地区的组织原则而不根据习惯和血缘的组织原则，最早是出现在希腊的这些海外殖民地上，到后来才由希腊的欧洲大陆部分仿效实行。在这样建立的海外城市国家里，新的政治组织‘细胞’应该是船队，而不是血族。他们在海洋上的‘同舟共济’的合作关系，在他们登陆以后好不容易占据了一块地方要对付大陆上的敌人的时候，他们一定还和在船上的时候一样把那种关系保存下

① 顾准：《希腊城邦制度》，中国社会科学出版社 1982 年版，第 60 ~ 61 页。

来。这时……同伴的感情会超过血族的感情，而选择一个可靠领袖的办法也会代替习惯传统。”①

跨海迁徙导致血族的混合以及血缘关系的松懈或“萎缩”。新的生活环境要求移民内部建立一种平等的和衷共济的伙伴关系、同盟关系、战友关系，所以移民城邦的政治制度和政治关系多少具有契约的特点。在契约社会产生的城邦政体和政治制度往往都有自己的个性。西方学者阿德科克说：“这些城邦显得具有某些个性，这种个性愈是高度发展，愈是强烈地被意识到，就越不愿意哪怕是部分地牺牲它。……每个城邦向它的邻邦要求它的自由和自治，要求有权按它自己的意愿处理它自己的事物。……城邦虽然不容忍它境界以内主权的分割，对它邻邦的独立却是容忍的。防卫的意志超过了攻击的意志。事实上，领土的扩张亦即东方帝国内占支配地位的帝国主义，在希腊诸城邦却出奇地微弱。希腊人缺乏疆域广阔的政治重要性的那种感觉。他们愈是清楚地意识到他们国家和宗教的社会一致性，他们愈是不愿意扩张，因为扩张意味着他们密切的共同生活松懈下来了。他们要打算统治邻邦，却不打算吞并邻邦，更不愿意在一个较大的联盟内放弃他们的独立。”② 希腊城邦的本质特征在于其独特的社会政治结构，尤其是在于其公民的身份、地位和作用。这些个性十足的城邦在多元政治格局下，按自己的方式和自己的道路建立了各种各样的政治制度和管理方式。各城邦之间相互比较、相互学习、相互影响，使古希腊的政治制度和政治学说丰富多彩。而城邦国小民寡的规模，无疑是城邦实行直接民主的必要前提，也是创造发达的公共生活的极好条件。它对培养公民的公共意识和参与意识起到了相当的作用。希腊社会“以契约为基础”的社会结构，尽管契约还不是近代的社会契约论，只是契约论在远古的一种表现形式和具体实践，但它伴随着跨海移民而形成的城邦政治极大地影响了希腊本土的政制演变，正是这种演变，希腊的城邦民主制得以最终确立，古希腊的民主行政真正成为西方行政的源头。

---

① ［英］汤因比：《历史研究》上册，上海人民出版社 1959 年版，第 132 页。

② 阿德科克：《希腊城邦的兴起》转引自顾准《希腊城邦制度》，中国社会科学出版社 1982 年版，第 5 页。

第四章

中西行政文化的发展与演进

第一节　中国行政文化的发展

一、魏晋以前的行政制度与行政思想

春秋战国时期，是我国奴隶社会向封建社会转变并最终确立时期，与此相应，奴隶制的国家行政及其文化也开始向封建制国家行政及其文化过渡。各国通过变法，使地主阶级的政治代表开始成为执掌封建国家政权的当权派，开始形成中央集权的行政制度和封建官僚制度。秦王朝最终完成国家的统一，建立起了中国历史第一个中央集权封建国家的行政机构及其官僚制度，并在随后的汉王朝得到了初步的发展，与之相适应的行政思想和学说也初步形成。

（一）春秋时期奴隶制国家行政文化向封建制国家行政文化的过渡

公元前770年，周平王由镐京迁都洛邑，开始了东周的历史。至公元前476年，因这一段历史大体与孔子所修订的史书《春秋》年代相当，故历史上称为春秋时期。春秋时期，是中国奴隶国家行政向封建制国家行政过渡时期。西周王朝经文王、武王时期创建，到成王、康王时期稳定发展，前后近百年是奴隶制发展极盛时期。从昭王、穆王开始，阶级矛盾日趋尖锐，奴隶制走上了衰落的道路。公元前841年周厉王暴虐专制，“国人”举行暴动，厉王出走，召公、周公共执政事，史称“共和行政”，揭开了奴隶制向封建制转变的序幕，周朝的思想体系和礼乐制度也受到了很大的震动。公元前770年周平王迁都洛邑。春秋初年，诸侯国多达140余个。迁都后，周王朝已无力管理诸侯国，其“共主”的地位名存实亡，一些较大的诸侯纷纷发展势力，不服从周

王室的命令，甚至僭越周礼，变“礼乐征伐自天子出”为“挟天子以令诸侯”。至郑国崛起之后，大国争霸，互相征伐，兼并小国的战争愈演愈烈，先后出现了齐、晋、秦、楚、吴、越相继称霸的局面。周王朝对诸侯的管理权逐渐丧失。各诸侯国为了在争霸中取得优势，在摆脱周王室控制的同时，纷纷开始了带有封建性质的政治和行政变革。伴随着井田制的崩溃和土地私有制的出现，新兴地主阶级应运而生。新的地主阶级逐渐取代旧的奴隶主阶级，新的农民阶级逐渐代替旧的奴隶和农奴阶级，在国家行政机构的设置和管理上也相应出现了新的变化，突出的变化是郡县行政的出现。由于诸侯争霸、礼崩乐坏，分封制度已无法实行，各诸侯国开始改分封世袭制为随时可以调动的委任制。晋、齐、楚等大国均设县制。郡最早是在晋国设立的一种地方行政设置，国君授予郡大夫（郡的最高行政长官）较大的行政事权。开始，郡大夫的权力比县大夫（县的最高行政长官）的权力大，但官位比县大夫低，后来，郡的地位提高，县受郡管辖。在人事行政上，与奴隶制相比明显的不同是不再实行隶主享有特权的世卿世禄制度而代之以官吏实行任免制和薪俸制。除郡、县行政管理机构的出现外，春秋时期周王室及诸侯国在机构的设置和管理职能的分配上，基本上沿袭了西周制度。所不同的是，在封建制社会逐步代替奴隶制社会大变革的背景下，经济、政治的剧变反映在国家行政思想上，是对天的信仰的动摇与重民思想的抬头，因而在对各类职能官职的重视程度上有了明显的变化。夏、商、周各朝均以宗教官和神职官居于上位，其次，才是政务官和事务官。到春秋时期，宗教和神职官员的地位明显低微了，而政务官的地位则大大提高了。

与春秋时期国家行政的某些变化相适应，行政思想和观念也有了新的发展。其中以孔子的“礼义治国”和老子的“无为而治”最具代表性。孔子是中国古代最有影响的思想家、政治家和教育家。他生活在春秋晚期的“礼崩乐坏”时代，社会变革势不可挡，孔子在这场变革中以“信而好古”作为考察社会政治问题的基本态度，他关心国家政治与管理，以重建文武周公的事业为己任，以“礼义”为核心，提出了一整套较为系统的行政学说。孔子的行政思想和行政意识基本体现在《论语》一书中。主要有：

（1）“为政先礼”的行政价值观。孔子对春秋时期，诸侯国各自为政，相互攻伐，国家行政权逐渐为诸侯和卿大夫所掌握是不满的。他说：“天下有道，则礼乐征伐自天子出；天下无道，则礼乐征伐自诸侯出。自诸侯出，盖十世希不失矣；自大夫出，五世希不失矣，陪臣执国命，三世希不失矣。天下有道，则政不在大夫；天下有道，则庶人不议。”① 孔子所说的并非周礼的全部，而是周礼中的等级秩序，“礼，经国家、定社稷、序民人、利后嗣者也”。② 是管理国家，调节政府内部各种关系，确定人们社会地位的指导思想和礼节制度。孔子认为：“民之所由生，礼为大。非礼无以节事天地之神也；非礼无以辩君臣、上下、长幼之位也；非礼无以节事男女、父子、兄弟之亲，婚姻、疏数之交也。”③ 在孔子看来，礼不仅是每个人立身的基石和言行的规范，也是国家管理的前提。孔子认为，恭、慎、勇、直，这些道德修养本身也必须受到礼的制约。孔子如此重视“礼”，治国以礼，行军以礼，保家、守身、安位均从礼，是因为“礼”是制约人的行为和社会控制的手段，“礼”是维持人际关系的准则，是维护社会秩序、等级关系的工具和客观标准。所以孔子主张国家行政应该是“为政先礼，”④ 礼是为政的前提和根本。

（2）“为政以德”的道德行政观。孔子说：“为政以德，譬如北辰居其所而众星共之。”“道之以政，齐之以刑，民免而无耻。道之以德，齐之以礼，有耻且格。”⑤ 在孔子看来，政府只要始终以道德来治理国家，老百姓必定会像群星环绕北极星一样拥护他，各种矛盾和社会问题都迅速化解。如果政府只用刑罚和政令，老百姓并非真心诚服和拥护。只有用道德教化去引导人们，用礼仪去规范人们的行为，特别是统治者有高尚的道德，老百姓就会真心诚服和拥护，国家的管理才能走上正轨。所谓：“上好礼，则民易使也。”“上好义，则民莫敢不服。”⑥ 孔子的“为政以德”强调的为政者要以身作则。即“人能弘道，非道弘人”，仁人君子须严于律己，“君子求诸己”，要“躬自愿而薄责于人”，⑦ 政府官员要特别注意自身的修养“克己复礼为仁”，⑧“举直错诸枉，由民服；举枉错诸直，则民不服”。⑨ 只要为政者端正言行以身示范，任人唯贤，就能使老百姓心悦诚服，实现有效的管理。孔子为政以德“是宽政”，“宽则行众”。当然，如果在宽政的基础上，民众不接受教化，不服从“礼治”

---

① 《论语·季氏》。
② 《左传·隐公十一年》。
③ 《论语·季氏》。
④ 《礼记论语·哀公问》。
⑤ 《论语·为政》。
⑥ 《论语·宪问》。
⑦ 《论语·卫灵公》。
⑧ 《论语·述而》。
⑨ 《论语·为政》。

则施以刑罚，即先德后刑。只有“宽以济猛，猛以济宽”,① 国家才能长治久安。

（3）“为政先正名”和“中庸之道”的行政原则。孔子说：“名不正，则言不顺；言不顺，则事不成；事不成，则礼乐不兴；礼乐不兴，则刑罚不中；刑罚不中，则民无所措手足。故君子名之必可言也，言之必可行也。”② 孔子所谓正名，是为了挽救礼崩乐坏的危局，即以周礼为标准去定名分，使名副其实，要求每个人的言行都与其地位、等级、身份、权利义务相一致，不得僭越违礼。只有这样“其身正，不令而行；其身不正，虽令不从”。③ “政者，正也。子帅以正，孰敢不正?”④ 而中庸之道是要求人们处理事情时，在尺度的掌握上要不偏不倚，执而用中。“敢问：‘师与商也孰贤?’曰：‘师也过，商也不及。’曰：‘然则师愈与?’子曰：‘过犹不及’。”⑤ 孔子认为在具体的行政活动中“过”与“不及”都是不对的，凡事应“执其两端，用其中于民”孔子中庸之道，最直接的本意是为了纠正不符合“礼”的制度、法令，当然也是国家行政的基本原则。

（4）举贤任能的人事行政观。孔子是我国历史上最早对人事行政进行专门研究的思想家。他以对人类社会的历史考察为基础，以行政人才为对象，以提高为政者素质和建立清明的理想社会为目标，提出了“举贤任能”的主张。孔子认为，“为政在人”，“其人存则其政举，其人亡则其政亡”,⑥ 国家行政优劣兴废的关键在于能否做到“尊贤使能，俊杰在位”。以往舜所以能够无为而治，是因为有贤能五人；武王灭商是因为有治臣十人；齐桓公“九合诸侯，不以兵车”，得力于管仲的辅佐。如何举贤任能，孔子认为应不分贵贱，不论亲疏，扬长避短来选拔人才。如何识才，孔子提出了察言观行、舆论分析、严峻考验、观过知人的识才方法。而贤才的标准则是德才兼备，即“志于道，据于德，依于仁，游于艺”。总之，无论是孔子以德政礼治为核心的行政思想和意识，还是《论语》中所体现的行政价值与取向都对中国传统行政文化的发展产生了十分重要的影响。

老子是道家的创始人，著有《老子》一书，因《老子》分《道经》《德

---

① 《左传·昭公二十年》。
② 《论语·子路》。
③ 《论语·子路》。
④ 《论语·颜渊》。
⑤ 《论语·先进》。
⑥ 《礼记·中庸》。

经》上下两篇，故又称《道德经》。“道”是老子思想体系的基础和核心。“小国寡民”“无为而治”和“以柔克刚”是其基本的行政理想和价值取向。“小国寡民”。老子说：“小国寡民，使有什伯之器而不用，使民重死不远徙。虽有舟舆，无所乘之。虽有兵甲，无所陈之。使民复结绳而用之。甘其食，美其服，安其居，乐其俗。邻国相望，鸡犬之声相闻，民至老死不相往来。”① 由于老子对现实社会的尔虞我诈、相互攻伐的极度不满，幻想回到小国寡民的蒙昧时代，在本质是违反历史发展规律的，但也表达了老子追求平等和自由的生活情趣，实则是老子追求一种天下“公平”“清静”的行政理想。“无为而治”。老子把“无为”看作是政府行政的最高境界。老子说：“爱民治国，能无为乎?”“无”能生“有”，所以“无为”也可致“有为”，“无为”是“有为”的手段。他认为“治大国，若烹小鲜”，执政者如果顺其自然，不干涉人们的行为，使人们能够自由发展，就能达到人民富足、天下太平的目的，“道常无为，而无不为。侯王若能守之，万事将自化”。“我无为，而民自化；我好静，而民自正；我无事，而民自富；我无欲，而民自朴。”② 老子主张政府要减少政事活动，具体要薄税敛，轻刑罚，慎用兵，尚节俭。政府减少欲望，对老百姓采取宽厚的政策，民风就越淳朴，反之，民风就越狡黠，所谓“其政闷闷，其民醇醇，其政察察，其民缺缺”。社会混乱，人心不正都是政府干预过多造成的。这与近代西方行政中政府管得越少越好的行政理念不谋而合。政府行政要做到无为，必须“不尚贤，使民不争”，“不贵难得之货，使民不为盗”，“绝圣去智，绝仁去义”。这样，人民就能休养生息，国家就达到了“无为而治”。“以柔克刚”是与“无为”思想相对应的行政原则。老子说：“人之生也柔弱，其死也坚强。草木之生也柔脆，其死也枯槁。故坚强者死之徒，柔弱者生之徒。是以兵强则灭，木强则折。故坚强处下，柔弱处上。”③ 为政者要有条理，为事灵活圆通，行动上随机应变。老子“柔弱胜刚强”的原则，对法家的“术”“势”理论的形成有相当的影响，对中国传统行政文化中处事圆滑、低调行事的行政观也有一定的影响。

（二）战国时期封建国家行政制度的建立与诸子百家行政学说的形成

公元前 475 年至公元前 221 年的战国时期是我国历史上封建国家形成时期。经过春秋以来社会政治的急剧变革和大国争霸，到战国时期逐渐形成了

① 《老子·八十章》。

② 《老子·五十七章》。

③ 《老子·三十六章》。

齐、楚、燕、韩、赵、魏、秦七个主要封建国家。各国新兴地主阶级为了巩固新建立起来的封建政权，先后都进行了变法。其中以秦国的变法最有代表性，成效也最大。变法中有关国家行政方面的，一是废除世卿世禄制度，建立按军功授爵的封建等级制度。规定“宗室非有军功论，不得为属籍”。“有军功者，各以率受上爵”。① 二是废除分封制度，建立地方行政郡县制度。郡县行政长官取消官爵世袭，由国王任免，对国王负责，建立起中央集权的官僚制度和地方行政制度。三是制定了《秦律》，建立封建行政法律制度。秦国经变法一跃成为最强的国家，为统一六国奠定了基础。战国时期的各国在变法的基础上，逐渐形成了封建君主专制的中央集权的行政体制。在各国中央政府中，国王掌握着国家的立法、行政、司法、军事大权，是封建国家最高统治者，拥有至高无上的权力。其次是丞相和将军，由国王任免，上承国王旨意行事，对国王负责，下领文武百官，为文武百官之长。丞相是行政长官，是协助国王总理全国行政事务的最高官职，将军是中央政府军事机构的长官，仅次于相，协助国王总理全国军务。再次是中央政府丞相之下的各行政部门及其长官，如：御史，管理外国来使献书，充当国王秘书和负责监察；廷尉，最高司法官；主客，外交官；内史，掌管财政经济方面事务；少府，管理手工业和军事生产。此外，在中央政府中，国王宫廷还设立侍从官属，如：郎中，掌管宫内传达和统率保卫国王禁军的武官；卫尉，负责宫内警；战国时期各国还建立了比较完整的地方行政机构，普遍设立郡和县。郡为地方最高行政机构，设郡守（最高行政长官）、都尉（掌军事）佐吏等职，郡以下设县，官职有县令（最高行政长官）、县丞（主管文书）等。所有官职都由国王任免，实行俸禄制。县以下还建立了乡、里、什、伍等基层组织。

战国时期是百家争鸣的时期，由于诸国之间相互竞争，政治空间宽广，士人可以自由和随意地周游于各国，无所顾忌地发表政见，加之各国政府尊重人才，虚心采纳士人的意见和建议，礼贤下士成为时尚，养士之风盛行。造成中国思想文化的空前繁荣，在这个多元、动荡、变革和竞争的年代，如何才能治国安民、怎样才能长治久安，成为各国政府和士人必须关注和回答的现实问题。在这样的背景下，各种学说和思想文化相互影响、相互激荡，在封建国家行政制度纷纷建立的同时，诸子百家也从不同的角度和各自的行政实践出发，纷纷发表治国与行政的见解，形成了丰富多彩的行政思想与学说。这些思想和学说开始摆脱了夏、商、周三代的天神观念，把国家行政看成是纯粹的人为之

---

① 《史记·商君列传》。

事，与天神关系不大，初步总结了国家行政的基本原则和一般发展规律，较为系统和深入地研究了国家行政活动中的各种因素及运行机制，并提出了许多具体的行政措施。战国时期诸子百家的行政思想与学说以孟子、荀子、墨子、庄子、韩非、吕不韦等具有代表性，虽然各国有所不同，但综而概之，主要阐述了以下问题。

关于国家行政的指导思想。如何使国家长治久安，并在诸国竞争中取得优势是战国时期各国行政的首要任务，要管理好国家，必须有正确的治国之道。孟子把治国之道分为“霸道”与“王道”，“以力假仁”是霸道，“以德行仁”是王道。孟子认为能否实行仁政关系国家兴衰，天下兴亡，“三代之得天下也，以仁；其失天下也，以不仁，国亡所以废兴存亡者亦然。天子不仁，不保四海，诸侯不仁，不保社稷，卿大夫不仁，不保宗庙，士庶人不仁，不保四体”。① 孟子把仁政看作治国理政的最高原则。其仁政论是建立在人性善的基础之上的，孟子说：“人性之善也，犹水之下也。”“恻隐之心，人皆有之；羞恶之心，人皆有之；恭敬之心，人皆有之；是非之心，人皆有之。”② 因为，“当今之时，万乘之国行仁政，民之悦之，犹解倒悬”。③ 荀子则以性恶论为基础，提出了一套以礼为纲、以法为用，礼法一体的治国理念。荀子说：礼是“政之挽也。为政不以礼，政不行矣”。④“人无礼则不生，事无礼则不成，国无礼则不宁”⑤。“隆礼贵义者其国治，简礼贱义者其国乱”，“礼者，治辩之极边，强国之本也，威行之道也，功名之总也，王公由之所以得天下也，不由所以陨社稷也”。⑥ 荀子在强调以礼治国的同时，也重视刑罚的作用，“治之径，礼与刑，君子以修百姓宁；明德慎罚，国家既治四海平”。⑦ 荀子从国家的行政实践出发，只讲礼不讲法是不行的，“礼”与“法”，“隆礼重法则国有常”，“礼义者，治之始也”，“法者，治端也”。⑧ 由于人性恶，所以治国行政须借助制度和法律，国家和社会才能安定。墨子则以兼受、非攻、尚同作为最高治国原则。即“以兼相爱，交相利之法易之”，“视人之国，若视其国；视人之家，若视其家；视人之身，若视其身”，使“治天下之国，若治一家，使

---

① 《孟子·离娄上》。
② 《孟子·告子上》。
③ 《孟子·公孙丑上》。
④ 《荀子·大略》。
⑤ 《荀子·修身》
⑥ 《荀子·议兵》。
⑦ 《荀子·成相》。
⑧ 《荀子·君道》。

天下之氏，若使一夫”。① 而庄子则以消极的自由主义和无为而治作为治国行政的指导思想。“天然之性，韫之内心；人事所顺，涉乎外迹；皆非为也，任之自然”。“故君子不得已而面莅临天下，莫若无为。无为也而安其性命之情”。② 姜太公执政“典法无出，偏令无出”③ 就是典范。韩非在继承和发展荀子性恶论的基础上，总结以前法家的理论和实践，提出行政要以法为本，强调法、术、势三者相辅相成，缺一不可。其行政思想的核心就是要建立一个统一的，高度集权的中央集权国家，在国家行政体制上“事在四方，要在中央。圣人执要，四方来效”。④ 君主拥有绝对的权力，中央政府掌握行政立法，政策拟定和人事安排等大权。地方的具体行政事务由地方政府处理，这是中央政府与地方政府行政事权关系的原则，这对中国传统行政制度与文化产生了深远的影响。吕不韦以其丰富的行政实践经验，在国家行政指导思想上，摒弃了儒家与法家的“德”“法”之争，把儒家的“重民”，“德治”和法家的“法制”思想，完全统一起来，以德为主，德法并举，“凡用民，太上以义，其次以赏罚”。⑤ 在君臣关系上，主张有合理的分工，君王“劳于求人而佚于治事”，主要任务是发现和任用官员，驾驭百官。具体的行政工作是百官们的事，百官分工合作，各司其职，“百官各处其职，治其事”，“以此治国，国无不利矣”。总之，“古之王者，其所为少，其所因多，因者，君术也；为者臣道也”。⑥

关于政府的公共政策。富国强兵重在政府各项公共政策主要是经济政策的正确性。孟子从仁政出发，关心民众的生活，主张“制民之产”，国家和政府给民众以“恒产”是国家和社会安定的重要保证，对农业建立固定的税制，只抽十分之一的农业税，即“国中什一使其赋”。⑦ 工商业则免除关税，“关讥而不征”。⑧ 荀子则主张政府应在发展农业生产，轻徭薄赋，平衡生产与消费的基础上“节其流，开其源”，“轻田野之税，平关市之征，省商贾之数，罕兴力役，无夺农时，如是则国富矣”。⑨ 把经济问题看作行政的基础，国家管理的好坏。墨子更是主张“节用”，通过节约公共开支和私人开支来解决国

---

① 《墨子·兼受》。
② 《庄子·在宥》。
③ 《庄子·田子方》。
④ 《韩非子·扬权》。
⑤ 《吕氏春秋·用兵》。
⑥ 《吕氏春秋·任数》。
⑦ 《孟子·滕文公上》。
⑧ 《孟子·公孙丑上》。
⑨ 《荀子·富国》。

家的财政困难问题和人民生活贫困问题。他说："圣人为政一国，一国可倍也。大之为政天下，天下可倍也。其倍之，非外取地也，因其国家去其无用之费，足以倍之。"① 节用不需另辟财路，不需增加民役，即可实现增加国家的财富，节约行政成本，对政府来说："其兴利多矣。"庄子从无为而治的行政观出发，主张平等和平均，清静无为与"天下平均"是庄子理想社会。韩非认为："明王治国之政，使其商工游食之民少而名单，以寡趣本务而外末作。"② 从重农抑商出发，主张奖励耕战，这样"无事则富国，有事则兵强"。政府要努力发展农业生产，节约行政开支。"凡功者，其入多，其出少乃可谓功。今大费无罪而少得为功，则人臣出大费而成小功，小功成而主亦有害"。③ 吕不韦认为秦国要强大进而实现统一六国，须有经济实力作为后盾，在重农抑商的战国，吕不韦同样把农业看成"本"。同时又提出农和工、商都是社会经济中不可缺少的部分，"农攻粟，工攻器，贾攻货"是符合经济发展规律的，主张"易关市，来商旅，入货贿，以便民事。四方来杂，远乡皆至"以实现"财物不匮，上无乏用，百事乃遂"。④

关于人事行政。人才关系到国家的兴衰，对贤能的态度关系到国家的存亡。孟子提出仁政的首要条件是国君和各级官吏要率先垂范，以身作则，身体力行，以仁爱之心对待天下苍生，特别是国君要注意自身的学习，虚心求教。"是以惟仁者宜在高位，不仁而在高位，是指其恶于众也。"⑤ 国君应做到"贵德尊士，贤者在位，能者在职"⑥。打破世袭制，由"仁政"的贤者来管理各方面的事务。荀子主张"尚贤使能"。"无德不贵，无能不官，无功不赏，无罪不罚。朝无幸位，民无幸生。尚贤使能，而等位不遗；析愿禁悍，而刑罚不过，百姓晓然，皆知夫为善于家而取赏于朝也，不为善于幽而蒙刑于显也"。⑦ 其核心是"不恤亲疏，不恤贵贱，唯诚能之求"。⑧ 因为"尊圣者五，贵贤者霸，敬贤者存，慢贤者亡，古今一也"。⑨ 墨子也提出尚贤思想，"国有贤良之士众，则国家之治厚；贤良之士寡，则国家之治薄。故大人之务，将在

---

① 《墨子·节用》。

② 《韩非子·五蠹》。

③ 《韩非子·南面》。

④ 《吕氏春秋·八月纪》。

⑤ 《孟子·离娄上》。

⑥ 《孟子·公孙丑上》

⑦ 《荀子·王制》。

⑧ 《荀子·王霸》。

⑨ 《荀子·君子》。

于众贤而已”。如何尚贤，墨子说：“察其能而慎予其官”，“虽在农与工肆之人，有能则举之。”① “官无常贵，民无终贱，有能则举之，无能则下之。”②韩非也主张用贤，他说：“官贤者量其能，赋禄者称其功。”③ “亲臣进而故人退，不肖用事而贤良优。无功贵而劳苦贱，如是则下怨下贱者可亡也。”④ 主张用人唯贤，反对任人唯亲。

（三）秦朝统一的封建中央集权国家行政制度及其行政意识

秦国从公元前230年至公元前221年，先后灭掉六国，“海内为郡县，法令由统一”，建立起了中国历史上第一个统一的中央集权的封建国家。秦王朝为了维护统一，巩固统治，采取了一系列的行政措施。其一，废除分封制，在全国范围内实行郡县制，建立起由中央直接管辖的地方郡县行政体制。其二，废除官员世卿世禄制度，建立统一和严密的封建官僚制度。其三，废除六国各自的旧法律，颁行全国统一的法令。秦朝统一后所采取的行政措施，开创了封建专制主义中央集权的行政模式，对中国两千余年封建国家的行政文化产生了深远的影响。秦朝所开创的封建中央集权国家行政在制度文化上有一系列新的举措。首先，首创中国的皇帝制度。秦统一后，秦王政令丞相、御史：“天下大定。令名号不更，无以称成功，传后世。其议帝号。”⑤ 群臣盛赞秦王的功绩是“上古以来未尝有，五帝所不及”，议论结果认为：古代“秦皇最贵，臣等曰未死上尊号，王为‘秦皇’，命为‘制’，令为‘诏’，天子自称曰‘朕’”。秦王却“自以为德兼三皇，功过五帝”，令曰：“‘秦’，著‘皇帝’，采上古‘帝’位号，号曰‘皇帝’。……朕为始皇帝，后世以计数，二世、三世至于万世，传之无穷。”⑥ 从此，“皇帝”就代替了“王”而成为我国封建社会历代王朝最高统治者的专称。封建国家最高行政权力均属于皇帝，凡立法、行政、司法、军事等大权无所不揽，即“天下事无大小皆决于上”⑦。秦所开创的皇帝制度，一直沿用至清朝，长达两千余年。从总体来看，皇帝制度在一定条件下对国家行政权力的集中和行政效率的提高，对封建经济文化的发展都有一定的作用。但到封建社会后期又造成了极端的专制主义，阻碍了国家

---

① 《墨子·尚贤》。
② 《墨子·非命》。
③ 《韩非子·八奸》。
④ 《韩非子·亡征》。
⑤ 《史记·秦始皇本纪》。
⑥ 《秦纪二·资治通鉴》卷七。
⑦ 《史记·秦始皇本纪》。

的进步和发展。其次，建立了完整的中央与地方行政机构及官员管理制度。秦朝中央行政机构包括三个层次。第一个层次，皇帝，是封建国家最高统治者。第二个层次，三公，即丞相、太尉和御史大夫，他们各有专设的办事机构丞相府、太尉府和御史大夫寺，皇帝的诏令通过三公发出和执行，三公是皇帝之下最高长官。丞相的职责是"掌丞天子，助理万机",① 即承皇帝之旨，协助皇帝总理全国政务。具体职权为：督率百官；主持朝议并将结论奏请皇帝裁断；管理政府官员任免、赏罚；中央和郡县上计考课；封驳和谏诤等。丞相是皇帝之下最高的行政官，实际上"丞相大臣皆受成事，倚办于上"②。丞相府有侍中多人，受丞相差遣。相府是全国奏章汇集机关，由丞相会集有关官员处理，然后与有关官员联名上奏，由皇帝批准后施行。太尉的职责是协助皇帝掌管全国军事，有考课赏罚武官之权，但调兵遣将之权由皇帝掌握，是皇帝之下的最高武官。御史大夫的职责是协助皇帝掌管全国监察及文书档案，是皇帝之下的最高监察官和秘书官。第三个层次，九卿，其所在部门称为寺，九卿从职务性质来看，大致分为两类：一是国家事务机构，如奉常，管理国家的宗教礼仪；治粟内史，管理国家租税赋役谷帛盐铁，财政收支等事务；廷尉，管理国家司法审判事务；典客，管理国家民族及外交事务；二是皇帝服务机构，如郎中令，管理皇帝侍从和警卫；卫尉，负责皇宫保卫；太仆，管理皇帝车马。秦朝的地方行政机构也可分为三个层次，郡是地方最高行政机关，秦初全国设 36 郡，秦末设 48 郡。郡设郡守，是郡的最高行政长官，由中央任免，负责一郡的行政，司法、军事等事务。郡守下设郡丞，协助郡守处理日常事务；郡监御史，负责监察一郡官员；郡尉，协助郡守管理一郡的军事。在京师不设郡守，而设相当于郡守的内史，作为京师所在地的行政长官。县是地方第二级行政机构，全国设县 1000 个左右。县令（长）为一县的行政长官。秦制"万户以上为令，不及万户为长",③ 均由中央任命。其职责是管理一县之民政、军事、司法事务，县令（长）之下设县丞，协助县令（长）处理一县事务，兼管司法，县尉负责征召、训练军队，捕捉盗贼。县以下是基层组织乡、里、什、伍。每县辖若干乡，一乡统十里，一里为十什，一什为两伍（户）。户籍以户为单位登记户口，主要内容为年龄、身份两项。秦朝通过这套行政机构网络，将权力最终集中到皇帝个人手中，建立起中央集权的行政系统。秦朝对各级行

① 《汉书・百官公卿表》。
② 《史记・秦始皇本纪》。
③ 《汉书・百官表》。

政官员的管理也有一套完整的制度。主要有：官员的选拔条件与录用渠道。秦朝把具有维护统治者利益和办事能力作为选拔政府行政官员的基本条件，即所谓的“审民能，以任吏。”① 秦朝县级以上的官员，主要是从有军功爵者中选任，还有少量从推荐的官吏中通晓法律的人中和商级官吏的子弟亲属中选任的。地方基层官吏，通过试吏法选拔，主要是对地方舆论反映的有一定威望和见识的人，由县以上官吏对其进行了解后，再对其人外貌目测、口试，然后选任为当地县以下的官吏。官员的考核与奖惩制度。考核的基本原则是“凡为吏之道，必精挈正直，谨慎坚固，审悉无私，微密纠察，安静毋苛，审当赏罚”。② 考核内容涉及对所任职地区钱、粮、户、田、刑狱、灾变、徭役情况的了解，官吏是否“为民表率”，是否勤政廉政，是否严格执法等内容。官员的奖励方式主要有加爵、升官、赐金、赏物等。惩罚的主要方式有：减爵、降职、罚赀、罢官、处死等。官员的爵位与俸禄制度。秦朝的爵位制分为 20 等级，每得一级爵位，可以得到 100 亩土地，住宅地 9 亩，得 1 名为自己服一定劳役的“庶子”。有爵位者在法律上享有低罪、减刑、免刑特权。官员的俸禄按 20 级爵位不同而不等，俸禄以石计算，如县长 300 ~ 500 石，县令 600 ~ 1000 石，郡守 2000 石。官员的培训教育制度。秦朝培养教育官吏的基本方式是“吏师”制度，即由行政官吏来从事教育培训工作，被培训者在行政官吏的指导下选读《秦记》、医药、卜筮、农书以及由国家博馆所藏的《诗经》《尚书》等，以统一思想，增长知识，经过一段时间学习后，由吏师向国家有关部门推荐，由中央政府任命为官吏。再次，建立了统一的司法和监察制度。秦朝的中央司法机关是廷尉，负责审理皇帝要办的“诏狱”和地方上移送的疑难案件即“谳狱”，审判时有丞相、太尉、御史大夫参与，不能决断的，奏请皇帝裁决。由于皇帝的意志就是法律，皇帝诏令与现行法律条文有矛盾时，以诏令为准，“主独制于天下而无所制也”③。皇帝对一切重大案件有最终判决权。秦朝的郡县既是一级行政机构也是一级司法机构。郡的司法由郡守兼理，一般案件自行处理。县的司法由县令兼理，一般案件也可自行处理。秦朝的监察机关是政府中的重要组成部分，对行政和司法负有监督之责。中央监察机关是御史府，其长官为御史大夫。御史大夫是副丞相，一方面具有中央政府秘书长的性质，一方面具有秦朝最高监察长的性质，对包括丞相在内的百官按法律

① 转引自王建学《中国行政管理史》，辽宁人民出版社 1989 年版，第 52 页。
② 转引自王建学《中国行政管理史》，辽宁人民出版社 1989 年版，第 52 页。
③ 《史记·李斯列传》。

进行行政监督。御史大夫之下有御史中丞和御史丞。御史中丞供职殿中，主要职责：掌管殿中兰台所藏图书秘籍；内领御史若干名，负责中央政府各部门的监察，对受到劾奏的官员进行举案审问，受理宫中章奏记事等。秦朝地方尚未有独立的中央对地方的监察制度，主要是依靠在职官设置上分权制约，使地方官员权力不能过分集中，有意识构成相互制约的关系，达到行政监察的目的。

秦朝在建立专制主义中央集权行政的同时，也建立了专制主义的行政意识。秦统一之初，秦始皇虽主张法家思想，但对其他学派思想也并不一概排斥，而且较为尊重。例如博士官主要由儒生充任，儒生博士也参与议政，虽然儒生在议政时言辞颇为激烈，秦始皇也没有加罪，到泰山巡游时还曾召集儒生讨论治国之策。可见，受战国百家争鸣的影响，秦初思想是自由的，多种思想并存与君主专制主义行政之间的矛盾尚未激化。但是专制集权与思想言论自由从根本上来讲是矛盾的，秦朝统治者需要的是专制集权的行政意识形态。随着秦始皇威信的提高，权力的膨胀，他的心理也起了变化，对各种流派尤其是儒家的评论、指责，逐渐感到反感和不能容忍。公元前213年，博士淳于越就国家行政问题重新提出恢复分封制，并认为治国行政要“师古”，遭到丞相李斯的反驳，李斯认为时代不同，管理国家的方法也不同，并认为对儒生的“不师今而学古”，“道古以害今”等言论，若不予以禁止，那么“主势降乎上，党与成乎下”，统一的局面就会被破坏，他建议除《秦纪》，医药、卜筮、农书，以及国家博士馆所藏的《诗经》《尚书》外，所有私人收藏的经典书籍一律销毁，并且谈论《诗》《书》者处死，厚古非今者灭族，秦始皇采纳了这一建议，从而造成了中国历史上有名的“焚书坑儒”事件。李斯是秦朝专制主义中央集权行政与学说的积极推行者和倡导者，其专制主义中央集权的行政文化观念和主张主要有：

（1）“师今”是国家行政的指导思想。李斯继承法家因时应变的进步历史观，明确提出“师今”的行政指导思想。公元前213年博士淳于越向秦始皇进谏，提出治国理政应学古制，认为“事不师古而能长久者，非所闻也”。① 淳于越的目的是要实行地方分权的分封制。李斯反驳说：“五帝不相复，三代不相袭，各以治，非其相反，时变异也。今陛下创大业，建万世之功，固非愚儒所知。且越言乃三代之事，何足法也?”② 认为社会不断发展，一切管理制度和方法也应该随着时代的变化而变化。李斯指责“诸生中师今而学古，以

① 《史记·李斯列传》。
② 《史记·秦始皇本纪》。

非当世，惑乱黔首”。① 明确主张“师今”，强调应以现实的政治行政制度为依据。李斯这种反对以古非今，反对“师古”，主张“师今”的行政观对于稳定局势有重要意义，但也成了秦政府专制集权的理论依据。

（2）集中统一的行政原则。在国家行政体制的设计上，李斯力排众议，主张实行郡县制，并在全国推行郡县制，反对分封制。他认为在当时的条件下，巩固统一局面的关键就是要把一切权力都集中于中央政府，最后再集中到皇帝手中，这就需要在体制上实行中央集权的郡县制。在行政决策上实行“天下之事无大小皆决于上”的行政决策模式，皇帝“命为制，令为诏”，是国家行政活动的主要法律依据，各级官员依照皇帝的命令执行政务并将皇帝的意旨贯彻始终是正常的行政传统和习惯。

（3）法令一致的政府政策。李斯主张法令一致，在经济上以统一的法律手段干预和管理经济，“今天下已定，法令出一，百姓当家则力农工”。② 并实行“使黔首自实田”的土地政策。思想文化上统一文字取缔一切不符合“法制”和君主专制要求的思想言论，主张“焚诗书”“禁私学”、禁止任何人谈论《诗》《书》，非议国家法律政策，否则要处以“弃市”“灭族”等酷刑。以李斯为代表的秦朝专制主义中央集权行政文化观念和主张对中国传统行政文化和行政实践影响至深。

（四）汉朝的行政制度与行政思想

公元前202年，刘邦称帝建立汉王朝，是为西汉，到公元25年刘秀再建汉王朝，历史上称为东汉。在400余年间的行政制度文化方面，汉承秦制，但也有相应的变化。西汉初期中央政府中丞相、太尉、御史大夫仍是皇帝之下的最高层次的官员，其中丞相协助皇帝总理全国政务，单独负责，是皇帝之下最高行政官。西汉中后期，相权明显削弱，皇权进一步加强。其主要表现，一是三公并相，尚书令、御史中丞取代御史大夫职权。西汉后期以丞相、太尉、御史大夫为大司徒、大司马、大司空，分掌民政、军事、土木营建。以前御史大夫主管的文书工作由内廷尚书令取代。御史大夫的监察职权专属御史中丞，御史中丞演变成专门的监察机构——御史台，成为中国封建社会第一次建立的专门机关。三公改三司后，三者都是宰相，地位平等，原来一人负责变成三人负责，三公互不统属，相权一分为三，皇权提高了。二是内朝和外朝的出现，尚书取代原三公职权。汉武帝时开始选拔一些内廷近臣，如尚书、郎中、外戚、

① 《史记·秦始皇本纪》。
② 《史记·秦始皇本纪》。

宦官、知识分子，令其充当中央内廷的中书令、侍中、给事中等高级侍从官职，为皇帝出谋划策，逐渐参与国事。这样，逐渐出现了由皇帝的宫廷机构构成的掌握决定国家内大事权力的内朝，中央政府的行政权也逐渐由外朝（三公九卿）向内朝转移，三公九卿所构成的中央政府成了执行机构。到东汉时，中央政府“事归台阁”，三公不过“备位而已”。尚书台掌秘书机要事务，尚书台“总领纲纪，无所不统”，“出纳王命，曹奏万机”，“盖政令所由宣”①，成为实际上的最高决策与行政机关。西汉时期地方行政机构的设置与秦有所不同。秦朝实行的是完全的郡县制，西汉初年既有郡县制也有封国制。汉初先后分封诸侯王国 10 个，王国的行政机构、官职与中央基本相同，除王国的丞相、太傅、内史等由中央委派外，自御史大夫以的各级官中均由王国自行任免，诸侯王国的地位高于中央直辖的郡。此外，还封了 143 个列侯，相当于县。西汉的郡县制其设置与职权与秦朝基本相同。东汉时，“改刺史，新置牧”,② “选列卿、尚书为州牧，各以本职居任”。州正式成为中央与郡之间的一级行政机构，地方行政由郡、县二级制变为州、郡、县三级制。汉朝的官员的选拔和管理制度以西汉时期最为完备。官员的选用上，创立了察举制（即根据皇帝诏令规定的科目，由中央和地方各级主管官员将本人或民间舆论公认的人才，向各级政府推举，再经过一定形式的考察考试，择优录用）、征辟制（分为征召和辟除两种形式。征召，是对社会上有名望的士人，由皇帝下诏指名征聘，直接任为中央官吏。辟除是中央和地方的高级长官聘用名人，任为本署僚属）、荐举制（政府主要官吏在没有诏令的情况下可以主动向皇帝推荐人才）、考试制（分对策和射策，对策是命题笔试，射策是抽签笔试。考试内容，诸生试经学，文吏试章奏。考试对象主要是荐举和征辟的贤良之士等。皇帝策问的，都是有关国家治乱兴衰的理论和国家当时各种急迫的政策问题，应试者以自己的见解答对。试卷由太常初评等第，天子复阅以后评定）、任子制（任用高级官吏的子弟为郎做官，“吏 2000 石以上，视事满三年，得任同产者子一人为郎，不以得选。”③ 即中央的三公九卿、地方郡守以上官员都可任用子弟为郎——皇帝的侍从官，中央和地方政府官员的后备力量）、赀选制（非商人的富有人家，向国家交纳一定的钱财，即可取得某种官职）。在官员的考核和奖惩上，汉朝官员的考核，大体承秦制，可分为两个系列，一是中央考核郡国，

---

① 《通典》卷二十二《尚书省》

② 《灵帝纪·后汉书》卷八。

③ 《汉书·哀帝纪》。

郡国考核县，这是从中央到地方的考核系列。二是公卿守相，即各部门的长官考核其僚佐的部门负责制的考核系列。考核分列等级优劣，决定升迁黜罚。在官员的培训教育上，西汉创办了集中培养国家官吏的中央官学——太学。公元前 134 年，董仲舒在对策中向汉武帝建议："夫不素养士而欲求贤，譬犹不琢玉而求文采也。故养士大者，莫大乎太学……臣愿陛下兴太学，置明师，以养天下之士，数考问以尽其才，则英俊可得矣。"① 汉武帝采纳董仲舒的建议，于公元前 124 年下诏在长安城外建立了太学，这是世界上最早设立的培养国家官员的学校。太学是汉朝政府设立的官学，隶属太常。太学生来源于三个方面：一是从各地民间挑选的俊秀青年。"择民年 18 以上，仪状端正者，补博士弟子"。② 二是中央规定郡、国、县的官吏中凡"有好文学敬长上，肃政教，顺乡里，出入不悖"者，即可向郡守呈报，经"2000 石谨察可者……得受业如弟子"。③ 三是皇帝国戚，高级官员的子弟。汉朝在地方设立的官学最早的是蜀郡学官，培训本郡所需行政人才，学期 1 年左右，学习期满进行策试。成绩优异者派到郡、县任一般官职，成绩不合格者发还本籍。这也是中国历史上最早的地方官员培训教育学校。不久，各郡国官学相继兴起。在官员的休假与退休上，西汉时期开始了中国最早的官员休假制度。官员在规定时间内，允许离岗暂时休息和处理家中事务。假期主要有例假，官员五日休息一天；病假，期限三个月，超出假期者，只有少数可允许续假；丧假，西汉前期一年，西汉末年到东汉为三年。官员的退休在中国古代称之为致仕，西汉致仕制度基本形成。致士年龄为 70 岁，致仕品级规定的资格是 2000 石以上，即中央光禄大夫和地方郡守之副等职以上，2000 石以下不属致仕之列。致仕规定的俸禄为"三分故禄，所一与之，终其身"（《西汉会要》卷四十二）。东汉时约为在职的三分之二，少数还赐有公宅。汉朝的司法与监察制度。汉朝的行政官员、监察官员都有司法审判权，地方官兼有行政和司法权。汉朝地方司法审判组织中，乡里是地方基层组织，具有一定司法权，但不是一级司法审判机关。县和郡均为一级审判机关，郡县行政长官均有审判权。中央司法审判官是廷尉，负责审理皇帝交办的诏狱和地方郡移送的谳狱。汉朝的监察制度与秦朝相比，在机构、人员、职权和监察内容方面都有调整和加强。西汉初中央监察机构称御史府或御史大夫寺，其长官称御史大夫，是全国最高的监察官。这一权力后来

① 《汉书·董仲舒传》。
② 《汉书·儒林传》。
③ 《汉书·儒林传》。

逐渐为御史中丞逐渐掌握，三公并相后，御史中丞所在机构御史台成了国家最高监察机构。西汉初每年对地方官吏的监察，废除了秦朝中央派常驻地方的御史的做法，改由丞相分派丞相史监察地方官员，东汉时州设刺史称州部刺史，对郡实行监察，形成了13州部刺史监察全国各郡主要官员的制度。

西汉的行政思想文化也与不断提升皇权的中央集权行政措施相适应，从汉初“无为而治”的行政思想到董仲舒“儒法兼用”的大一统行政观，大致反映了西汉行政思想发展轨迹，也基本确立了汉朝的行政理念和行政模式。汉初政府总结秦朝迅速败亡的历史教训，以黄老之学为行政指导思想，“与民休息，无为而治”为治国理政的基本方针，实行宽松、自由的行政政策。对地方特别是封国的行政，采取不过多干预的方针，所谓“黎民得离战国之苦，君臣俱欲休息乎无为”①。汉初的黄老思想与先秦道家尤其是庄子的消极遁世态度不同，它主张政府要清静无为，实行少干预或不干预政策，让社会经济、政治、文化等社会生活诸方面自由发展，政府“无为”或“少为”则“民自化”，以缓和社会矛盾，促进经济发展，类似资本主义初期的自由竞争。相反，政府愈想有为俞难有为，愈想治则愈难治。从刘邦开始，黄老思想开始流行，到汉文帝、汉景帝时期，“无为而治”成为中央政府到地方各级政府的行政主流思想，其基本理念是政府行政要以宽厚清静为本，各级行政官员要以“益民”“便民”为行政原则，推行轻徭薄赋的经济政策和文化复兴、广开言路的思想文化政策。汉初“无为而治”行政理念的主要代表人物为陆贾。陆贾以道为主，综合儒、法、道等各家思想，以秦亡为经验教训提出了一套“无为而治”的行政思想。主要有：

（1）无为和仁义的行政指导思想。陆贾积极倡导无为而治的方针，以无为达到有为，“故无为者乃有为也”，也就是政府要少管事，少干预，与民休息。秦亡的教训就是法令繁杂，政府干预太多。陆贾认为，治国主要有主仁义（德）恃刑罚两种方法，历史的经验是依靠暴力刑罚必然亡国，政府的作为是向社会宣传与推行仁义道德规范，天下就达到大治。陆贾所设计的理想社会与老子、庄子的理想社会有相似之处，但他将儒家的礼义融入其中，形成了自己的特色。

（2）轻刑罚，举教化的行政方法观。在行政方法上，陆贾并不反对“刑与法”，但主张轻刑简法，陆贾把仁义道德看成是为政之本，所以他非常强调教化的作用，君主及政府官应是道德的良师，其一言一行都对民众以极大影

① 《史记·吕太后本纪》。

响，有贤君必有良民，有暴君则生恶民，所以君主要慎于修身，“尧舜之民，可比屋而封，桀纣之民，可比屋而诛者，教化使然也”。“未有上仁而下残，上义而下争者也”。贪欲和残暴是亡国之源。

（3）稀力役、崇俭朴的经济改革观。经过多年的楚汉战争，百业待举，陆贾主张稀力役，减少前朝那种无休无止的繁重劳役，节省劳动力，使民众有精力尽快恢复农业生产，提高生产水平。同时各级官吏以身作则，生活俭朴，反对奢侈浪费。

（4）唯贤和廉洁的人事行政观。陆贾重视人事行政，认为关系到国家的兴衰，他积极倡导任人唯贤的人事政策，尤其是要分辩贤与谗，他说：“谗夫似贤，美言似言，听之者惑，观之者冥。”要想真正找到贤才，就必须扩大选人视野。陆贾主张政府官员必须廉洁，“治国治众者不可以图利，治产业则教化不行而政令不从”。① 政府官员要不图利、不经商、不治产业。

随着时间的发展，汉初“无为而治”行政理论，在缓和社会矛盾、经济有所恢复的同时，所导致的思想文化多元，地方分封而治与封建中央集的矛盾也逐渐显现。变“无为”为“有为”势在必行，汉武帝时期希望有一种学说作为其“有为”统治的理论基础。董仲舒提出儒法兼用的大一统思想，主张罢黜百家，独尊儒术。禁止各家不利于统一、法治、中央集权的思想，这样，才能保证思想、法令、规章制度畅行，中央和地方上下行政一致。董仲舒以《天人三策》，论证古今治乱之道和天人关系问题，得到汉武帝的支持，以董仲舒“儒法兼用”以儒为主的行政观，成为西汉中后期的治国理政思想，对汉王朝行政模式的形成和此后两千年中国封建社会正统行政思想和文化产生了很大的影响。董仲舒的行政观主要有：

（1）“天人合一”的行政理论基础。董仲舒行政思想的理论基础是唯心主义的“天人合一”论。他以“天人合一”和“天人感应”论证自然和社会的一切都是天意。“天不变，道亦不变”，②“天子受命于天，天下受命于天子”。天意和人事是紧密相连的，君权神授，君主统治人间是天的意志，服从君主就是服从天意。此外，他还提出了“性三品”说，把人性分为三个等级，上等的圣人天生性善，是天生的统治者与管理者；下等的小人天生性恶，永远是被统治者，中等之人可善可恶，可以成为管理者，也可以成为被管理者。

（2）“大一统”的行政指导思想。董仲舒对春秋公羊家的“大一统”思

① 转引自王放放《中国行政改革思想史》，中国广播电视出版社 1999 年版，第 187 页。

② 《春秋繁露·基义篇》。

想加以发挥，认为这是人类社会发展的必然规律和共同要求，“大一统者，天地之常径，古今之通谊也”。① 把“一”看作是万物之始和最高原则，万事万物统归于一，即最终统一于君主。要巩固大一统的局面，除了建立统一的君主专制的中央集权的行政机构外，还须有统一的行政思想。董仲舒主张独尊儒术，要禁止一切“邪辟之说”，以实现“一统纪”“明法度”，达到巩固君主集权的目的。要统一思想须设立太学，以学习、掌握、尊崇儒家经术为天下士人做官为政的主要途径。

（3）以德为主，刑教并用的行政方法论。董仲舒从秦亡的教训中看到仅靠严刑峻法是不足以巩固统治的，他提出了以德为主，刑教并用的儒家传统行政理论作为君主治理天下，管理民众的基本方略。尤其是教化的作用，他说：“教，政之本也，狱，政之末也，其事异域，其用一也。”② 教化与刑罚都是治国理政的重要手段，教化的功能在于矫正人的本性，引导人心向善。他说：“夫万民之从利也，如水之走下，不以教化堤防之，不能止也。是故教化立而奸邪止者，其堤防完也；教化废而奸邪并出，刑罚不能胜者，其堤防坏也。”③

（4）以三纲五常为核心的行政伦理观。董仲舒所讲的“三纲”就是“君为臣纲，父为子纲，夫为妻纲”。“五常”则是指处理各种人际关系包括人事关系过程中必须遵守的、永恒的准则，即“仁、义、礼、智、信”。三纲五常人人必须遵守的天经地义的伦理道德，也是管理国家的最高行政伦理。

（5）“限民名田”与“抑兼并”的政府政策。董仲舒把儒家的治国行政理念运用到政府的政策制定上就是抑制兼并的限田主张。即“限民名田，以澹不足，塞兼并之路；盐铁皆归于民，去奴婢，除专杀之威；薄赋敛，省徭役，以宽民力，然后可以善治也”。④ 以平均主义的经济政策，稳定小农经济，维护统一专制的中央集权的经济社会基础。

二、魏晋到宋元时期的行政制度与行政思想

从魏晋南北朝到隋唐宋元时期，是中国封建社会国家行政发展和完备时期。一方面，封建专制主义中央集权的行政制度进一步发展和完备，另一方面，由于政权更迭频繁和民族大融合，国家行政在体制、机构、思想、习惯、

① 《汉书·董仲舒传》。
② 《春秋繁露·精华》。
③ 《汉书·董仲舒传》。
④ 《汉书·食货志》。

模式上呈现出前所未有的新特点，无论是对中国古代制度行政文化还是精神行政文化都有很大的影响。

（一）魏晋南北朝时期行政制度的演变和行政思想的特点

魏晋南北朝时期，中国历史进入了一个激烈动荡的时期。分裂割据严重、政权更迭频繁和民族大融合是这一时期突出的特点。各朝代各分裂政权的国家行政制度虽然不尽相同，但是士族掌握政权是其共性。东汉末年起士族豪强在一系列兼并战争中崛起，最终形成了曹操、孙权、刘备为首的三国鼎立局面。曹操曾推行“唯才是举”的政策，公元 200 年曹丕代汉建立魏政权后实行“九品中正制”，即让朝廷中所谓有声望的士族官员，兼任其所在州郡的“中正”官，负责考核当地士人，按门第高低和才能优劣定为上上、上中、上下、中上、中中、中下、下上、下中、下下九品，吏部依品授官，品第越高，官职越大。九品中正制完全成为士家大族操纵、把持国家政权的工具，这一人事行政措施造成了“上品无寒门，下品无士族”的局面，这一政策基本贯穿整个魏晋南北朝时期，是考察这一时期行政文化不可忽略的问题。魏晋时期，由于国家动荡分裂，皇帝为了防止大权旁落，设法削弱相权，尚书省、中书省、门下省相继出现，形成了三省制的中央行政机构。尚书省。尚书原是皇帝的侍从秘书，因其有出纳王命之权，地位日渐重要。东汉“事归台阁”后，取代相府成为国家最高行政机关，魏晋时期尚书台“总齐机衡，允厘六职，朝政之本也”。① 成为独立的中央政府，尚书令正式成为“宰相”，南北朝时期，已成为拥有一整套下属机构的尚书省。中书省，曹魏时期为限制日益发展的尚书令的权力，始置中书省，设中书监令，“并掌机密”。由于中书监令更接近皇帝，负责审理章奏，草拟诏旨，掌管机要，因此权力益增大。尚书省出令权渐渐移向中书省，至晋代尚书省成了执行机关，而中书省则成为出令机关，中书监令成了真宰相，至南北明中书监令地位更为重要，“中书之职，至梁陈而弥重，故大臣之预国论者，必兼中书监令，尤为正本之地”。② 门下省。门下省的长官侍中原是侍从和备皇帝顾问的小官，魏晋时期，随着中书省权力日益扩大，皇帝又采取侍中参政的方法进行牵制，门下省逐渐成为重要的决策部门。魏晋南北朝时期形成的三省制中央行政制度是中国封建社会国家行政发展史上的一个重要阶段，它上承秦汉以来的三公九卿制度，下启隋唐的三省六部制度，并对中国以后各代封建王朝的中央行政体制产生了重要影响。三省长官相

---

① 《晋书·羊祜传》。

② 《历代职官表·内阁上》。

互牵制，有利于维皇权和缓和皇权与相权的矛盾，是中国古代行政文化的一个特点，不同于近代西方三权制衡的宪政理念。

魏晋南北朝时期，由于战乱、分裂、割据，政权更迭频繁，地方行政制度较为混乱，既有两汉以来的州、郡、县制度，也有半割据性的军政合一政权，还有颇为特殊的侨州郡县制度。魏晋南北朝时期的州郡县制度，在体制和职能上与东汉基本无异，最大的特点是由于各个割据政权为了扩张势力，多设或空设州郡，以至于州郡数目繁多，“百室之邑，便立州名，三户之民，空张郡目”,① 虽有些夸张，但基本反映了当时的情况，仅北魏就有 111 州，519 郡，1352 县。名不符实的行政区划和建制易造成国家行政管理的混乱和中央集权衰弱地方各自为政。军民合一的地方政权在魏晋时期常有州郡长官多带将军称号，既理民政，又有兵权，或将军兼州郡长官，既有兵权，又理民政，成为割据一方的势力，军民二政合一，是魏晋南北朝时期地方行政的又一特点，也是造成这一时期叛乱频起，割据风行的一个重要原因。侨州郡县制度也是魏晋南北朝时期特有的一种地方行政建制。由于战乱，中原地区的世家大族为避乱率其宗族、故吏、宾客、部曲大批来江南，于是将中原故地的州郡名称也冠以江南新居之地，因而有了这种独特的侨州郡县制度。这种地方行政建制更加剧了这一时期地方行政的复杂和混乱。魏晋南北朝时期的县乡制度以千户以上的县，行政长官为县令，不满千户的为长，在乡里制度上实行邻、里、党三长制。五家为邻，五邻为里，五里为党。

魏晋南北朝时由于分裂割据、政权更迭、社会动荡、民族融合的社会政治特征，不仅决定了这一时期的国家行政特征，也决定了这一时期行政思想文化的特征。首先，道、法、名、儒互有融合，形成了这一时期行政思想文化的思想基础。在中国古代大部分时间里，统治阶级立孔子为万世师表，独尊儒学，其他诸子之说受到打击和压制，因此，行政思想文化主要是以儒学为基础。而在魏晋南北朝时期，由于各政权分裂割据，社会动荡不安，难以形成强有力的统一王朝，统治阶级无力实行思想文化专制，其他诸子之说复兴，玄学和佛学影响日盛，道法名佛与儒学争奇斗艳，并相互融合成为这一时期行政思想文化的基础。由于治乱世的需要，道法思想居于主要地位。其次，融合与破立并存是这一时期行政思想文化大致演变情况和基本特征。在思想文化领域，道、法、名、儒相互阐发、相互吸收，表现出融合的趋势，与此相适应，各家特有的行政思想也表现出融合的趋势。同时，由于社会政治的剧烈变动，符合两汉

① 《北齐书·文宣帝纪》。

时期社会政治特征的行政思想，因为不能满足新的形势被抛弃，伴随着各种应急行政措施的产生，出现了一些新的行政思想，最具代表性的是“惟才是举”思想。再次，以识人用人为核心的人事行政观是这一时期行政思想文化的基本内容。由于军阀割据，战争频繁，杰出人才成为富国强兵，克敌制胜的关键，因而，各个政权均致力于延揽优秀人才。同时，由于九品官人法的需要，人才识鉴学盛极一时，使识人用人揽人在这一时期行政文化中占有突出的位置。与时代特征相适应，领导、决策、法治、廉政观念，以人才思想为核，构成了这一时期行政思想文化的基本框架。在众多的识人用人行政思想和文化中尤以曹操和孔明为代表。曹操的用人观是惟才是举，不计其余。曹操所处的时代，正值军阀混战，治乱世需要非常之法。贤才是治乱平天下不可缺少的，“今天下尚未定，此特求贤之急时也”。① 他认为求贤主要是求才，在德行与才华的关系上，以才华为主，“有行之士未必能进取，进取之士未必能有行”。② 反复强调“惟才是举，吾得而用之”。③ 先后发布了《敕有司取士毋废偏短令》《举贤勿拘品行令》等文告招揽贤才，曹操为了扩充势力进而平定天下，极力网络人才，不受普通人才观念的局限，坚持惟才是举，不拘一格，具有封建道德品质，出身高贵的人有才能，他固然擢拔，封建道德有缺损的人，只要有才，他也不嫌弃。曹操朝代，非匡世之才不足以治乱平天下，有德而才不济者，与虚名无异，不足以力挽狂澜。曹操的惟才是举观不仅使其三分天下有其二，也给中国传统人事行政文化增添了新的内容。孔明的用人观是举贤任能，以直为贤。他说：“治国犹治身，治身之道，务在养身；治国之道，务在举贤。是以养神求生，举贤求安。”④ 孔明的贤是不畏邪恶，敢于发表不同意见，能够坚持原则的直士。他说：“治国之道，举直措诸枉，其国乃安。”⑤ 因此，从胥吏到人君，官愈大权愈重，需要人益直，品益正，否则会危害国家。“上不可以不正，下不可以不端。上枉下曲，上乱下逆。”⑥ 这与曹操的惟才是举的用人观有明显的不同。孔明还系统地提出了七条鉴别人才的标准，即“问之以是非而观其志，穷之以辞辩而观其变，咨之以谋而观其识，告之以祸而观其通，

---

① 《三国志·曹操传》。
② 《曹操集·敕有司取士毋废偏短令》。
③ 《曹操集·求贤令》。
④ 《诸葛亮集·举措》。
⑤ 《诸葛亮集·出师表》。
⑥ 《诸葛亮集·君臣》。

醉之以酒而观其性，临之以利而观其廉，期之以事而观其信”。[①] 简言之，这七条标准是志、变、识、勇、性、廉、信，也就是说贤才的标准应该是志向远大，随机应变、识见不凡、临危不惧、资质出众、清正廉洁和信义卓著。虽然，孔明偏重品德。孔明的用人成就也十分突出，三分天下有其功。曹操偏于奇，孔明偏于正；曹操偏于才，孔明偏于性。体现在孔明身上的中国传统用人观仍有巨大的影响。

（二）隋唐时期封建国家行政制度的完备与行政思想的丰富

公元589年隋朝重新统一中国后，隋文帝针对南北朝时期政府行政混乱，政出多门，职责不清，行政效率低下的诸多弊端，进行了大规模的改革，建立起了以三省六部制为核心的中央政府行政体制，使中国古代封建国家行政逐步完备。隋朝建立之初设立尚书省、门下省、内史省。其中尚书省总揽国务，尚书令和左右仆射职权颇重。尚书省下分设吏、户、礼、兵、刑、工六部，分管行政、经济、文化等各项政务。六部分辖二十四司，组成系统的中央行政机关。新的中央行政机关以维护皇权为核心，对以往的旧体制，进行了重大改革，突出了三省六部的核心作用，大大提高了行政效率，开创了中国古代国家行政的新格局，对中国古代行政文化影响颇大。隋朝还对地方行政也进行了较大改革，废除了郡的建制，以州统县，形成州县二级地方行政体制。隋朝还废除了魏晋以来军民合一制度，实行军民二政分领，收回郡太守的军权，太守专管民政，另设都尉领兵。这种军民分治的方法，不仅从制度上限制了地方势力的割据，也规范了国家的地方行政。为了限制地方官形成势力，隋朝还创立了尽量以外地人充任郡县长官的制度，县令以下地方官三年一换，并限制地方行政长官的司法权，规定地方无权判处死刑，死刑由大理寺、刑部等中央司法部门负责。隋朝在人事行政方面多有创获，废除了东汉以来地方州郡长官辟署僚佐的制度，地方官员一律由吏部铨授，一切用人权收归皇帝。五品以上官员的任命直接归皇帝，六品以下官员由吏部掌握，从此命官皆出朝廷，中央集权得到加强。同时，隋朝为扩大统治基础，加强皇权，在选官用人上创立了科举制度，并使之成为国家行政官员产生的主要途径，对中国古代行政文化影响巨大。

随后的唐朝是我国历史上著名的强盛朝代，也是封建国家行政管理极为完备的时期。唐朝对国家行政机构、人事制度，典章制度以及行政思想和意识多有创新，对中国封建社会的行政文化有深远的影响。唐朝的中央行政机构有：

---

① 《诸葛亮集·知人性》。

政事堂。这是唐朝全国最高行政决策机关。政事堂原是三省之一门下省的议政场所，因为南北朝以来，门下省的地位高于尚书省和中书省，所以宰相们决定军国大计多于门下省聚会，后又移至中书省，两省宰相联合办公和议决，政事堂就成了议决国务的最高机构，会后总结记录呈报皇帝审批，这就需要一系列的附属机构，于是政事堂下设多个处理日常政务的机构，逐渐形成了全国最高行政决策机构。据《中书政事堂记》载："政事堂者，自武德以来，常于门下省议事，即以议事之所，谓之政事堂。"政事堂拥有中书、门下二省的职权，皇帝通过它发布制敕，号令全国。其议政程序是中书多于皇帝处领旨，政事堂宰相集体讨论议决，并且轮流"秉笔"，整理记录，盖印发布，皇帝的命令须经政事堂宰相们议决、通过、加印才能生效，皇帝不经政事堂而直接发令，是违制行为，下属机构有权不执行。政事堂的设立既是维护皇权的需要，也是力图把君主个人专制与宰相集体议决这种对立面的冲突保持在封建"秩序"范围内，从而提高行政效率。唐代的中书、门下、尚书三省机关同为相府，三省长官分别为中书令、门下侍中、尚书令。中书省、门下省为决策机关，尚书省为最高行政管理机关。三省宰相拥有较多的职权，如议决国家的大政方针、协助皇帝选官用人及考核奖惩，甚至参与决定皇帝的"家事"。尚书六部与寺监机关。尚书省及其所辖六部是唐朝中央政府职能部门，九寺五监是政府下属的行政机构。经政事堂议决的大政方针，均交尚书省执行。尚书省下设吏、户、礼、兵、刑、工六部二十四司。各部长官为尚书，副长官为侍郎，各司长官为郎中，副长官为员外郎。九寺五监为六部下属办事机构，六部指令一下，寺监部署执行。九寺为太常寺、光禄寺、卫尉寺、宗正寺、太仆寺、大理寺、鸿胪寺、司农寺、太府寺。五监为国子监、少府监、将做监、军械监、都水监。唐朝的地方行政为州县二级制。州的最高行政长官为州刺史，管理一州民政。唐朝还设有和州地位平级的府和都护府。府设在首都和陪都所在地，府的行政长官为牧尹，地位较州刺史重要。都护府设于边疆少数民族地区，都护府下设若干都督府，管理边疆的军政要务。州以下为县，县设县令为最高行政长官，下有县丞、主簿、录事、县尉等官员，协助县令管理民政、赋役、刑法、治安等事务。县下为乡、里、保、邻。

唐代以完备的科举制为核心的官员选用管理制度在中国古代行政文化中具有重要的影响。唐代政府官员的选拔途径除部分因豪门世家的余荫而得官外，科举制是其正途。起源于隋代的科举制，本着惟才是举，基本公正的原则，使人才辈出。唐代宰相368人中，进士出身的有142人。唐代取士分为定期举行的常科考试和皇帝临时设置的制科考试两种。常科每年分科举行一次，科目有

50余种，主要是明经、进士两科。明经科以考核儒家经典为主。考试内容有帖经、经义和时务策，以帖经为主。进士科则以测试考试文才为主，考试内容有帖经、诗赋和时务策，以诗赋为主。明经科因考试较容易，故录取名额较多，而进士科的诗赋则需独立思考，录取名额较少。明经科的录取率为十分之一二，进士科的录取率只有百分之一二。因此，中进士有登龙门之喻。由于难以及第，故有“三十老明经，五十少进士”之说。进士及第虽难，但及第后容易飞黄腾达，故时人称为“士林华选”。制科是由皇帝亲自主持的考试，科目多临时设置，平民子弟和官吏均可应试。制科不定期举行，录取人数也十分有限，在科举制度中不占重要地位，唐代的科举考试一般经过两道考试程序，先是州考，合格者称举人，举人有资格参加礼部主持的省试，后又在省试之上增加皇帝亲自主持的殿试。唐代士人通过科举考试只取得做官的资格，但要真正实授官职，还需经过吏部考试。唐代尤其重视地方官的选拔和任用。因为“州得才刺史，十万户赖其福；得不才刺史，十万户受其困，国家兴衰，在此职也”。[①] 更重视官员的培养教育，京师设有六学二馆，六学为国子学、太学、四门学、律学、算学，二馆是门下省的弘文馆和东宫的崇文馆。地方学校州置经学、医学二科，县置经学科，均有培训教育官员之责。唐代官员的管理也趋于制度化和法律化，《唐六典》中有关官员的考核、奖惩、待遇，乃至休假与致仕的规定颇为制度化。三品以上官员由皇帝亲自考核，四品以下由吏部考功司考核，每年一小考，四年一大考。除一般考核项目外，主要考查官员对本地户口增减，农田收损，治安好坏等情况，考核结果决定奖惩，小考赏以加禄，罚以夺禄；大考赏以晋升，罚以降职或免职，唐代官员的俸禄有授田、赐禄、给役、俸科四种。休假有例假、节假、事故假、婚假、丧假等，年满70年应退休，因故也可提前退休。唐代科举制的完善，以及官员考核、奖惩、俸禄、退休的制度化，展示了中国古代文官制度的基本面貌，是中国古代行政文化的重要组成部分，其影响远及东亚乃至西方。唐代的司法和监察制度也颇为完备。从中央到地方都设有严密的司法和监察机构。刑部是司法行政机关，总管司法行政及复核大理寺判定的流刑以下及各州县徒刑以上案件，长官为刑部尚书。大理寺是审判机关，负责审理中央百官犯罪及京师徒刑以上案件，对地方呈报的死刑案件有重审之权，长官为大理寺卿。御史台是监察机关，监督刑部、大理寺的司法审判活动，遇有重大案件也参与审判或受理行政诉讼案件。长官为御史中丞。唐代中央司法三机构各司其职，互相监督与制衡既便于皇帝

---

① 《新唐书·陈子昂传》。

对司法权的控制，又可从制度上避免执法过程中失误。唐代地方实行“行政司法合一”制，由州县行政机关行使司法权，这种地方行政与司法合一体制，一直是中国古代传统行政与法律文化的特点。唐代的监察制度在中国历史上是一个划时代的发展阶段，是唐代国家机构的重要组成部分，体制完备，制度周密。御史台作为中央行政监察机关，负责监督弹劾百官，参与重要刑事案件的审理与判决，监督国家刑法、典章、政令的执行，代表中央政府到各地巡视检查等。从中央到地方的行政机构和大小官员都在监督之下，一定程度上保证了行政工作效率和行政官员的廉洁。

唐朝是中国历史上强盛的王朝，有着丰富灿烂的文化，在国家行政上不仅有其严密国家行政机构，完备的行政典章制度和成熟的行政人事制度，而且有其丰富的行政思想和行政意识。唐代的行政思想意识以唐太宗、魏征为代表。唐太宗李世民是中国古代杰出的政治家和思想家，也是颇有建树的行政家，其行政思想与意识在理论上综合了儒家孔子和道家老子的学说，吸收了法家等其他各派之长，具有以人为本和改革进取的价值取向，是中国古代国家行政完备时期官方行政思想的代表。其主要思想和理念有：

（1）民惟邦本的行政价值观。谋求国家的长治久安是唐太宗行政理念的最终目标。他从隋亡的教训中亲自体会到了民众的巨大力量，“民”成为唐太宗与群臣论政的中心问题之一，唐太宗在继承传统儒家“民本”思想的同时有所发挥。他说：“为君之道，必须先存百姓，若损百姓以奉其身，犹割股以啖腹，腹饱而身毙。”① 体现了他治国必先安民的远见。他还说：“舟所以比人君，水所以比黎庶，水能载舟，亦能覆舟。”② “天子者，有道则人推而为主，无道则人弃而不用，诚可畏也。”③ 不过，唐太宗继承并发挥的传统“民惟邦本，本固邦宁”的治国理念和行政价值观与近现代西方民主行政意识还是有区别的。

（2）兼听纳谏，集思广益的行政决策观。唐太宗的行政决策观，表现为广开言路，集思广益，群策群力，求谏纳谏，实行集体决策，而不是个人专断。他说：“君臣上下，各尽至公，共相切磋，以成治道。”④ 并强调：“君有违失，臣需极言，朕闻卿等规谏，纵不能当时即从，再三思审，必择善而用

① 《贞观政要·君道》。
② 《贞观政要·教戒太子诸王》。
③ 《贞观政要·教戒太子诸王》。
④ 《贞观政要·纳谏》。

之。"① 要求群臣们敢于讲真话，有独立见解，不要"阿旨顺情，唯唯苟过"。主张凡是国家要务，都交由有关政府部门集体研究，认为万无一失，方可奏行。唐太宗重视谏官，如有好的建议总是虚心采纳，或舍其所短，用其所长。

(3) 宽简稳定的行政法制观。唐太宗强调立法要慎重，律文要简明划一、相对稳定。要求"国家法令，惟须简约，不可一罪作数种条。格式既多，官人不能尽记，更生奸诈，若欲出罪即引轻条，若欲入罪则引重条"。"诏令格式，若不常定，则人心多惑，奸诈因益生"。② 因而主张"用法务在宽简"。③ 把宽简仁政看作是国家长治久安的根本，他说："朕看古来帝王以仁义为治者，国祚延长；任法御人者，虽救弊于一时，败亡亦促。"④

(4) 官在得人，不在员多的人事行政观。唐太宗一生"孜孜求士，务在择官"把任人唯贤作为治国的基本准则之一，"为国之要，在于进贤退不肖，赏善罚恶，至公无私"。⑤ 其实，唐太宗除了与中国历史上的贤明之君任人唯贤，明辨贤佞，赏罚分明外，更突出的是他认为官员的素质决定政府的效率，"若得其善者，虽少亦足矣；其不善者，纵多亦奚为?"⑥ 主张精简政府机构，防止官员冗滥。唐代《职官令》对各级政府机构，官员设置作了明确规定，"诸官有员数，而署置过限及不应置而置，一人杖一百，三人加一等，十人徒二年"。⑦ 中央政府的官员由2000余人减少到643人，行政效率大为提高。《唐律》中对政府官员办事推诿，贻误公事也有明确的处罚规定。经办官文书，"小事五日程，中事十日程，大事二十日程"，"其官文书稽程者，一日笞十，三日加一等，罪止杖八十。"⑧ 充分体现了唐太宗注重行政效率的人事行政观。

(5) "安人宁国"的行政理念。在"民惟邦本"的行政价值观指导下，唐太宗确立以"安人宁国"的行政理念。他说："夫安人宁国，惟在于君，君无为则人乐，君多欲则人若，朕所以抑情损欲，克己自励耳。"⑨ 他的安人宁国的行政理念是建立在传统重农行政思想基础上的，他反复说道："凡事皆须

---

① 《贞观政要·纳谏》。
② 《贞观政要·赦令》。
③ 《贞观政要·刑法》。
④ 《贞观政要·仁义》。
⑤ 《资治通鉴·唐纪》。
⑥ 《贞观政要·政体》。
⑦ 《唐律·职制》。
⑧ 转引自王建学《中国行政管理史》，辽宁人民出版社1989年版，第103页。
⑨ 《贞观政要·务农》。

务本，国以人为本，人以衣食为本，凡营衣食以不失时为本。”① 要求各级政府官员长久保持节欲，减少财政开支，发展农业生产，轻徭薄赋，维护民生安定。只有“悦以使人，不竭其力”。② 国家和社会才会安定。总之“为政之本，贵在无为”。③ 政府简朴，与民休息的行政理念是对无为思想和秦汉德政理论的继承和发展。

唐太宗的许多行政思想和实践都来自魏征。魏征是唐大宗最高决策集团核心人物之一，任职期间除了尽心尽力出谋划策外，是唐代最著名的谏官，先后向唐太宗陈谏数十万言，上至国家大政方针、下至皇帝个人私事。与唐太宗一道共同开创了唐王朝清明、高效的行政风气，为中国古代行政文化留下了宝贵的遗产。魏征的行政观受先秦儒家的影响，他主张治国以德为本，以刑为末，其政治理想是上下同心，君臣合德，百姓安康，其施政策略是轻徭薄赋，休养生息，缓和矛盾，安定人心，励精图治，勤俭建国。在此思想指导下，他力谏唐太宗，“自古以来，未有由百姓逸乐而致倾败者，何有逆畏其骄逸，而故欲劳役者哉？恐非兴邦之至言，岂安人之长算”④。为政者既要节制欲望，不要铺张浪费，劳民伤财，更重要的是居安思危，善始善终。“道德未益厚，仁义未益博”，“虽有善始之勤，未睹克终之美”。“凡百元首，承天景命，莫不殷忧而道著，功成而德衰；有善始者实繁，能克终者寡。”⑤ 在用人行政上，魏征提出“才行俱兼，始可任用”的用人标准，如何才能做到才行俱兼，魏征提出了三点要求，一是德行放在首位“今欲求人，必须审访其行”，“才力不及，不为大官，误用恶人，假令强干，为害极多”。二是通过严格的考核来选人，“知人之事，自古为难，故考绩黜陟，察其善恶”。三是太平之时，一定要选用德才兼备的人才，“太平之时，必须才行俱兼，始可任用”。⑥ 此外，还须识忠奸选贤良。在用人方法上要“因其才以取之，审其能以任之”，“用其所长，舍其所短”。⑦

（三）宋朝中央集权行政体制与行政思想的发展

公元960年，赵匡胤发动兵变，建立北宋。1127年金灭北宋，同年赵构

① 《贞观政要·务农》。
② 《旧唐书·魏征传》。
③ 《旧唐书·后妃传》。
④ 《贞观政要·纳谏》。
⑤ 《贞观政要·君道》。
⑥ 《贞观政要·择官》。
⑦ 《贞观政要·择官》。

建立南宋，1279 年元灭南宋。宋朝历时 320 年。中央集权是宋朝国家行政的最大特点。经历五代十国以来的战乱和割据的宋太祖赵匡胤，深深懂得加强中央集权以巩固国家统一的迫切性和重要性。建国不久便采取了一系列加强中央集权的措施。对中央和地方行政机构进行了较大调整，形成了中央集权的行政制度。首先，设立政事堂和枢密院“对掌大政”的中央行政“二府制”，以及新设机构与省、部、寺、监等旧机构并存共治的行政体制。政事堂是负责全国行政事务的最高机构，行政首脑是宰相，拥有门下、中书、尚书三省的主要职权。枢密院为最高军事机构，最高长官为枢密院使或枢密院事，副长官为枢密副使或同知枢密院事。枢密院的设置，一方面侵夺了宰相的统兵权，另一方面枢密院又与统兵将领互相牵制，使调兵权与握兵权分离，无疑使军权进一步集中到皇帝手中。财政权由新设的三司，三司的长官为三司使，下设盐铁、户部、度支三部，分别掌管工商业和制造、财政收支和粮食漕运、户籍赋税及专卖等事务。通过对行政机构的调整，权力的分割和再分配，形成了行政权、军事权和财政权三权分立，三个机构及官员分别向皇帝负责的中央行政体制新格局。宋朝虽然保留唐朝以来的三省六部制形式，但仅存其名，并无实权。新设立的审官院，负责任免考核少卿监以下的中央政府官员；审刑院，刑案最高复审机关；太常礼院，负责礼仪。这三个新机构也是为了适应君主专制主义中央集权的需要而设置的，以便加强对官吏的考核、刑案的复审以及执行礼仪规章的管理。其次，确立路、州（府、军、监）、县三级地方行政体制。宋朝鉴于唐末五代时期藩镇割据的教训，对地方总的政策是尽可能缩小行政建制，分散地方长官的权力，以达到中央集权的目的。路是改唐朝的道而来，是地方最行政机构。设经略安抚司掌军事，以经略安抚为长官，负责军事指挥和安定边境；设转运司掌财政民事，以转运使为长官；设提刑司掌司法，以提点刑狱公事为长官；设提举常平司掌管赈灾救济和盐铁专卖，以提举常平使为长官。宋朝对路的分支机构和官员的管理办法是，使他们之间互不统领、互不监督，职权范围也不十分严格，各自直属中央，直接对皇帝负责，以防止地方长官独揽大权。州或府是宋朝地方第二级行政机构，与秦汉时期的郡相类似。州的长官称知州，府的长官称知府。府的地位高于州，凡皇帝即位前居住过或任过职的州，在其即位后，均升级为府。宋朝还在州、府设立“通判”一职，以监视知府、知州，并分散其权力。宋朝对这一级的长官明确规定须由皇帝任命的中央文官担任，并且“三岁一易”和本地人不能在本地做官的制度。县是宋朝地方的第三级行政机构，其行政长官称县令或知县，并设主簿管户口钱粮和县尉负责维护社会治安。再次，加强司法与监察管理。司法与监察制度是宋朝国家行政的重要方面，是保障国家行政机构得以正常运转的重要机制。宋朝中央司法机构由刑部、大理寺审刑院构成。刑部是司法行政机关，大理寺审理的案件，须经刑部复核。大理寺是审判机关。审刑院为新设，一切重大案件，经大理寺审判，刑部复核后，均要送交审刑院评议裁决，再呈报皇帝批准。宋朝的地方司法机关与行政机关是合一的，但是为了加强中央对地方司法机关的控制，于各路设提点刑狱司，号称“宪司”，其长官称提点刑狱公事，由朝廷直接领导，主管审查各州、县判决的案件。宋朝的监察机关以御史台为中央最高监察机关，御史大夫向无实权，御史中丞成为实际上的长官。御史台下设台院、殿院、察院，以“纠察官邪，肃正纲纪”。① 和前朝相比，宋朝的监察制度有明显的变化。在御史的选用和职权上，宋朝的御史由皇帝亲自任命而不由宰相任命，这是由于“宰相自用台官，则宰相过失无敢言者矣”。② 同时，对御史的选任资格还规定，未经两任县令者不得任御史，以保证担任御史的官员具有比较多的统治经验。御史的主要职责是纠察官员的不法行为。御史可以弹劾所有的官员，奏弹不当御史亦不被惩罚，御史台还负责对地方监察官监司的监督，并有权对监司考察不公或失察的情况提起弹劾。在监察组织和程序上，宋朝对地方官员的监察不再设专职机构，中央派遣转运使、观察使、按察使、通判官等兼任地方的监察工作。宋朝在地方将若干路作为监察区，下派的各种监察官统称为“监司”，负责对辖区内官员的纠察、监督。对地方官的弹劾，要经御史台核实，然后奏报皇帝裁判。宋朝的监察程序分为大罪劾、次罪弹、轻罪纠，一般纠察实行奏，其内容和程序都有严格的法律规定。总之，宋代加强司法和监察管理旨在国家机关各部门之间的相互牵制，削弱臣下的权力，强化中央集权，由于监察机关御史台一方面可以对各级行政官员实施法律监督，另一方面又被置于被监督的行政机关尚书省或中书省的控制和制约之下，这种行政与监察职能关系与分工的混淆，不利于行政监察制度的发挥，还容易导致吏治腐败。最后，完善科举制度与人事制度。宋朝的科举制度较历代更为严格，并多有创新，主要体现在：

（1）皇帝亲自主持殿试，并形成制度。赵匡胤说：“向者登科名级，多为势家所取，塞孤寒之路。今朕躬亲临试，以可否进退，尽革前弊矣。”③ 宋朝殿试由皇帝亲自主持，一般分作五等三甲：一、二等称及第，三等称出身，

---

① 《宋史·职官志四》。

② 参见王汉昌：《中国古代政治制度史略》，人民出版社 1985 年版，第 158 页。

③ 《宋史·选举志一》。

四、五等称同出身；南宋称殿试第一名状元，第二名为榜眼，第三名为探花。这一制度为明清两朝所继承。

(2) 明令禁止通过科举考试结成座主、门生关系。

(3) 增加“特奏名”，即“贡人及十五举尝终场者”，采取特恩的办法，赐本科出身，称“特奏名”。这种以皇帝特恩名义录取的制度，是笼络知识分子的一个重要手段。

(4) 在科举考试的具体方法上，把唐代偶尔一用的“糊名”变成制度，并创造了“誊录”的办法，即将考生试卷先派人誊抄一遍，再将誊抄卷交考官评定。严格的科举制度，进一步加强了中央政府的权威，对中央集权行政起了积极的作用。宋朝在选官用人上有科举选官制、恩荫制和铨选制。科举选官制是任官的主要渠道。它废除了唐朝以来科举取士只是取得做官资格，经吏部考试合格后才授官的规定，规定考生一经及第，即直接任官。这种制度为广大士人有极大的吸引力。凡贵族宗室和官僚的子孙、亲属、姻亲甚至门客都可由恩荫授官，这是恩荫制。铨选制则是宋朝选官的第三种途径，是指对在职任官者的考评和选拔。宋朝对官员的考核颇为严格和制度化，主要法规或依据是《京朝官考课三等第法》《知州考课四善四最法》等，对官员考核的范围、程序及内容都有明确的规定。宋朝的官员实行品级俸禄制度。除俸禄外朝廷还给赏赐，甚至允许官员贪污受贿，这是宋朝后期吏治败坏，形成积贫积弱的一个重要原因。宋朝政府规定：“凡文武朝官，内职引年辞疾者，多增秩从其请，或加恩其子孙。”目的是“且表优贤之意，用敦尚齿之风”。① 对致仕（退休）者提供优厚的待遇，往往加衔晋级，或恩荫子孙。宋朝的一系列行政措施和诸多创新，使中国古代封建专制主义中央集权行政制度文化得到进一步的发展。

在中央集权行政不断发展的同时，官民对抗、贫富对立的社会矛盾和朝廷积贫积弱的局面也摆在了宋朝政府面前，如何解决这一系列矛盾，坚持儒家传统，还是改革和提高政府行政效率，缓和社会矛盾成了宋朝时期行政思想意识的主流。此外，经济、文化的发展，社会生活的多样化和世俗化也对这一时期的行政思想和意识产生了积极的影响。

(1) 行政改革思想的兴起。以范仲淹和王安石为代表。从范仲淹《上执政书》提出：“固邦本，厚民力，重民器，备戎狄，杜奸雄，明国听。”② 到王安石一系列经济、军事、国防改革主张，宋代的行政改革思想旨在通过变法

---

① 《宋史·职官志十》。

② 周宝珠：《简明宋史》，人民出版社 1985 年版，第 169 页。

提高政府的行政效率，缓和和解决日趋严重的阶级和民族矛盾，改变宋朝积贫积弱的局面。范仲淹以“先天下之忧而忧，后天下之乐而乐”的政治责任感，主张整顿中央行政机构，理顺行政机构之间的关系，提高行政效率，改革人事制度，并积极付诸实践。相对范仲淹而言，王安石更强调政府对经济生活的行政干预，更多的是从谋求富国强兵入手，提出了一系列经济改革主张。

（2）传统儒家行政观的新发展。以司马光和朱熹为代表。司马光继承了传统儒家的德治思想，主张施仁政，这是他行政思想的核心。他说：“王霸无异道……其所以行之也，皆本仁祖义，任贤使能，赏善罚恶，禁暴诛乱。”① 无论是王道还是霸道，都必须以仁为出发点，遵循仁义的准则。在他看来，儒家传统道德是要遵守的，变法改革“扰民”，是违背仁政的。司马光所强调的仁政行政就是祖宗之法不可变，这是国家行政的根本原则，君主应该是仁德的化身，不仅要以德治天下，还要把教化看作是为政的急务，“教化国家之急务也，而俗吏慢之；风俗，天下之大事也，而庸君忽之。夫惟明智君子，深识长虑，然后知其为益之大而收功之远也”。在用人上“德行高人谓之贤”，主张用懂仁义谦让，谨守封建礼节的德行高尚之人。“夫聪察强毅之谓才，正直中和谓之德。才者，德之资也，德者，才之帅也。……才德全尽谓之圣人，才德兼亡谓之愚人，德胜才谓之君子，才胜德谓之小人。凡取人之术，苟不得圣人，君子而与之，与其得小人，不若得愚人。”② 朱熹不仅是宋代唯心主义理学的集大成者，也是儒家仁政行政观的重要代表，他继承和发展了二程“天下之治乱系乎人君仁不仁耳”。“为政之道，以顺民心为本，以厚民生为本，以安而不扰为本。”③ 的仁政行政观，认为仁是先天的东西，是事务的根本，如能按仁的要求去处理解决社会问题，便无往而不利，受用无穷。“盖仁之为道，乃天地生物之心，即物而在。情之未发，而此体已具，情之既发，而其用不穷。诚能体而存亡，则众善之源，百行之本，莫不在是，此孔门之教，所以必使学者汲汲于求仁也。”④ 要达到仁政治国，君主必须修德。如何修德呢？“言今日之告君者，皆能言修德二字。不知教人君从何修起，必有其经。”“安德如此说，只看合下心而不是私，即转为天下大公，将一切私底尽屏去，所用之人非贤，即别搜求正人用之。”⑤ 这就是说修德要从两个方面入手：其一，

① 《资治通鉴·汉纪》。

② 《资治通鉴·齐纪六》。

③ 转引自王放放《中国行政改革思想史》，中国广播电视出版社 1999 年版，第 365 页。

④ 《朱子语类》卷二十二。

⑤ 《朱子语类》卷一〇八。

从君主自身的修养来说，就要完全摒弃一切私意，转为天下之大公，即所谓“正君心”。其二，就是用人，尽管“正君心”是大根本，但如果没有好人的辅佐，也治理不好国家，因而他主张，任用好人辅佐国君治理国家。总之，“为此以德，不是欲以德去为政，亦不是块然全无作为，便德修于己而人自感。然感化不在政事上，却在德上。盖政者所以正人之不正，虽无所作为？但人之所以归正，乃以其德耳。故不待行为而天下归之如众星之拱北极也”。① 在仁政行政观的主导下，朱熹就当时的中央与地方，“封建”与“郡县”的关系以及政府的兵权、财权、用人权等一系列重要问题阐述了自己的见解，其中不乏真知灼见，将传统儒家治国理念发展到了新的阶段。

(3) 功利主义行政观的出现。以叶适、陈亮为代表。他们反对理学家重义轻利“存天理，灭人欲”的空谈义理的说教。认为国家行政的目的是通过有效的管理，更好地解决人们的衣、食、住问题，顺应民心，最终达到民富兵强，“为国之要，在于得民。民多则田垦而税增，役众则兵强。田垦税增，役众兵强，则所为而必众，所而必遂”。② 强调“功到成处，便是有德；事到济处，便是有理”。③ 把干“实事”，谋“实功”作为国家行政是否有成效的重要标准。在中央与地方行政事权关系上，反对中央过度集权，主张实行必要的地方分权。君主的主要职责是“辨邪正，专委任，听政之大体，总权之大纲”,④ 不是事无巨细一概包揽。总之，“昔之立国者，知威炳之不能独专也，故必有所分，控持之不可尽用也，故必有所纵”。⑤ 给予地方一定的权力是为了建立更有力的行政体系。在功利主义行政观指导下，提出了一系列整顿内政，裁撤冗官，发展经济、选人用人的行政政策。应该说功利主义行政观以能否增强国力，给人们带来物质利益作为评价国家行政的标准、选择官员的尺度和标准以及规范中央与地方行政关系的准绳，在中国行政文化史上独树一帜。

(四) 辽、金、西夏、元朝的行政制度与行政思想

辽、金、西夏、元朝是中国历史上几个主要的少数民族政权和朝代。由于民族大融合的影响，这些政权和朝代大多根据本民族的管理传统有选择地采用唐、宋以来中原汉族封建王朝的行政方法，形成各自不同又富有特色的行政体制和行政文化，这不仅有利于加强政权的巩固和管理，促进本民族的封建化进

---

① 《朱子语类》卷二十二。

② 《水心别集》卷二。

③ 《龙川学案·宋元学案》卷五十六。

④ 《上孝宗皇帝第一书》。

⑤ 《水心别集·进卷·上殿札子》。

程，也给中国传统行政文化增添了新的色彩。

916年建立的辽朝，其中央行政体制为南北面官制。“官分南北，以国制治契丹，以汉制待汉人……因俗而治，得其宜矣。”① “国制”是契丹政权的奴隶制，“汉制”是中原汉族的封建制，南北面官制就是辽政权进入中原后不断封建化，因俗而治在国家行政上的必然选择。辽朝的南北面官中，南面官即汉官，北面官即辽官。北面官的职责是“治官帐部族，属国之政”，而同为北面官，同一机关，又有南北院（府）之分，“其实所治皆北面之事”。② 辽朝的北面官制是作为主要的中央机构设有：北南宰相府。“北府宰相，掌佐理军国之大政，皇族四帐，世预其选。”③ 北南枢密院。北枢密院相当于兵部，南枢密院相当于吏部。“契丹北枢密院掌兵机武铨、群牧之政，凡契丹军马皆属焉。”“契丹南枢密院，掌文铨，部族丁赋之政，凡契丹人民皆属焉。”④ 北南大王院。其职能是“分掌部族军民之政”。⑤ 还负责皇帝打猎时服装和马匹的提供。北南宣微院。掌朝会、宴乡食、礼仪，祭祀及御前祇应之事。夷离毕院。掌司法，相当于刑部。敌烈麻都司。掌礼仪，相当于礼部。辽朝北面官的附属机构有掌御帐护卫的御帐官；总管行宫的宫官；管理犯罪没籍的著帐官；掌皇族政事、军政的皇族帐官等。辽朝的南面官则沿用唐制，后来又兼采宋制，设有枢密院、三省、御史台、六部，及监司机关南面官不分南北。南面官与北面官在职能上有差异，北面官掌实权，北面官多由契丹贵族担任，南面官多由汉族贵族担任。辽朝在行政机构上除了设南北面官制外，还保留了一些契丹“国制”，即特有的组织形式。如“斡鲁朵”制，汉语意为“宫”或“行宫”，它是迁徙不定的宫帐，从未长驻一地，总是伴随着皇帝而动。宫使是“斡鲁朵”的最高长官，有统领禁卫，管理民政，掌管司法刑狱之权。辽朝的地方行政机关也采取“因俗而治”的方针，由契丹的部族制与中原的州县制相结合，如头下军州的设立，据《辽史》记载：“头下军州，皆诸王、外戚、大臣及诸部从征俘掠，或置生口，各团集建州县以居之。”⑥ 多设于黄河流域契丹住地。辽朝模仿唐朝的地方行政，把全国划分五道，道的首府为京，故称五京道，中原地区设州，县以刺史、县令为行政长官。在用人行政上，由帐院

① 《辽史·百官职》。
② 《辽史·百官职》。
③ 《辽史·百官职》。
④ 《辽史·百官职》。
⑤ 《辽史·百官职》。
⑥ 《辽史·地理志》。

选官制逐渐过渡到对汉人实行科举制，有利于巩固统治基础，提高行政效率。1115 年建立的金朝，其国家行政也经历了从奴隶制国家行政到多种体制并存的过程。最初的中央行政是“勃极烈”制度，“勃极烈”为女真语，意为部长，源于女真氏族制度时期的贵族议事机构。金太祖时设谙班（尊大）勃极烈、国论忽鲁（高贵统帅）勃极烈、阿买（国家第一）勃极烈，昃（国家第二）勃极烈四个勃极烈。金太宗时仿唐制建尚书、中书、门下三省。其中央行政机构不断健全并固定下来。主要有：尚书省，皇帝之下的最高权力机关。设“尚书令一员，正一品，总领纪纲，仪刑端揆，左丞相、右丞相各一员，从一品，平章政事二员，从一品，为宰相，掌丞天子，平章万机”。① 尚书省下设院、台、府、司、寺、监、局、署、所等机构。枢密院，仿宋制，设枢密使，枢密副使、签书枢密、院事等职，掌军事、兵马，负责国家的防务等机密之事。御史台，仿唐制，设御史大夫、御史中丞、监察御史等官职，掌管刑狱和重大案件，监察和处理官员的违法行为，为最高监察机关。金朝的地方行政机构设路、府、州、县四级。路设兵马都总管，统领军兵。路治所在的府称为总管府，由兵马都总管兼任总管府的称府尹，不兼总管府的只称府。各州设节度使，防御使、刺史，领军兵兼管政事。县一级不专设军兵，县令只管民政。金朝地方行政的特点是军事、行政合二为一，除县外，统兵官也是行政官，带有浓厚的军事色彩，在女真旧部及相近地区还设立“猛安谋克”，“猛安”相当于州，“谋克”相当于县。“猛安谋克”是女真早期单纯的出猎组织。“猛安”原为女真部落统军首长，“谋克”为氏族长。后来成为平时射猎、战时作战的组织，最后发展成军政合一的地方行政组织，在用人方面，由世袭和奏补走向“量材通用”，大批吸收有从政能力的汉人士大夫参与各级行政管理，对金朝政权的巩固和经济文化的发展有重要的作用。1038 年建立的西夏是我国西部羌族中的党项族建立的王朝。其国家行政在官制上设汉官和党项官两套并存的官制。汉官制基本仿宋制，其官分文武，中书省管理政务，枢密院掌管兵防、边备；三司掌管贡赋、财务。御史台掌管监察弹劾。尚书省设尚书令，其职权是“考百官庶府之事而会决之”。② 下设功曹、仓曹、户曹、兵曹、法曹、士曹等六曹，相当于唐宋的六部。西夏的党项官制只限于党项人才能充任，有宁令、谟宁令、丁卢、素赍、祖儒、吕则、枢铭等七种官称。西夏的地方行政分为州、县两级，边境要地设郡和府，军民合一。1271 年建立的元朝是一个

① 《金史·百官制》。

② 《西夏书事》卷十三。

疆域“北逾阴山，西极流沙，东尽辽左，南越海表”的统一王朝。其国家行政在借鉴金朝制度，遵用汉法，部分保留了保障蒙古贵族特权地位的基础上，建立了中央集权的行政制度。元朝废除了唐宋的三省制，采取中书省一省制为最高行政机关，其权力较大，凡有关国家的财政、军事、文教等大政方针的研讨、制定都要中书省通过，然后呈皇帝批准实行，并参与有关司法审判和人事的任免调动，中书省对其直属的参议府和六部实行直接指挥，对非直属的其他机关有权进行检查监督，并对有关事宜提出处置意见。中书令是中书省的行政首长，多以皇太子兼任。中书省的内部机构为宰执、参议府和六部。宰执内设中书令1员，左右丞相各1员，平章政事2员，左右丞各1员，参知政事2员，均为宰相，故有“八府宰相”之称。参议府是中书省的综合办事机关，对宰相决定的事项负责安排落实，对六部呈报的公文分别处理。六部是中书省的主要职能部门。元朝的地方行政与辽金相比变化较大。辽金采用两种体制，而元朝则加强集中统一，地方设行中书省，简称行省，作为地方最高行政机关。元朝的行省“掌国庶务，统郡县，镇边鄙，与都省为表里”，“凡钱粮、兵甲、屯种、漕运、军国重事，无所不领之”。① 行省以下为路、府、州、县。路的官员有达鲁花赤（镇守者，由蒙古人担任，掌实权）总管、治中、制官、推官等，府有达鲁花赤、知府、同知、判官、推官等，州有达鲁花赤、州尹、同知、判官等，县有达鲁花赤、县尹等。在隶属关系上，有的府隶属于路，也有的直属于行省。府有的统州县，也有的不统州县。地方各级官员的任命，除了诸王封地的州县达鲁花赤以下官职由诸王任命外，均有由中央任命，行政与人事管理高度集中。元朝的行政文化中地方行政区划有一个创新，就是突破了自然区域的界限。元以前的地方行政区域基本按照山川形成的自然界限进行划分，这给地方割据势力利用地势的险要与中央对抗提供了方便。元朝改变了这做法，有利于中央集权的巩固。元朝在官员的选拔和任用上有世袭、推举和科举。重要官职采取世袭制主要以蒙古人充任，其次是色目人。推举制是指从皇帝怯薛（禁卫军）中选拔官员，均由蒙古人，色目人充任。科举制也是元朝选官的一个途径，但无论是规模上，录取人数上，还是进士的地位前途上，与唐宋相比都是微不足道的，元朝的科举制只是选官用人的一个补充。元朝对官员的监察由御史台负责，御史台的长官是御史令由蒙古人担任，下设御史中丞、侍御史、治书侍御史等。地方设行御史台、肃政廉访司，构成从中央到地方的行政监察系统。元朝对官员的考核、奖惩也有明确的规定，“能使官吏廉

① 《元史·百官制》。

勤，不敢犯法；凡事办集，不敢扰民，非因天灾流行，百姓安业，则为称职；其有习弊不改，败事扰民，苛细生事，于大体者为不称职”。并规定“宪司失于绳纠，不胜职任，从御史台奏代”。①

辽、金、西夏、元朝作为中国历史上几个主要的少数民族政权和朝代，又时值战争频繁，民族融合，其特殊的行政制度、行政方法、行政传统和行政习惯，以及与之相适应的行政思想意识，构成了这一时期富有特色的行政文化。其突出的特点是：

（1）因俗而治，参用汉法成为基本的行政指导思想。从机构设置到人事制度，各政权和朝代无例外地根据各民族生产、生活方式、各地区经济发展的不同情况，疆域的扩展及各民族的融合、迁徙情况设置不同的行政机构，采取不同的行政措施和行政方法，在保留各自原有行政传统的同时，都相继将中原汉族王朝先进的封建行政制度和文化引入国家行政中，并推陈出新，既提高了行政效率，又适应和加快了封建化进程，对中国行政文化的发展做出了较大的贡献。元朝创立的行省制度，是对秦朝以来郡县制度的发展，是中国行政史上的一项重大变革。行省制度的确立，使中央集权在行政体制上得到了重要保证，巩固了多民族国家的统一，对明、清以及后来的行政制度产生了深远的影响。

（2）军民合一，平战结合的行政理念显著。辽、金、西夏、元朝的行政制度，尤其是地方行政制度在战争频繁，政权迭起和激烈对抗的特殊环境下，往往采取军民合一的特殊行政制度和行政管理，从金的兵马都总管，到元的达鲁花赤，地方行政长官也是军事长官。这对政权的稳固和特殊环境下政令的统一是有利的。

（3）确保本民族在国家政权和管理中的优势，民族歧视和分治意识浓厚。在机构设置，尤其是机构权限和官员选用安排上，尽力确保本民族的优势地位，一些核心机构或同一机构中的最高行政长官只能本民族的贵族担任，在官员的选用、考核、待遇、处罚上都有民族歧视的色彩，特别是元朝区别蒙古、色目、汉人、南人四等，规定不同等级享有不同的政治权力，其狭隘的分治意识是明显的。

---

① 《元典章·肃政纲》。

三、明清时期的行政制度与行政思想

从1368年明朝建立，到清朝鸦片战争前的470余年间，是中国封建社会历史发展的后期，也是中国封建主义中央集权行政成熟并逐步走向衰落的时期。国家行政在行政制度、决策体制、行政机构、行政方法、人事行政和行政监察等方面都深刻反映了这一历史发展趋向，行政思想意识在适应社会发展和现实行政，力图解决现实行政诸多矛盾的同时，出现了新的特点。

（一）明朝极端专制主义中央集权行政制度与行政意识

明朝国家行政的最大特点就是加强皇权，废除宰相制度，设立内阁，建置特务机构，进而形成极端专制主义的中央集权行政。1380年废除宰相制度，由皇帝兼行丞相职权，并提高六部地位，六部长官直接对皇帝负责，以加强皇权。明初废丞相后，皇帝不仅是国家元首，也是政府首脑，成为国家行政的实际负责人。因为政务繁重，需要传旨代笔之人，协助其处理事务。明政府设大学士随侍皇帝左右，以备顾问，收阅奏章，批发文稿，协助皇帝处理政务，由于这些人在宫内殿阁办公，故称“殿阁大学士”，“为避宰相之名，又名内阁”。内阁成了皇帝与六部之间的一个办事机构，其职权只限于“掌献替可否，奏陈规海，点检题奏，票拟批答”。① 具体来说就是：起草皇帝诏令；批答各级官员的奏章；阁臣有权批办奏章以外的公文；揭帖密奏；为皇帝讲经论政；监修史书等。明朝的其他中央机构还有吏、户、礼、兵、刑、工六部为中央行政职能部门。都察院为最高行政监察机关，负责规谏君王，评论政务，对大小官员进行纠弹；五军都督府为最高军事机关；翰林院负责编修国史，记载皇帝言行，进讲经史，草拟有关礼仪文稿；国子监为中央教育行政机构。此外还有负责皇室宗庙、御膳、车马、宾客、礼仪的太常、光禄、太卜、鸿胪等寺机构。明朝地方行政，设布政使司隶属于吏部和户部，管一省民政钱粮户籍，按察使司隶属都察院和刑部，管一省之刑名按劾，都指挥司隶属五军都督府和兵部，管一省之军事，三司互不统属，既能防止地方擅权，又有利于中央集权。布政使司下设知府，掌一府之政令。州设知州，掌一州之政令，直隶州相当于府，府属州相当于县。县设知县，掌一县之政令。府、州县均有自己的属官，分理各项事务。明代的科举人事制度在唐宋的基础上有所发展。科举考试的内容限于四书五经命题考试，四书要以朱熹的集注为依据，行文格式，“其

① 《明史·职官志》。

文略仿宋经义，然代古人语气为之，体用排偶，谓之八股，通谓之制义”。①即作文要由破题、承题、起讲、入手、起股、中股、后股和束股八部分组成，不得增减。科举考试分三级进行。州、县级考试通过的考生叫“秀才”，取得进一步考试的资格；省级的考试叫“乡试”，每三年举行一次，中试的称为“举人”；中央级的考试由礼部主持的叫“会试”，中试的再经皇帝亲自考试，叫“廷试”或“殿试”。考中的分三等，第一等取三名，分别叫“状元”“榜眼”“探花”，统名为“赐进士及第”，第二等叫“赐进士出身”，第三等叫“赐同进士出身。”中进士者全部任命为官员。明朝的科举制度较之唐宋更为完善，对提高官员素质进而提高行政效率，扩大官员队伍的来源，增加士大夫的参政机会，巩固封建统治有积极的作用。而科举本身所坚持的公平竞争，机会均等，择优录用，防止任人唯亲的用人理念更具有跨越时空的价值。然而这一中国特有的选官用人行政文化也因为其内容、形式的诸多限制成为把知识界引向思想僵化、脱离社会实际，埋没实际人才的轨道，妨碍中国思想文化，尤其是科学技术的进步。明朝对官员的管理有一套严格的办法，高级官员要随时接受监察机构的监督，其他官员由吏部定期考核，合格者升迁，不合格者降职，有劣迹者一直罢职为民。明朝以都察院为最高行政监察机关，职掌是弹劾及建言，遇有官员的考察黜陟与吏部共同办理，遇有重大刑狱之事与刑部和大理寺共同办理。明朝极端专制主义中央集权行政还表现在于刑部、都察院、大理寺三司法之外建置的执掌“诏狱”的特务机构，将所有机构和官员置于皇权的严密监视之下。

与明朝极端专制主义中央集权行政相适应，这一时期的行政意识突出地表现在：一是突出行政权威和集权管理。明太祖朱元璋说：“朕罢丞相，置王府，六部，都察院，通政司，大理寺，分理庶政，事权归朝廷。嗣君不许复立丞相，臣下不敢以请者，置重典。”② 废除宰相制度，设立五军都督府，改革地方行政制度，建置特务机构，强化行政监察，使相权一分为六，军权一分为五，地方军政权力一分为三，改革了传统的行政权力结构，大权集中，一切政务都有皇帝决断，“中外奏章，皆上彻御览。每断大事，决大疑，臣下惟面奏取旨”。③ 开启了中央集权、突出皇帝权威的行政意识，张居正在改革朝政时，提出了振纪纲，重诏令的两项行政措施，他说：“君者，主令者也。君不主令

---

① 《明史·选举志》。

② 《朱元璋系年要录·洪武二十八年》。

③ 夏燮：《明通鉴前编》。

则无威，臣不行君之令而致之民则无法，斯大乱之道也。”① 颁发诏令是君主权威的具体体现，执行诏令则是君主权威的实际贯彻，二者是相辅相成的。君主不下诏令谓之无威，既下诏令而臣不执行，谓之无法。无威无法，则天下大乱。要重建权威，除了君主要善于制定颁行诏令，还需臣僚切实贯彻。只要朝廷诏令“朝下而夕奉行”。② 朝廷的权威建立，行政效率也就提高了。此外，言之必行、行必求实效，各级行政机关办事必须体现省事尚实的精神，“一切章奏务从简切，是非可否明白直陈，毋得彼此推诿，徒托空言”。③ 才能有助于中央集权权威的建立。二是重视对官员的整肃和监察。朱元璋治吏苛严，史上少有。一方面与当时天下初定，急需树立勤政廉政的政府形象有关，另一方面也与他生于贫寒，长于民间的经历密切相关。朱元璋说：“昔在民间时，见州县官多不恤民，往往贪财好色，饮酒废事，凡民间疾苦，视之漠然，心实努之。故今严法禁，但遇官吏贪污蠹害吾民者，罪之不恕。”④ 朱元璋主经重典治吏，对贪腐之官严惩不贷，“自今官吏有犯赃者，罪勿贷”。⑤ 为了有效地整顿官员队伍，朱元璋重视和强化对官员的监察。他登基不久就宣布“国家立三大府：中书总政事，都督掌军旅，御史掌纠察，朝廷纪纲尽系于此，而台察之任尤为清要”。⑥ 设立监察机关的根本宗旨是“肃纪纲，清吏治”。张居正作为内阁首辅，也深知整肃吏治的重要。“政理之道莫急于安民生，安民之要，惟在于核吏治。”⑦ 也就是说，治国之道的核心莫急于安抚民众，安抚民众的关键是整肃吏治。吏治好坏的首要环节是建立一个好的铨选制度而官员的考核和监察更为重要，其办法是吏部、都察院监督抚、按，抚、按考察失实，则予以“不称职”的处罚；内阁、六科监督吏部、都察院，发现考察失实，同样以“不称职”予以处罚，形成层层负责，层层监督的行政监察制度。

（二）清朝前期封建中央集权行政制度与行政思想

1644 年，清军入关定都北京后，在承袭明制的基础上建立了封建中央集权的国家行政制度。清朝前期中央行政机构以内阁和军机处为核心，包括中央六部与各寺、监、院等机构。在尚未入关前，皇太极曾命儒臣翻译汉字书籍，

① 《张太岳文集·陈六事疏》。
② 《明史·张居正传》。
③ 《张太岳文集·陈六事疏》。
④ 《洪武实录》卷三十八。
⑤ 《明通鉴》卷八。
⑥ 《明会要·职官志》。
⑦ 《张太岳集·请择有司益蜀逋赋以安民生疏》。

并记注“本朝得失”，名为“文馆”，这是清内阁的最早组织。不久，改文馆为内三院，每院设大学士1人，其主要职责不仅是修史，而且撰拟国书，敕谕及各衙门文书及为皇帝进讲，为皇子侍讲等，基本具备了后来内阁的规模。入关后顺治皇帝谕内外大小各衙门，“其有与各部无涉或条陈政事，或外国机密，或奇特谋略，此等本章，俱赴内院转奏”。① 内阁基本奠定。内阁设有大学士（内阁首领）、协办大学士、学士、典籍、侍读学士、侍读、中书等官职。凡皇帝下达的诏令，由它拟进与宣布，官员奏事的本章，由它呈进并代拟批旨，即所谓“钧国政，赞诏命，厘宪典，议大礼、大政”，② “赞理机务，表率百寮”。③ 是清朝最高行政机关，内阁的建立奠定了清朝以内阁为政府的中央集权体制。康熙皇帝为了削弱内阁和议政王大臣会议（入关前设立由满洲贵族组成的议决军国政务的议事机构）的权力，设立南书房，1729年军机处成立。军机处只设有军机大臣和军机章京两职。军机大臣由满汉大学士、尚书、侍郎等担任或由军机章京升任。军机章京初由内阁中书选用，后增至六部、院寺司员中选用。军机处的职权是“掌军国大政，以赞机务”。④ 具体处理皇帝的谕旨和官员的奏折，皇帝交议的大政由军机处提出建议，当遇重要政事皇帝不能裁决时，特交军机处议奏或密议，有时也交军机处会同有关衙门议奏。议奏的范围大至施政方案、军事方略，小到官员的任免、状叙、参劾、惩治、审办重要大狱等。清朝中央行政主要职能部门仍为吏、户、礼、兵、刑、工六部，此外还有大理寺、太常寺、光禄寺、鸿胪寺、太仆寺、理藩院、翰林院、国子监、钦天监等行政机构。清朝中央行政机构在基本沿袭明朝的基础上也有自己的特点：一是清朝的重要官职的任免由军机处办理，吏部的权限只限于稽考中级以下官员的资历，不同于明朝的吏部有用人之权；二是清朝中央机构的重要部门官职的设置，除理藩院外均为满汉双轨制，即同一职位满汉各设1人；三是清朝同类事务多分别由几个机构来管理。如汇总国政之事，既有内阁，又有军机处。稽察事务，既有都察院与内阁稽察房，还有稽察钦奉上谕事件处。工程事务，既有工部，又有河道沟渠处与总理工程处等。这些特点既是皇帝集权的需要，同时也反映了清朝政权的民族统治和满汉联合统治特点。清朝的地方行政机构最高为省。另有两个较为特殊的行政区域，即首都（今北京）所在的顺天府和关外时期的都城（今沈阳）所在的奉天府，地位相于省。

---

① 《东华录·顺治》。

② 《清史稿·职官志》。

③ 《乾隆会典》卷二。

④ 《清史稿·职官志》。

在少数民族地区还设有盛京、吉林、黑龙江、伊犁、乌里雅苏台五个将军辖区，西宁、西藏两个办事大臣辖区。1840 年以前清朝共设 18 省，1884 年和 1885 年新疆、台湾建省，1895 年台湾被割，至 1907 年奉天、吉林、黑龙江建省，共设 22 个省，各省设有督、抚、司等机构和官职。总督总管两省或数省的军政与民政，巡抚为一省的地方长官，负责考察全省地方官员、关税、漕政等。布政使负责一省行政、赋役，按察使负责一省的刑名案件和参劾之事，学政负责督察全省、府、厅、州、县儒学事务，为一省教育的最高长官。其中总督、巡抚单独处理政务，这种既不完全统属而又相互牵掣和监督的制约关系是专制主义中央集权的需要。省下设道，其长官称道员，主要职责是协助督抚及布，按二司管理地方事务，监督所属府、州、县。道下的地方机构有府、厅、州、县，府是国家重要的行政机构，其长官为知府，知府掌一府之政令，总核所属州、县赋役、诉讼事务，再汇总于布政司和按察司，是承上启下的地方行政长官。府的属官有同知、通判和推官，分掌一府各项事务，属官无定员定制，视地方实际管理需要而定。厅有直隶厅和府属厅之分，一般设于少数民族聚居区，直隶厅相当于府，府属厅相当于县，厅的长官为同知或通判。州也有直隶州和府属州两种，直辖于布政使的州为直隶州，相当于府，府属州相当于县，州的长官称知府。县是最基层的地方政府，长官称知县，掌一县之政令，协助知县的是县丞、主簿，视需要而设，无定员定制。清朝地方行政机构的一大特点就是地方官员设置的灵活性，不强求编制上的整齐划一，视地方政务繁简而定，这对防止机构臃肿、人浮于事和提高行政效率有积极的作用。同时清朝地方机构划分的层次较多，有些事务属于双重机构办理，层次过多和职能的重叠，使行政效率也受到一定的影响。清朝官员的选拔途径多样，既可以通过科举，也可通过保举，捐纳和荫补获得做官资格，从而被任命为行政官员。科举仍然是选拔官员的主要途径。但此时的科举制已呈现衰落和腐朽之势，一方面，科举所选拔的“人才”由于内容和形式的限制难以适应社会发展的需要，另一方面，科举中的丑闻超过以往任何时期，科举选官制如同中央集权的君主制已经走到了历史的尽头。清代科举与明代最大的不同就是开辟了“博学鸿词科”。这是一种特科形式，将一些有社会影响有学问但又自命不凡的文人或不愿参加正科考试的隐居之士，由大臣或地方官推荐上来，皇帝直接面试，授给一定的官职，通过这样的笼络来网罗人才。清朝对官员的任用、考核、回避，乃至封爵、俸禄、休假和退休都有比较完善的制度。不过与行政机构的设置和权限一样，有民族统治的一些色彩。清朝的行政监察系统基本承袭明朝，以都察院为最高监察机关，主要职责是监督政治得失、弹劾不法官吏和对各级行政机构的政务执行情况实施监督。清朝对地方的监察采取双轨制。一方面由十五道监察御史按道对地方政府实行监控，对各级地方官员执行监督，另一方面，清朝还有一系列地方监察系统。总督、巡抚兼右都御史和右副都御史，对所辖地区地方政务负有监察责任。各省按察司是专管一省的司法与监察机构，也有行使监察的职权。省与府之间的道也有监察省内某一区域政务或某一具体业务的权力。严密和完整的行政监察机构是中国古代封建行政成熟和完备的标志，也是封建专制体制下皇权高度发展的产物。

清朝前期是中国封建社会多民族封建国家进一步发展，同时也是封建社会的末世，清朝封建中央集权行政在发展的同时也逐步走向衰落。这一时期的行政思想与学说也与历史发展的两个趋向相一致，一方面清朝统治者遵循儒家传统德治治国理论，在用人与行政改革方面力图有所作为，使一个统一的多民族封建大国行政保持正常运作。另一方面明清之际封建集权所导致的腐败昏暗和政府效率的低下也使这一时期的启蒙思想家提出了有别于过去的行政主张和学说。清朝前期的统治者尤以康、雍、乾为典型，面对一个多民族的封建大国，积极主动地接受和吸收相对先进的汉文化行政，改革满清贵族原有的落后行政制度和习俗，并有所创新，如康熙时期改革中央政府机构，积极争取汉族知识分参政，仿明朝设内阁、六部、院、寺机构进行管理，后增设南书房（军机处的前身）议政，以削弱议政王大臣会议的权力。雍正时期推行的地丁合一的赋税改革及改土归流的行政政策，乾隆时期的整肃吏治和宽严相济的行政策略等等，清朝前期统治者的行政理念突出地体现在康熙的“德治”行政观。康熙是一位具有雄才大略和远见卓识的政治家，儒家传统行政思想对他有较深的影响，亲政之初就认为作为君主应该，“从来与民休息，道不在扰，与其多一事，不如省一事”。① 其目的就是“与中外臣民，共适于宽大和平之治”。② 康熙“宽大和平”的治国理念和“与民休息”的行政行为对缓和当时的社会矛盾和民族矛盾起了相当的作用，他特设博学鸿词科以广招天下贤能之士，亲自提拔一大批较有才干的汉族知识分子担任政府官员，甚至要将有才干、有气节的反清志士引入朝中做官。当然，康熙的“宽大和平”和“与民休息”并非柔弱迁就和无所作为，其在维护国家统一，处理复杂局势及重大政治、经济政策上，态度坚决，决策果断、政策得当。康熙的“德治”思想也体现在用人之道上，他主张“才德兼备”，对人才要从才德两方面考虑，才必须以德为

① 《康熙政要·论君道》。
② 《清圣祖实录》卷一五三。

根本，德胜才谓之君子，才胜德谓之小人，将德是放在首位的。康熙说："朝廷致治，惟在端本澄源。臣子服官，首宜奉公杜弊。大臣为小臣之表率，京官为外吏之观型，大洁则小廉，源清则流洁，此从来不易之理。"① 高级官员，特别是他们的德行十分重要，"凡属官贤否，惟舆论不爽。果其贤也，问之于民，民自极口颂之；如其不贤，问之于民，民必含糊应之。官之贤否，于此立辨矣"。② 老百姓的反映是官员是否德贤的重要依据，这一行政观至今仍有普遍意义。康熙的"德治"还体现在力戒骄奢，勤于政事上，他始终惟恐"一事不慎，即贻四海之忧；一时不谨，即贻千百世之患"。③

清朝前期如何克服高度集权弊端，改善行政权力结构和行政建制，提高行政效能，发挥君臣上下的积极性成了启蒙思想家黄宗羲、顾炎武、王夫之等人行政观的核心内容。黄宗羲说："不以一己之利为利，而使天下受其利；不以一己之害为害，而使天下释其害。""天下为主君为客，凡君之所毕世而经营者，为天下也。"④ 一反中国传统"君为主、天下为客"的理论。以此为基础，黄宗羲认为君臣关系是一种"师友"关系，"出而仕于君也，不以天下为事，则君之仆妾也；以天下为事，则君之师也"。⑤ 师友关系与主奴关系有别，师友以规劝君主避免过失为贤。在治国上，君臣应分工负责，共治天下，"夫治天下犹曳木然。前者唱邪，后者唱许，君与臣，共曳木之人也"。⑥ 此外，黄宗羲还主张恢复宰相制来制约君主的权力，利用学校来强化行政监督，约束君主和各级官员。王夫之的行政观是合理配置中央机构，改善决策程序，肯定郡县制度，加强地方政权建设，改善地方行政，确保府县事权。而顾炎武的行政观则主张群臣"分权而治"，在他看来"人君于天下，不能独治也，独治之而刑繁矣，众治之而刑措矣"。⑦ 国家行政应"以天下之权，寄天下之人"，"自公卿大夫至于百里之宰，一命之官，莫不分天子之权，以各治其事"。⑧ 而"封建之失，其专在下；郡县之失，其专在上"。⑨ 在中央与地方的关系上与他的君臣分权而治一样，主张折中分封与郡县两制，其实更多的是提高郡县长官

① 《清圣祖实录》卷三。
② 《清圣祖实录》卷二〇一。
③ 《清圣祖实录》卷二七五。
④ 《明夷待访录·原君》。
⑤ 《明夷待访录·原臣》。
⑥ 《明夷待访录·原臣》。
⑦ 《日知录·爱百姓故刑罚中》。
⑧ 《日知录·守令》。
⑨ 《亭林诗文集·郡县论》。

的职权。顾炎武一方面限制君主的权力，矫过度集权之弊，另一方面发挥地方行政官员的积极性，从而改善地方的治理。总之，黄宗羲的“君臣分工论”、公是非于学校的主张，王夫之合理配置中央机构，确保地方府县事权，顾炎武君臣分权而治和封建郡县折中论的行政观，都表现了对封建高度集权体制的质疑，折射出分权与民主的一丝闪光，是中国古代行政思想中少有的亮点。

第二节　西方行政文化的演进

一、古代罗马的行政制度与行政思想

如果说古代希腊的民主制行政是西方行政制度的活水源头和行政实践的思想摇篮的话，古代罗马的共和制行政及其文化则紧随其后，是西方古典时期行政文化传统的又一组成部分。就一般意义上的文化而言，古希腊以其在科学、哲学、文学艺术等领域的辉煌成就使古罗马黯然失色，然而在政治与行政文化领域，古代罗马的贡献与古代希腊完全可以相提并论，它将西方的古典行政文化向前推进了一步。古希腊与古罗马文化均属西方古典文化，早期罗马与希腊的历史基本上是平行发展的。但是两者的发展步伐并不一致，当古希腊已经成为欧洲上古历史舞台上的一颗明星之时，古罗马还在历史舞台边缘默默无闻地发展和演变，随着古希腊文明臻于成熟，并开始走向衰落的时候，古罗马却迎来了冉冉地上升时期。有着远大政治前程和难得历史机遇的罗马终于在公元前2 世纪至前 1 世纪征服了希腊及其附近地区，罗马文化取代了希腊文化。由于古希腊与古罗马均起源于地中海沿岸，两种文化具有相近的文化特质和较强的兼容性，所以，古希腊文化对古罗马文化产生了较大的影响，成为罗马文化的重要来源。可以说罗马在征服希腊的同时，也被希腊的文化所征服，古希腊的文化成果为罗马所吸收。古罗马对希腊的征服，使古希腊文化经历了一次转体和嫁接的过程，它脱离生育它的社会载体而附着在另一躯壳之内。古希腊文化的基因和内涵通过罗马遗传和保留下来，古罗马充当了希腊文化传输给中世纪西欧的桥梁。尽管古代罗马没有产生古代希腊那样影响深远的行政思想和行政学说，但却建立了一套治理广大区域的行政制度和行政实践。如果说，古代罗马在政治与行政理论方面不如古代希腊的话，在行政制度与行政实践方面则丝毫不逊于古代希腊。正如罗马史学家特奥尔多·蒙森所说，罗马的政治与行政体制基本上是它的独创，“只看其全用拉丁文所造的字表示其政制观念，便可

显见”。[①] 古代罗马国家地域广大、种族众多、社会关系复杂，其公共管理的复杂程度远非任何一个古希腊城邦国家所能比拟。古代罗马在这种特殊条件下，创造了一整套严密的国家统治机器和管理技术，在地跨欧、亚、非三洲的广大领域实行的共和制度，政府管理的较高效率、完备的官僚制度、公民广泛参与国家的管理，尤其是以一国多制、尊重地方自治与自由，容忍政治、文化和宗教的多样化等方式处理复杂的民族、地理、文化、宗教等因素之间关系的政治与行政实践、人事管理和司法制度为古代希腊所远远不及，为西方古典时期的行政文化增添了新的内容。

（一）古代罗马国家的建立及其行政制度的演变

意大利是古罗马的发祥地。意大利位于南欧，南部是一个狭长的半岛，深入地中海，北部是比较宽阔的波河平原，平原以北是高耸的阿尔卑斯山，把意大利与中欧隔开。意大利的土地面积五倍于希腊，人口也比希腊多四倍。它的重要战略位置和人力土地资源的优势，对罗马后来的发展有着十分重要的意义。意大利半岛的地形结构与希腊不同，亚平宁山脉自北向南纵贯全境，除北部和中部少数山区外，意大利基本没有闭塞的地区，各地区之间联系比较方便，它东与巴尔干半岛相望，西里是比利牛斯半岛，南方的迦太基、东方的小亚细亚，巴勒斯坦以及埃及等地与它共浴着地中海的海水。早期意大利历史上所形成的分裂状况属于种族和部落的分裂，与地理环境没有直接关系。这样的地理条件使早期各独立的部落间很少有天然的屏障作为边界，难以长期割据。罗马城邦自诞生之日起，就与周围城市和部落处于不断的战争之中。当它强大起来后，这种地理条件也方便其向外扩，建成规模较大的国家，并最终实现意大利的统一。特奥多尔·蒙森曾说：“一个民族所占的地势往往足以预示它的历史使命。”意大利海岸平缓，良港较少，半岛周围的岛屿不多，矿产也不丰富，这对发展工商业和海外贸易不利，但它却有发展农牧业的良好条件。这里气候湿润温和，森林茂密，沿海及波河流域形成大片平原，境内富于火山灰，土壤肥沃，草木繁盛，宜于农牧业，盛产小麦、大麦、橄榄、葡萄，这样的条件决定了古代罗马的发展和管理异于古代希腊。

上古时期意大利的居民来源非常复杂，一般认为公元前 2000 年从北方越过阿尔卑斯山进入意大利的属于印欧语系的部落是意大利人的祖先，西西里岛上的西库利人和西卡尼人被认为是土著。公元前 12 世纪左右，伊利里亚人和伊达里亚人相继来到意大利，公元前 10 世纪前后，地中海沿岸的许多国家都

① 特奥尔多·蒙森：《罗马史》第 1 卷，商务印书馆 1994 年版，第 2 页。

先后向意大利半岛移民。腓尼基人最早侵入西西里，公元前8世纪开始，希腊人也向西西里和南部意大利侵入，公元前17世纪，迦太基势力也渗入撒丁尼亚和西西里西部。迦太基对罗马有深远的影响，罗马人吸取了迦太基的奴隶制农场的经营方式和航海术、造船术。希腊移民对罗马也有很大的影响，希腊人的先进生产方式和经营方式促进了意大利经济的发展，并给意大利带来了管理葡萄园、培植橄榄和手工业方面的经验和技术。特别在文字、艺术、哲学、宗教等方面，罗马几乎无一不模仿希腊。历史学家一般把从传说中的罗慕路斯建村到共和国建立的这一历史阶段称为“王政时代”。王政时代相当于希腊的荷马时代，是罗马从氏族社会向国家过渡的时期。罗马社会组织的基本单位是氏族，10个氏族组成一个库里亚，10个库里亚组成一个部落，称特里布，共有3个部落，30个库里亚，300个氏族，共同构成“罗马人民”（populus Romanus）或“罗马公社”。氏族制度的管理形式是民主管理形式，由全体氏族成员大会决定公共事务，如果人太多不能按特里布召集，就只能由库里亚召集，因而形成库里亚大会。各氏族首领被称为长老（Patres），各氏族首领集合在一起讨论公共事务就形成了长老会议（senex），此为元老院的前身。随着生产力的发展和社会经济的进步，家长制的家庭便逐渐从氏族中分化出来，成为社会的基本经济单位。某些富有家庭以及在氏族战争中形成权势的家庭逐步侵占公有土地和属于氏族的其它财产，并开始占有奴隶，垄断氏族公职，形成了氏族贵族。那些贫困破产和地位下降的家庭往往依附于贵族门下，寻求庇护，于是形成保护人与被保护人的关系，这种关系一般是世袭的。在罗马人当中还出现了一个特殊的阶层“平民”（Plebeian），平民的来源比较复杂，有来自上述部落中的非显贵世家、脱离保护关系的依附民、迁居罗马的外邦人，也有被后来罗马征服的拉丁部落居民。平民虽有人身自由，可以占有财产和从事工商业和农业活动，但不能与贵族通婚，不能参加库里亚大会和担任公职，还要给城邦公社纳税和服兵役。这一时期的罗马，氏族组织已经开始解体，出现了贵族和平民，保护人和被保护人，奴隶主和奴隶。随着氏族成员的分化和奴隶制的出现，氏族部落的机关迹逐渐为贵族所控制，这样，由家取代氏族组织的条件已经具备。公元前6世纪，罗马的平民人数已经超过贵族，平民在经济和军事中所起的作用越来越大，对于政治上受排挤和歧视也越来越不满，他们要求形成中的罗马城邦国家按照财产多寡，而不是按照氏族身份来确定居民的权利和义务。此外，氏族制度也越来越表现出它不适应罗马统治和扩张的需要。为了适应这一形势的发展，罗马第六个国王塞维·图里乌进行了改革。改革的主要内容，一是在社会结构上把全体罗马居民，不论贵族还是贫民，按其财产划分为六个等级。二是按财产等级规定兵役和纳税义务。三是在组织上设立以百人团为单位的“森都里亚”大会作为新的民众大会，贵族平民均可参加。森都里亚大会打破了传统的库里亚大会体系，人民不再按氏族和部落来划分，而是以财产和地域来划分。传统的库里亚大会虽然继续存在，但其作用已经极大降低。四是废除原来的三个血缘部落，把罗马城划分为四个区域，其居民不论是贵族或平民，皆按所在部落登记户口和财产，确定权利和义务。平民反对贵族的斗争，最终瓦解了氏族制度，并“在它的废墟上面建立了国家，而氏族贵族和平民不久便完全溶化在国家中了”。① 恩格斯说：“这样，在罗马也是在所谓王政被废除之前，以个人血缘关系为基础的古代社会制度就已经被破坏了，代之而起的是一个新的、以地区划分和财产差别为基础的真正的国家制度。”② 以罗马城邦为中心的王政时代是罗马从氏族制度向国家的过渡时期。罗马的氏族制度实行土地公有，占有共同的墓地，财产公有，氏族成员有互相保护和援助的义务，有使用氏族名称、收养外人入族以及选举氏族首领的权利，社会共同体（公社）是氏族成员赖以生存的首要前提。在共同体内，氏族成员一律平等，民主地决定共同体内部的事务。因此，王政时代的管理是一种军事民主制的管理，由氏族成员共同决定和管理氏族的公共事务。随着生产力的提高，社会分工的出现，交换的扩大，原始的氏族公社所有制形式逐渐解体，原始的血缘关系日益被打破，经过若干改革，一种新的、以地区划分和财产差别为基础的真正的国家制度开始确立，国家行政最终取代氏族管理。

从公元前 510 年王政结束到公元前 28 年的 480 余年间是罗马的共和时代。这一时期罗马国势日益强大，在公元前 3 世纪统一了意大利，并向地中海沿岸扩张，形成了以地中海为内海的强大帝国。罗马共和时代的历史既是一部不断向外扩张的历史，也是一部平民与贵族斗争的历史，罗马的共和体制和国家管理体制因之不断发展和完善。罗马平民与贵族的矛盾和斗争主要集中在土地、债务和政治权利上，特别是在政治权利上，氏族制度解体后建立的早期罗马共和国是氏族贵族居统治地位的国家，掌握实权的元老院全部由贵族组成，两名执政官必须从贵族中产生，森杜里亚大会由贵族控制，其他高级官职由贵族充任。总之，在政治、宗教、司法、土地分配、战利品分配、债务、诉讼等方面都握有绝对权。中下层平民为了争取和维护自己的利益，迫切要求参与政治，少数富裕平民极力要求分享政治权利，平民争取政治权利的过程既是打破贵族

① 《马克思恩格斯选集》第 4 卷，人民出版社 1995 年版，第 128 页。
② 《马克思恩格斯选集》第 4 卷，人民出版社 1995 年版，第 126 页。

垄断政权的过程，也是罗马共和体制与国家行政不断发展的完善的过程。平民反对贵族的最初胜利是平民保民官的设立。平民保民官从平民上层有产者中选出，最初为2人，后增至5人，公元前457年增到10人。平民保民官成为平民的代言人，帮助平民向执政官和元老院提出申诉和抗议，反对官员滥用职权，对损害平民的立法可以否决。平民保民官虽然不是公职人员，但有权召开人民大会。公元前445年，保民官卡努留提议平民有当选执政官的权利，遭到贵族的反对，最终达成妥协，停选执政官，设立贵族、平民皆可当选的军事保民官，行使执政官职权，但任满后不得进入元老院。公元前376年，保民官盖约·李锡尼和鲁西乌·塞克斯图提出取消军事保民官，恢复每年选举两名执政官的制度，但其中一人须由平民充任的法案，平民通过分享执政官的权力，也间接取得进入元老院的资格，公元前366年这项法案终获通过，塞克斯图当选公元前366年的第一任平民执政官。英国历史学家爱德华·吉体说："罗马的执政官还是一个自由国家的最早的一批行政官的时候，他们的权力便来之于人民的抉择。"① 不久，若干政府高级公职也大多向平民开放。至此，以元老院、人民大会和包括执政官、行政长官、监察官、保民官、高级营造官、高级财务官在内的高级官员组成的罗马共和国中央国家机关正式形成，并在被征服的广大地区建立了地方行省制度，罗马共和制国家行政制度日益完备。元老院、人民大会（公民大会）、执政官分权制衡的共和体制对近代西方制衡理论和国家行政产生了很大的影响。公元前3世纪罗马统一了意大利全境，公元前3世纪中叶到公元前2世纪中叶，罗马发动了三次布匿战争，由意大利的统治者扩张成为东起小亚细亚、西抵大西洋岸的地中海世界霸主。罗马在迅速扩张的同时，国内外各种矛盾日益尖锐，奴隶的大规模起义被征服地区的人民的反抗乱，以及罗马平民、无产者与罗马统治者斗争使罗马共和国陷于危机之中，罗马不得不长期依靠强大的军事力量来维持自己的统治，建立在城邦基础上的共和政体已不能适应日益变化的形势。罗马共和体制一步步走向军事独裁体制，罗马共和国逐渐向罗马帝国转变。

从公元前27年屋大维接受"元首"称号到公元476年西罗马帝国灭亡为止，约500年间是罗马帝国时代。屋大维在相继战胜政敌后，正式确立了个人的军事独裁统治。但由于共和制的影响和维护共和制传统势力的存在，屋大维的统治并没有立即采取"君主"的名义，而是采用"元首"（Princeps civitatis）（意为第一元老或第一公民）的称号，这种统治形式称为"元首政治"。

---

① ［英］爱德华·吉本：《罗马帝国衰亡史》，商务印书馆1994年版，第388页。

元首政治形式中，共和制的各种政治机构，如公民大会、元老院、执政官和其它职官仍然保留，但形同虚设。屋大维在共和制的外衣下总揽全权，他可以批准或否决元老院和公民大会的决议，推荐国家各种重要官职的人选，并可越次表决。元老院奉他为神圣，授予“奥古斯都”（意为至尊至圣）尊号和最高权力。因此，此时的罗马元首就是君主，元首制就君主制。屋大维死后，其养子提比略继位，开始了王位继承制。在其后的200年间罗马中央集权制的行政制度得到了进一步加强，原先管理元首个人家务的一些部门，如宫廷秘书处、宫廷财务处、宫廷司法处、宫廷庄园和不动产管理处等逐步发展成为帝国中央行政机构。建立了一套完整的帝国中央行政体制及其机构，司法及官僚体制，对地方行政建制进行了较大调整，罗马帝国的统治达到全盛。公元3世纪开始罗马的统治呈现危机，公元395年罗马帝国分裂为东西两部分，统一的罗马不复存在，罗马国力衰退，政治混乱，在外族入侵和奴隶暴动的打击下，“西罗马帝国中央集权化的政府体制以及以市政当局为中心的行政制度崩溃”。①

（二）古代罗马的行政制度与行政实践

古代罗马由最初的城邦国家，经过几百年的扩张而成为地跨欧、亚、非三洲的在大帝国。古罗马先后经历了王政时代、共和时代和帝国时代三个不同的历史发展阶段，出现了共和制、元首制、君主制等几种政体，国家行政制度也由贵族共和制向君主专制过渡。罗马王政时期是氏族制度向国家的过渡时期，公共事务首先是由300个氏族酋长组成的元老院（长老会议）处理，库里亚大会通过或否决一切法律，选举一切高级公职人员，包括勒克斯在内，勒克斯相当于希腊的巴赛勒斯，是军事首长、最高祭司和某些法庭的审判长。随着罗马征服地区的扩大，人口的增加，特别是平民的大量增加，库里亚大会被新的按财产的多少分为六个等级，每个等级产生若干个“百人团”，每个“百人团”拥有一票表决权的“百人团大会”（森杜里亚大会）所取代。这种百人团既是军事组织，也是行政组织。罗马共和时期，国家的立法权归人民大会（民众大会）。人民大会在共和国前期受贵族上层支配，讨论任何一项法律提案都必须通过上级官吏取得元老院的同意。公元前287年后，人民大会向民主化发展，其代表不分等级，不受财产资格限制，具有审判权，选举部分担任重要职务的高官和各级官员。国家最高行政机关是元老院，拥有处理内政外交的广泛权力。罗马共和国从建立之日起，就经常进行对外战争，到了后期，对外

① ［美］贾恩弗兰科·波齐：《近代国家的发展——社会学导论》，商务印书馆1997年版，第22页。

扩张愈演愈烈，为了适应这种形势，罗马的政体逐渐从共和制转向君主制，权力开始向君主集中，先是元首后是君主掌握了立法、行政、司法和宗教大权，元老院的作用进一步下降，地方实行行政区制，由君主任命近卫军长官负责治理，最终使罗马共和制行政变成了君主制行政。

中央与地方行政机构。古代罗马的最高行政机关是元老院，它不是由国家立法机关产生，而是先由国王任命，后归执政官、再后转归监察官任命。元老院兼有咨询机构与决策机构的职能，它的决议虽是建议性的，但选任官员没有不接受其建议的，不经它的许可，任何议案也不会给百人团会议。元老院的权限极广，批准当选的最高官员，管理国家财产和财政，决定战争与和平问题，指导对外政策，对宗教事务实行最高监督，宣布特别权力。审理叛国罪和谋反罪，为较大的民事案件的审理指派法官等。在元老院之下，国家设立各职能部门，由高级官员负责主持日常行政事务。这些高级官员，有百人团大会选举产生的执政官、行政长官、监察官等，有民众大会选出的财务官、保民官、营造官等。执政官地位最高，具有军事权和民事权，负责召集元老院和民众大会并出任主席，是元老院和民众大会决议的主要执行者。行政长官的主要职权是审理诉讼，发布带有法规性质的命令，是仅次于执政官的重要高级官员。监察官主要负责审查元老院名单，进行公民调查，监督法律的执行，管理国家财产和公共工程。保民官的职责是沟通人民与国家权力机关之间的关系，当政府侵犯人民利益时，保护并替人民说话。营造官负责警务和治安，监督市容卫生和维持公共秩序，保证粮食供应，监督市场，制止投机，举办公共娱乐等活动，财务官负责国库管理和某些次要的经济事务。古代罗马的地方行政最初是把全国划分为九个行省。行省的最高行政长官是总督，总督一职开始是中央委派行政长官担任，后来改为委派任期届满的执政官或副执政官担任。总督任期 1 年，任期内不仅对本行省拥有民政，司法和军事的全权，而且对中央政府也不负任何责任。行省之下，各城市的地位与管理是不一致的，大部分城市属于纳税的附属公社，除此之外是完全享有自治权，甚至是免税的自由公社。各行省逐渐形成了自己的行政管理制度，没有统一的法律法规。到了君主制时期，罗马对地方行政进行了改革，缩小了行省的区域，增加了行省数目，使行省达到 100 个（首都罗马特别行政区除外）。取消了总督的官职，行省的长官改为镇守或执政官、指导官。不久，若干省行又合并成较大的行政区，全国共设 12 个行政区，由中央任命的近卫军长官治理，各行省实行军民分治，军权和民权有明确的区分。

人事行政制度。古代罗马的人事行政大体上可以说是从与古希腊相类似的选任制转变为委任制。最初，国家的重要官员均由百人团大会选举产生，但执政官、独裁官和骑兵长官则由元老院选举。所有国家官员都没有报酬，担任国家官职只是一种荣誉，而且任期短，除监察官外一般只任一年，监察官则为一年半。所有官员在任职期间都要对自己的行为负责。高级官员离职时要接受检查，低级官员在任职期间也要受到定期检查。国家机构中较低级的公职由获释的奴隶充任，这些官职可以领取薪酬，地方官员如行省总督由中央直接委任，任期通常为一年。元首制时期，罗马人事行政的民主成分逐渐减少。元老院掌握着选举各种高级官的权力，人民大会的作用被大大削弱，基本上是行使批准的手续而已。国家对官员的管理逐步完善，官阶制和官俸制也逐渐形成。官员按品级分类并授予荣誉称号和头衔，国家按官职级别给予相应的俸酬。君主制时期，元老院的作用进一步下降，高级官员由君主直接任命，并严格划分出等级，授予一定的特权和称号。为了维护庞大的机构，新设了大批官职。

行政监察与行政法规。古代罗马在共和时期设大国家监察官，负责审查元老院的名单，进行旨在对行政官员候选人资格摸底的公民调查，履行行政监察职责。监察官从卸任的执政官中选出，每三年选举一次，选出二人，任期为一年半。除监察官外，保民官也负有监察职责，保民官设 10 人，每年选举一次，其职责是："保民官作为罗马民主制的一种特殊监督机构，它是纯平民的高级官职，由平民会议选举产生。保民官有权否决执政官侵犯平民权利的法令。"①共和时期，罗马还建立了对官员的审查制度，对离任或在职的官员实施审查。几乎所有官员都要对自己任职期间的行为负责，高级官员离任以后，要接受对其任职期间言行和工作的审查，低级官员不仅离职后要接受审查，就是在任职期间，也要接受定期审查，以此来约束官员的行为，从而起到行政监督的作用，在帝国后期，皇帝为了集权，发动官员互相监督，并奖励告密者，进一步加强了行政监督制度。罗马所创造的行政文化集中体现在法律法规上，作为古代西方社会最发达、最完备的法律体系罗马法的重要组成部分的罗马行政法规，除了为统治者治国理政，管理国家和社会公共事务提供依据外，还专门规范了国家行政活动和行为的内容。公元前 450 年制定的《十二铜表法》，除了包括债务法、父权法、监护法、获得物法、占有权法、土地权利法、伤害法、神圣法等作为行政管理依据的法律规定外，还专门规定了审判条件和公共法等规范行政管理对象、范围和程序的法律条文。公元前 445 年的《卡努列尤斯法》，除了规定债务奴役制，土地制度等内容外，还专门规定了政府权力分配

① 赵震江：《分权制度与分权理论》，四川人民出版社 1988 年版，第 9 页。

的内容。公元565年出版的《查士丁尼新律》中，专门规定了行政组织法及高级官员的义务。总之，罗马行政法规关于国家机构的设置、地位及相互关系，以及国家与人民之权利、义务关系的规定是近代西方行政法的雏形。

（三）古代罗马的行政思想与学说

古代罗马的国家行政及其实践是古代罗马社会经济与阶级结构发展与日益分化的结果，是对相对单纯的城邦政治形式和管理形式的具有历史意义的超越。特别是罗马共和政体中含有民主制、贵族制、君主制三种因素的混合政体对罗马在广大域区的有效管理和强盛起了相当重要的作用，波利比阿在其所著的《罗马史》中认为，罗马之所以能够长期保持强大的国家组织和政治上的稳定，关键在于政治体制和国家管理体制上的“均衡”。他说：“看执政官的职权，我们可以说罗马是君主政治，看元老院的职责，我们可以说罗马是贵族政治，再看平民会议的职权，我们可以说罗马是民主政治。”① 相互制约又高效有力，使罗马国家行政体系一度成为一种比较优化的体系而为其统治与管理提供了很好的基础，在波利比阿看来，“一切事务成败的首要原因是国家制度的形式。国家制度是所有设想和行动计划的源泉，也是其得以实现的保证”。② 古代罗马辉煌的行政实践源于务实和高效的国家政体和行政制度设计。同样，这种务实和高效的制度设计又与罗马的行政思想和学说是分不开的。政体设计和法制遵守，理性思考和务实实践是罗马行政思想和学说的基本内容与价值取向，波利比阿和西塞罗是其杰出代表。

波利比阿（Poly bius，公元前201～公元前120年）生于麦加罗的一个贵族世家，少年时期受过良好的教育，早年投身于城邦的政治事务，曾担任过麦加罗的行政长官，出使过埃及，是著名的历史学家和思想家。第二次马其顿战争后，他作为人质在罗马居住长达十七年。在罗马期间，他以深厚的学术素养结交了许多罗马贵族，并曾漫游各地，广泛搜集了研究罗马的第一手材料。波利比阿对罗马能在50余年间征服整个地中海世界感到惊叹和折服，为了探寻罗马强大的原因，他写成了四十卷名著《历史》，记述了公元前221年至前146年罗马对外扩张的经过和原因。在详尽论述罗马扩张历史的同时，第一个用希腊理性思维考察了罗马的政治制度和国家管理，留下颇有价值的国家行政思想和学说。

关于国家的政体结构与形式。波利比阿认为：“真正有教益于研究历史的

① 赵震江：《分权制度与分权理论》，四川人民出版社1988年版，第14页。

② 转引自丛日云《西方政治文化传统》，大连出版社1996年版，第282页。

人，就要清楚地考察事体的原因，以便对待特别事体能够有选择较好政策的能力。我们认为，在各种国家事业中，政治形式是衰败的最有力的动因。”① 波利比阿认为的政体实际就是国家的政权体制和政府管理体制，罗马国家的政治运作就是庞大国家的管理。在波利比阿看来，国家的政体有正常形式和腐败形式两大类。正常形式的政体有君主政体、贵族政体、民主政体三种，腐败的政体也有三种，这就是暴君政体、寡头政体、暴民政体。接着，波利比阿描述了各种政体的起源及衰败的历史，把国家的发展看作是在自然本身的规律支配下的循环往复的过程。以往的政体都是按照君主政体—暴君政体—贵族政体—寡头政体—民主政体—暴民政体的顺序周而复始地循环的。正是由于希腊无法摆脱这种循环，最终衰败了。波利比阿的政体分类及循环理论明显受到柏拉图和亚里士多德的影响。波利比阿虽然认为三种正常政体形式优于腐败政体形成，但君主政体是个人当权的政体而且需要统治者有良好的品德；贵族政体是少数人统治的政体而且需要少数人具有出众的才干；民主政体虽是多数人统治的政体但需要多数人崇神敬亲尊老的习性，这些条件一般都是很难完全具备的，即使完全具备这些条件，也由于这些政体内部本身也存在着腐败的因素，最终逃脱不了循环的厄运。那么什么样的政体才是优良的政体，才能使国家稳定发展，波利比阿说：“最优政体，是三种政体全的混合。这不论在理论上、事实上都是以说明。”② 古代罗马就是混合政体的典范。波利比阿认为混合政体是最好的政府结构形式，它可以使各种体制的优点得到最好的发展，使国家的行政效率得到最大的提高，在他看来，罗马的国家政体和管理制度，就结合了三种政体的要素，如果只看执政官的权力，就是君主制；只看元老院的权力，就是贵族制；只看平民的权力，又是民主制。这样就可以使执政官不会专断到引起暴乱，元老院不会强大到激起公众的不满，平民不会无所控制到无视政府。这种混合政体所形成的政府结构，不会因相互牵制而降低政府的职能和效率。相反，由于相互制约与协调，避免了因极端而导致的腐败和专制，从整体上提高政府的效能，使国家行政能有序进行，从而保证了罗马国家的强大和稳定。

关于国家的权力分配与制衡。在混合政体形式下，波利比阿进一步分析和剖析了国家权力的分配。他认为罗马的国家权力分为三部分：执政官拥有军政大权，他可以召集人民大会，向元老院提各驻外使节，提出法案并执行法案，指挥军队，赏罚官员等；元老院具有决定内外政策、审查和批准法案、管理国

---

① 转引自王振槐《西方政治思想史》，南京大学出版社 1999 年版，第 43 页。

② 转引自王振槐《西方政治思想史》，南京大学出版社 1999 年版，第 44 页。

家财政、控制国家预算、支配国家财产、管理外交和占领区事务，领导公职人员选举、监督执政官行动，确定执政官职责以及影响执政官对继承人的挑选等权力；人民大会具有立法权，决定战争与和平的权力等。三种权力机构之间的权力分配使其相互制约，有彼此协作，成为一种高效有力的国家政制与管理模式。波利比阿十分赞誉地说："既然三部分各自握有互相协助和互相干涉的权力，其总的结果就是一个足以战胜一切困难和危机的联合"，"在外患紧急时，大势迫使它们团结合作"，在外患结束之后，"人民安乐于得胜的生活，即使在他们逐渐受到骄奢怠惰的腐化而倾向狂妄自大和暴力的时候，罗马宪法必具有纠正流弊、预杜隐患的力量。凡三者之中，如果有任何一部分妄自尊大、挑衅捣乱、过分越权的时候，便会立即受到其他两部分的限制与抵抗。这样就一定能阻止此类的不良趋向。其结果是，由于每一部分都因畏惧其他部分而受到阻挠，这种平衡局势就得以维持"。总之"各种权力互相帮助、互相牵制的结果，无论在什么危急的时候，都可以成为一种很坚固的团体。除了这种政制之外，再也不能找出更好的政制了"。① 波利比阿的国家权力分配与制衡不仅是古代罗马国家实现有效管理，国家得以强大和稳定的原因，而且对近代西方国家公共事务管理中"以权力约束权力"② 的分权制衡理论产生了相当的影响。

西塞罗（公元前 106 ~ 前 43 年）是罗马共和后期著名的政治家、思想家。他出生于罗马的一个骑士家庭，受过良好的教育、兴趣广泛、知识渊博，先后担任过元老院元老、首席元老、执政官及西里西亚总督，故有丰富的从政和为政经验。他的政治与行政思想主要集中表现在其国家与政体理论中。何为国家？西塞罗说："国家是人民的事业，人民并不是由偶然事物联系起来的人群，而是共同拥有法律各项权利，希望分享共同利益的为数众多的人们的集合。"③ 西塞罗是从罗马的现实出发来理解国家的，在国家的起源上，他用演变的观念进行解释，这显然较之亚里士多德自然生成说是一个明显的进步。西塞罗所说国家是"人民的事业"，表明了国家是社会公共事务不断增多的结果，作为"分享共同利益的为数众多的人们的集合"的事业，国家存在的价值和目的就是统治和管理，当然，他所维护的是贵族的利益和统治地位。在国家中，西塞罗是这样来安排元老院、执政官和平民的位置，元老院是包括罗马社会中最优秀成员，由全体人民依据德行选出的人组成的长期的咨询团体，这

① 转引自王振槐《西方政治思想史》，南京大学出版社 1999 年版，第 45 页。
② 孟德斯鸠：《论法的精神》，商务印书馆 1982 年版，第 154 页。
③ 转引自徐大同《西方政治思想史》，天津人民出版社 1985 年版，第 71 页。

是国家稳定和管理的基础。此外，政府还需要一位强有力的人物执政官来行使权力。由于国家是人民的共同财产，所以，政府的权力也必然源于人民集体。组织在一个国家里的人民是一个自治团体。维系这一团体的纽带是正义和法律。因此，行使政府权力的官员必须以法律为依据，行使法律所授予的权力，西塞罗说："因为法律统治长官（Magistratus），所以长官统治人民。可以正确地说：长官是会说话的法律，而法律是沉默的长官。"① 也就是说，执政官的权力来自法律，执政官虽然发号施令，但他不能表达个人的主观偏好，必须表达法律的意志。法律虽然沉默不言，而它才是真正的最高权威。西塞罗的国家概念与古希腊的"城邦"概念有所不同。希腊人把城邦理解为公民的自治团体，西塞罗没有严格恪守公民的界限，而是用"人民"代替了"公民"，并且明确地谈到是"为数众多的人们共同利益的结合"。正是基于这个概念，西塞罗把希腊人的名词"城邦"变成一个新的名词"共和国"，用来表达"人民的事业"。西塞罗像亚里士多德那样对国家、政体、政府行政作过深入的研究，但他用共和国表达人民的事业，在国家公共行政的历史上无疑是一个进步。

国家既然是"人民的事业"，是为了谋求人民的共同福利，那么，它应该采取什么样的管理形式或权力结构呢？"人民的事业"回答了所有权的问题，而治理形式则要回答使用方式和经营方式的问题。没有适当的权力结构，"人民的事业"就被他人僭取，就会变成毫无意义的空话。在政体问题上，西塞罗受到波利比阿的影响，赞同混合政体。但是，他与波利比阿看问题的角度不同。波利比阿看到，混合政体使罗马共和国政权避免了腐败蜕化，从而获得强大的力量，而西塞罗则把混合政体看作是与共和国相适应的政治外壳，是使共和国成为名副其实的"人民的事业"的制度上的保障。在这一点上，西塞罗实为共和政体论者，他相信这种政体的治理形式是最好的和最有效的。

二、中世纪时期的行政制度与行政思想

日耳曼人在罗马帝国的废墟上建立起的西方式（以西欧为代表）封建制国家，将其固有的管理传统与封建君主制相结合，建立了封建君主制国家行政，成为西方行政文化发展中继希腊罗马之后的第三阶段。美国学者波齐认为："就欧洲大陆特别是德国和法国来说，8 世纪初卡洛林帝国的创立为封建制度的兴起，此后在欧洲普遍形成封建统治制度的国家，从 12 世纪后期到

① 转引自丛日云《西方政治文化传统》，大连出版社 1996 年版，第 295 页。

14 世纪初期封建制国家向等级国家制度转变，在 16 世纪和 17 世纪之间，等级制国家向绝对主义统治制度转变，18 世纪‘市民社会’兴起开始出现资产阶级的代议制度。”① 准确地说，西欧封建社会从公元 476 年西罗马帝国覆灭到公元 1640 年英国资产阶级革命发生为止，大体上经历了三个阶段，从公元 5 世纪到 10 世纪为早期封建社会形成阶段，从公元 11 世纪到 15 世纪为封建社会的发展阶段，从公元 15 世纪到 17 世纪是封建社会走向衰亡的阶段。封建君主制国家行政也大致是这样一个发展过程，经历了从简单到完备再到走向衰亡的过程。从思想文化发展的视角来看，学者们常常把公元 5 世纪西罗马帝国灭亡到 15 世纪文艺复兴运动兴起这段历史称之为“中世纪”，这一时期不仅罗马帝国衰亡后登上历史舞台的日耳曼人给西方古典文明造成了灾难性的破坏，而且基督教神学取得独尊地位，在思想文化领域对“异端”和“异教”进行残酷迫害和镇压，使西方文明在很长一段时间处于停滞和黑暗时期。如果说，中世纪的确存在这样一段黑暗的话，那么这一时期也正是黎明前的黑暗，它是西方古典文明和近现代文明的必要过渡。西方封建社会时期的行政文化实为西方古典行政文化与近现代行政文化的中介和桥梁。

（一）中世纪时期西方封建制国家的形成与君主制中央行政的建立

日耳曼人的入侵导致了罗马帝国的崩溃，西欧封建社会的历史从此开始了。被罗马人称之为“野蛮人”的日耳曼人在公元前的几个世纪中分布在多瑙河以北，北海和波罗的海以南，莱茵河以东，维斯杜拉河以西之间广大地区，对罗马帝国构成包围之势。日耳曼人当时处于氏族公社解体时期，实行军事民主制制，军事首领、议事会、人民大会是军事民主制的各个机构。公元 3 世纪，日耳曼人已形成许多部落联盟，其中较为重要的分支有东西哥特人、汪达尔人、勃艮第人、法兰克人、盎格鲁人、撒克逊人等。公元 4 世纪后期，德意志人各部落联盟因人口迅速增长，迫切需要寻找新的居住地。当匈奴人从中亚西迁进入欧洲时，引起日耳曼人各部落的连锁反应，大规模向罗马帝国境内移动，史称“民族大迁徙”。这种大迁徙从公元 376 年延续到 568 年。“由几万男女老幼组成的部落，急速前进，凭借武力一路烧杀抢劫，战斗不停。威胁罗马帝国的野蛮人，起初大部分是日耳人，他们的名称繁多”。② 公元 410 年罗马首都被西哥特人攻陷，476 年西罗马帝国覆灭。在征服罗马之前，日耳

① ［美］贾恩弗兰科·波齐：《近代国家的发展——社会学导论》，商务印书馆 1997 年版，第 21 ~ 22 页。

② ［美］帕尔墨·科尔顿：《近现代世界史》（上），商务印书馆 1992 年版，第 18 页。

曼人基本上处于氏族社会的末期，仍基本上保留着许多原始民主制度和习惯。当日耳曼人征服罗马帝国之后，情况发生了变化，以前的氏族制度彻底瓦解了，氏族机关被国家机关所代替，军事领袖变成了君主，民众大会流于形式，氏族长老的作用逐渐消失，为国王的官吏所代替。正如恩格斯所说："对被征服者的统治，是和氏族制度不相容的。……各德意志民族做了罗马各行省的主人，就必须把所征服的地区组织管理起来。但是，它们既不能把大量的罗马人吸收到氏族团里来，又不能通过氏族团体去统治他们。必须设置一种代替物来代替罗马国家，以领导起初大都还继续存在的罗马地方行政机关，而这种代替物只能是另一种国家。因此，氏族制度的机关必须转化为国家机关，并且为时势所迫，这种转化还非常迅速。但是，征服者民族的最近的代表人是军事首长。被征服地区对内对外的安全，要求增大他的权力。于是军事首长的权力转变为王权的时机来到了。"① 日耳曼人在罗马帝国境内建立的第一个国家是西哥特部于419年建立的土鲁斯王国，它一直存在到507年，公元439年最初居住在奥德河中游沿岸的汪达尔部建立了汪达尔王国，公元451年至532年最初居住在粤德河和维斯拉河之间的勃艮第部建立了勃艮第王国。西罗马帝国灭亡前后，原来居住在莱茵河下游的法兰克人，乘机侵占高卢，并建立了法兰克王国。与此同时，日耳曼人中的盎格鲁·撒克逊人和朱特人也乘机入侵不列颠，并建立了几个小王国，这些小王国直到9世纪上半期才形成统一的国家。公元568年原先居住在易伯河流域的日耳曼人中的伦巴特人侵入意大利，建立了伦巴特王国，但不久发生分裂，后来为法兰克王国所兼并。日耳曼人在侵入罗马并建立国家的时候，仍保留着许多氏族社会末期原始民主制度和原始民主习惯，他们在进入西欧后便直接过渡到封建社会，在政治制度和国家管理上形成了一种氏族民主制与封建贵族制相结合的封建君主制国家行政。其特点是：

（1）君主在名义上是国家元首，实际上只能在自己的直辖领地上行使主权。封建领主名义上隶属于国王和贵族，实际上都是独立的，他们在自己的世袭领地内拥有立法、司法、行政及宣战、媾和等一切权力，国王无权干预他们领地内部的事务。

（2）君主只和自己直接册封的封建领主有臣属关系，与自己的臣属分封的下属陪臣没有直接的臣属关系。一般说来，陪臣在誓约中承诺在发生战争时，对国王尽一定的军事义务，但是这种臣属关系都比较松弛，没有绝对的约束力。

① 《马克思恩格斯选集》第4卷，人民出版社1995年版，第152页。

（3）君主要受到贵族和教会的种种约束、限制和监督，如宣战、媾和以及涉及王国的一切重大事务，都要由贵族和主教参加的会议决定。在王国内部，都存在着大大小小的领主领地，每个领主都是自己领地上的最高主宰。这种特点决定了西欧封建国家的权力结构是一种典型的“封建制”。一方面，“在这每一个中世纪国家里，国王是整个封建等级制的最上级，是附庸不能撇开不要的最高首脑”①；另一方面，大小封建领主在自己的领地范围内，“不断反叛这个最高首脑”，代表或占有、夺取或行使应属国家的公共权力。随着社会经济的发展和阶级关系的变动，在国王与封建领主的不断斗争，君主集权制行政得到了初步加强，从西欧的主要国家英、法、德来看，这种集权主要是中央集权与中国的君主绝对专制是有区别的。西方封建社会的中央集权表现为强化王权，以适应建立统一民族国家中央行政的需要。

英格兰王国的君主集权体制经历了早期中央集权、等级君主制集权和君主专制集权三个阶段。早期的中央集权是威廉一世时期，君主掌握着全部国家权力，并设立专门机构协助国王分别处理立法、行政和司法等方面的国家事务。负责处理行政事务的是由国王亲信组成的御前会议，其职权范围甚广，甚至具有高等法院的职能，地方被划分为郡，由国王任命郡官管理地方行政和司法。等级君主制形成后，国会分成上下两院，国家机构的职权分工更趋明确。由国王亲信组成的御前会议仍是国家最高行政机构，地方则实行自治原则，设立郡议会为自治机关，郡官仍代表国王对地方实施管理，但其职权有所缩减，部分职权交给了地方自治机关。等级议会制和地方自治的形成，是市民阶级（新兴资产阶级的前身）斗争的结果。君主专制时候国王独揽立法、行政、司法、军事及宗教大权。国会成了非常设机构，不能单独立法，只能根据英王的建议制定相应法律，御前会议改组为枢密院，负责日常行政工作，只对国王负责，不对国会负责，也不代表任何党派，这样，国王就能控制整个国家的行政权，对地方的管理仍保留等级君主制时的授权有限自治。法国在法兰克王国时期，由于国王把土地作为私产赐给自己的亲信，却无形中加强了封建领主的经济和政治实力，造成整个国家政权层层分散的封建领主制。当时王权软弱，被迫以“特恩权”的方式把部分权力赐给领主，试图使他们成为国王在各地的代表。然而，封建领主表面上臣服国王，实际上，他们掌握着本领地的行政、司法和财政大权，形成了领地内权力的小集中，以此与国王分庭抗礼。到 12 世纪法兰西卡佩王朝时期，君主开始对封建领主展开斗争，以加强王权。国王采取剥

---

① 《马克思恩格斯全集》第 21 卷，人民出版社 1965 年版，第 452～453 页。

夺领主封土、武力攻占领地等方式打击封建领主，以国王亲信组成的御前会议取代封建领主会议，并把御前会议作为掌握立法、行政、司法权的常设机构，全国被划分为若干地区，建立行政单位，委派官员治理，进一步削弱领主的权力。国王与领主的斗争持续了几个世纪，到法兰西斯一世时，终于确立了君主专制制度，至 17 世纪，法兰西的君主集权达到顶点。国王掌握国家的一切大权，设立国务会议辅助国王管理日常行政事务，国务会议主席为首相，国王不在时，首相用御玺签署国王命令，把法国划分为省和区，设总督管理，总督权力很少，只能在国王委派的官吏监督下行政，君主集权制行政制形成。德国在封建制国家形成之初，是由封建诸侯领地、伯爵领地、教会采地和城市组成的松散联盟。此时的诸侯势力强大，王权衰弱。诸侯在其领地内拥有行政、司法、关税、铸币等各项自主权，相对于王权来说形成了地方分权的权力体制格局。15 世纪末，随着德意志帝国的分崩离析，新崛起的普鲁士王国开始建立中央集权体制。普鲁士国王向容克地主做出让步，承认他们对农民有专门的特权，依靠他们的力量建立一支常备军和一整套官僚机构后，采取了一系列措施加强中央集权。国王通过委派税务官控制了城市的行政，在乡村设立税务署以控制农村，在各省设立军事专员公署作为地方行政机关，权力迅速向中央集权。19 世纪初，普鲁士在普法战争中失败促成了国内一系列政治改革，军事专制的官僚制度和行政制度有所改革，1808 年的施泰因改革规定，国务院为国家最高行政机关，国务院则由国王直接监督和控制，各省由国王任命的省长负责行政事务，各县由县长负责，省长有权监督县长。这些改革对国王的权力有所限制，改变了其军事专制的性质，但仍然维持了封建君主集权制行政制度。

意大利的情况比较特殊。罗马帝国覆灭后，意大利长期未能建立起统一的中央政权，数百年间，全国分为许多公国、方伯区和主教区。公元前 10 世纪至 11 世纪，北部和中部各城市发展起来，成为手工业中心，商业中心和海外贸易中心，以威尼斯和佛罗伦萨为代表，形成了城市共和国，建立了有别于西欧其它国家权力体制和国家行政。在威尼斯，国家元首称为总督，也是行政首脑，由富有的商业贵族中选举产生、终身任职。由贵族代表 480 人组成的大议会是国家最高立法和监察机关。行政权则由大议会选出的四十人委员会掌握，四十人委员会有权决定国家的大政方针，有权代表国家宣战或媾和。此外还有六名议员组成的小委员会，协助总督处理日常政务。1310 年成立的“十人委员会”，由十人委员会独揽行政、立法和司法权力。十人委员会起初是临时的，1335 年成为常设机构，大议会和四十人委员会作用下降，威尼斯的共和体制逐渐成寡头体制。尽管如此，英国历史学家赫德等人对威尼斯共和国的国家政治和行政仍颇为称道。他说："威尼斯的胜利得力于它的市民的团结和它的政府的权力。这个城市从未遭到党争之害，赋税轻，司法强有力而且公正。每个阶级，自从1297年的大会结束以来就垄断着政治权力的贵族直到国家兵工厂的工人和国家船只上的桨手，都直接关心共和国的安全与贸易事业的成就。危险和失败激起爱国热情，推动贵族，也推动平民为共同的事业献出他们的财产和生命。"① 佛罗伦萨素有"意大利的雅典"之称，手工业和商业繁荣。1293年制定并颁发了相当于宪法的所谓"正义法规"。根据正义法规，最高权力机构是由7个大行会各选举一名代表和14个小行会共同选举两名代表共9名成员组成的"长老会议"（signoria，也称"执政团"）。长老会议中的主席称为"正义旗手"（Gonfalonier，也称"旗官"），拥有行政、司法和军事指挥权。正义旗手由行业会议推选，每届任期仅两月，可连选连任。其他8人称为"首长"，协助正义旗手处理国家的各种行政事务。15世纪后，佛罗伦萨的大银行家科西莫·戴伊·美弟奇当选"正义旗手"。此后，这个家庭垄断了佛罗伦萨的政权达60年之久，国家的行政、司法大权均掌握在他手中，长老会议的成员和国家重要的官员实际上也都由他指派。有的历史学家把美弟奇家族对佛罗伦萨的统治视为君主专制，但也有人称道为佛罗伦萨的黄金时代。认为："这个城市处在美满的和平环境中，重要人物是团结的，他们的权力是这样大，以致没有人敢反对他们。人们每天看赛会，过节日，食物供应很丰富，各行各业很兴旺。至于有才能的人，由于文学、艺术受到推崇，他们的事业也就得到支持。一片安宁笼罩着全城，而在国外，这个城市又享有很大的荣誉和名声。"②

（二）中世纪时期西方封建制的国家行政制度

西方封建社会时期国家行政制度与希腊罗马时期相比有所发展，国家行政机构开始逐步分化，行政监督、人事行政和行政法律制度初步形成。

行政机构。西方封建社会时期国家中央行政机构在封建社会初期领主和诸侯割据下显得比较微弱和简单，随着王权的不断强化而发展和健全。英国是一个没有经历奴隶制社会的国家，在建立英吉利国家的过程中，入侵的盎格鲁—萨克逊人创建了以国王为首的中央行政机构，从而奠定了英国行政文化传统的

---

① ［英］赫·赫德、德·普·韦利：《意大利简史》上册，商务印书馆1975年版，第136页。

② ［英］赫·赫德、德·普·韦利：《意大利简史》上册，商务印书馆1975年版，第166~167页。

基础。中央行政的最高层次是国王，国王由贤人会议选举产生，终身任制，当时尚无严格的王位世袭制，因而宫廷纷争频繁。英国最早形成的是家臣式的中央政府，国家行政事务由王室官员辅佐国王处理，掌管玉玺和负责起草国王命令的王室文书是地位最重要的王室成员，其下是负责财政工作的王室总管和司库，此外还有统领国王亲兵的宫廷司令，保卫王室与宫廷安全的侍卫长，负责武器、军饷供应的军需长等。国王虽然享有立法权，但其权力受到贤人会议的制约。贤人会议由古代盎格鲁—萨克逊人的民众大会演变而来，少数有影响的贵族和教士为主要成员，贤人会议拥有制定，颁布法律，参与决定国家重大政策，受理各种讼案及选举新国王、废黜现任国王等广泛权力。贤人会议是一个拥有立法、司法、征税，议决国家政策等多种权力的综合性机构，与国王一起形成了一种双重分权的君主制行政体制。11～12 世纪，英王威廉一世把贤人会议改为御前会议，成为最高行政机关，并兼有咨询和立法等职能，下设各部门，其成员多具有国王直接封臣的资格，御前会议分为大会议和小会议，小会议是大会议的核心组织和常设机构。国家日常政务仍由王室官员负责，因威廉常去诺曼底，有时只得任命能干的亲信作为“代理人”代行王权，亨利一世时期，代理人演变为“政法官”与“代理政府”，御前会议分化出英国最早的专业性职能部门财务署。“政法官和财务署的出现意味着现代意义的行政官僚机构的产生，标志着国家管理机构与王室分离过程的开始。”① 国家的行政、立法、司法职能分工趋于明显。1215 年《大宪章》颁布后，英国的立法、行政、司法相混合的“整体性权能结构”被打破，1322 年国会取得了立法权，1371 年国会取得对国王和官吏的“弹劾权。”从 16 世纪起，枢密院取代小会议成为英国最主要的中央行政机构，近代英国内阁正是从枢密院中派生出来的。枢密院由位高权重的政府大臣王室官员和国王私人顾问组成，其成员均由国王任命，只对国王负责。枢密院拥有多种政治权力，它既是国王的咨询机构，又是国家最高行政机关，并享有一定的立法权和司法权。后来随着政府规模的扩大，枢密院下成立各种委员会，负责各种专项行政事务。法国在领主、诸侯割据势力强大的情况下，被迫实行“特恩制”。承认领主、诸侯在各自领地里的行政和司法权，王权微弱。中央除了王宫作为国家机构中心外，其余机构少而简单，到了卡佩王朝时期，国王对领主诸侯的斗争取得决定性胜利，权力重新向中央集中，才形成了完整而有效的中央行政机构，这时的中央最高行政机构是御前会议。“御前会议起源于古代，但是它的大部分职能却是近期才

① 程汉大：《英国政治制度史》，中国社会科学出版社 1995 年版，第 57 页。

有的。它既是最高法院，因为它有权撤销所有普通法院的判决，又是高级行政法庭，一切特别管辖权归根结底皆出于此。作为政府的委员会，由它根据国王意志还拥有立法权，讨论并提出大部分法律，制订和分派捐税。作为最高行政委员会，由它确定对政府官员具有指导作用的总规章。它自己决定一切重大事务，监督下属政权。一切事务最终都由它处理，整个国家就从这里开始转变。然而御前会议并没有真正的管辖权。国王一人进行决断，御前会议像是发表决定。"① 到路易九世时期，御前会议分为御前大会和御前小会，前者为咨询机构，后者为决策机构，下设财政院和司法院，路易十四时又在御前小会之外另设国务会议讨论重大国事，首相为主席，内设诸干国务秘书，会计院分设会计局和消费局。到亨利二世时，中央行政机构确定为财政、内政、外交、司法、陆军、海军六部，其中财政大臣为首席大臣。德意志帝国初期，封建割据势力强大，王权衰落，封建领主在其世袭领地拥有行政、司法、财政权，中央没有建立完整的中央机构，到了普鲁士王国时期，国家开始建立了军事官僚机构并不断得到强化，到施泰因出任首相时，国务院确立为国家最高行政机关，下设外交、内务、财务、军政、司法、文化、工商等职能机构。

西方封建社会在领主、诸侯割据时期，诸侯领主领地俨然为一个小国，整个国家由若干独立小国组成，无所谓中央与地方关系，因而也没有地方行政机构。随着王权的强化，开始设立国王委派官员的地方行政机构。英国地方实行郡区、百户区、村镇三级行政。郡、区以原来的小王国或军事、城堡区为基础而建立，早期的地方统治者称“方伯”，集行政、财政、司法诸权于一身，类似地方总督。后地方统治权落入郡长之手，郡长由国王单独任命，贤人会议无权过问，但郡长的权力受到地方郡、区会议的制约。郡、区以下分若干百户区，设百户长和百户区会议，百户长由郡长任命，大多出身长老。百户以下是村镇，设有选举产生的村长和村镇会议。城市管理自成体系，主要机构是市会议和市法庭。法兰西到加罗林王朝时期，地方基本行政单位只有伯爵辖区，长佩王朝时期，伯爵辖区逐渐被区域行政组织“巴雅治”所代替。“巴雅治”之下有邑，14 世纪后半期，北部大行政区仍叫“巴雅治”，南部这一级行政区改设省，由中央委派行政长官管辖，省之下保留邑，由邑吏治理。到封建社会后期，法国形成了省、专区、县（市）、镇四级地方行政建制，并设立了相应的行政机构。德意志帝国建立初期，地方行政实际包括诸侯领地、伯爵领地、教会采邑和城市，它们各自为政，国家基本上没有设立统一的地方行政机构。普

① ［法］托克维尔：《旧制度与大革命》，商务印书馆 1997 年版，第 76 页。

鲁士王国时期，各省设立军事专员公署，为地方最高行政机构，城市的行政管理由中央委派的税务官控制，农村设立税务署，后来发展为钦差监督公署，为农村地区的行政机构。施泰国因改革后，基本形成省、县（市）、区乡三级地方行政机构。

西方封建社会时期的国家行政机构的设置与这一时期西欧经济、社会发展和封建君主制相适应，同时又受到西方古希腊罗马古典行政文化的某些影响。故呈现出一些显著的特点。一是中央行政机构开始与其他国家机构分离。在封建社会后期，英、法、德等主要国家已开始注意把行政与立法、司法等职能逐步分开，如英国在威廉一世时，就以大会议和小会议，把行政与立法和司法职能分开，都铎王朝时期，更以枢密院、国会、星宫法庭将行政与立法、司法分开。法国在路易九世时，以御前小会和御前大会区分行政与立法、司法职能，德国在普鲁士王国后期，则设立国务院作为独立的国家最高行政机关。西方封建社会时期对行政与立法、司法职能的初步分开，并非是三权分立，只不过是由于经济和社会的发展，国家公共事务的日趋增多和繁杂，需要将国家职能分工细化，以适应对国家的有效管理和王权的强化。二是国家行政机构有宗教色彩。宗教势力强大、基督教神学思想是这一时期的官方政治思想，因而宗教深深地影响了国家行政，国王登基要接受教皇的加冕，中央和地方政府的重大行政决策的出台和具体行政事务的处理往往要听取教皇和教会的意见。甚至在一些地区地方行政机构与教区机构合二为一，或某一教区原本是某一地区民众宗教集会，为处理某一地区的宗教事务而设，后逐渐介入该地区民政事务的处理，最终得到国家承认成为一级地方行政机构。三是地方行政机构变化频繁。西方封建社会时期的地方行政机构因王权的不断强化和经济社会的发展而不断调整和变化。英国封建社会初期地方行政为郡、百户区、村镇三级，后期郡的机构虽然保留，但行政区划已多次改变，郡的数目也大大增加，而出现了新的行政组织教区。法国地方行政机构则经历了从伯爵辖区到巴雅治再到省的变化，行政区划也不断变化调整，德国封建社会初期地方行政区划为诸侯领地、伯爵采邑和城市，到普鲁士时期又恢复了省的建制。

人事行政。西方封建社会时期的国家人事行政，不同于古代希腊罗马民主共和制时期国家官员的任用多以选举为主，而主要是委任制和恩赐制，任职以多世袭和终身为特征，并十分注重门第、等级，以此作为薪俸和分类的依据。英国早期的国家机构比较完备，官僚制度也较严密。中央的重要官职均由国王从贵族中选任，尤其是国家最高决策和行政机构的官员多由国王任命大领主、大贵族充任，地方各郡官也由国王任命和委派，后期国会产生以后，国会议员虽然由贵族、骑士等特权阶层选举产生，但所有政府官员仍由国王任命，作为政府首脑的枢密院成员更是由国王从其亲信中选出。地方官员则由枢密院控制，由枢密院从地方绅士中选任，直到 17 世纪以后，由于阶级力量的变化和平民代表进入议会，才由议会选举产生政府官员。法国在封建社会早期，高级官员多由僧侣充任，地方官员多由国王恩赐领主、诸侯兼任。路易十一时，选拔官员不完全注意出身，更注重吸纳愿意为君主服务的人，但无论如何变化，官员都由国王挑选并委任，当然，主要以传统贵族和城市新贵为主。法国官僚队伍庞大，奢华之风盛行，冗员闲职较多，能够迎合国王好恶者易得到提发，官职买卖时有发生。地方省、区的总督也由国王委派，此外国王还委派监督官专门监督地方长官，但监督官不能世袭，也不能买卖，随时由国王任免。德国早期由于行政权力分散，德意志帝国徒有其名，中央的一切重要官员，即帝国的主要大臣，均由公爵和主教担任，而且职务世袭，地方官由诸侯和伯爵所垄断。普鲁士王国时期，特别是中央集权建立后，由国王向城市和农村派遣税务官员，建立地方行政机构，随后又设立军事专员公署作为地方最高行政机关，官员及随员多由国王任命。

行政监察制度。西方封建社会前期，由于王权衰弱，在很长一段时间不存在中央对地方官员的监督，就中央行政机构来说对政府官员的监督也较为松懈。随着中央集权的普遍建立，对官员的监督逐渐重视并形成了一定的制度。英国从 13 世纪开始，由国王向各郡委派巡回法官，其职责是检查各郡对王命的执行情况和地方官员的工作情况，以加强对地方行政的监督。亨利三世时期，由 15 名贵族组成的国王特别委员会，有权向国王进谏或监督官员的工作。伊丽莎白时代，对行政官员的监督主要通过枢密院和星宫法庭进行。枢密院只对国王负责而不对议会负责，对官员日常行为的监督由枢密院负责。星宫法庭是国家司法机构，行使监察和审判职能，凡反叛王权和有不法行为的官员都由其审判。法国早期对地方行政机关及其官员的监督是通过巡按使实现的，巡按使一般由教会或世俗显贵充任，每两人负责巡视一个伯爵辖区，监视地方政府及官员的行动。腓力二世时期，设立检察官，以加强对地方行政的监督，路易十一时代，开始建立秘密警察队伍，后又向地方派遣监督官，负责监督地方行政、司法和财政，进一步强化了行政监督制度。德国在普鲁士王朝时期，由国务院对整个国家的行政及官员实行监督，国务院由国王监督，各省省长受国务院监督，而省长又有权对县长行使监督权。这是一种层层监督制度。

行政法规。西方封建国家是在罗马帝国的废墟上建立起来的，因而在早期大多继承了罗马法的成文法典传统，编纂了一系列的法律或法典。而英国有所不同，以习惯法作为自己独特的法律传统。于是，以法典化为主要特征的民法系（大陆法系）和以判例法为主要表现形式的普通法系（英美法系）开始形成。随着两大法系的形成，行政法律法规也逐渐形成。在日耳曼人建立的封建国家中，日耳曼法与罗马法不断融合，形成了既有共同传统，又有本国特色的法律规范。在这些法律规范中，行政法律规范占了一定的比例。如大量的王室法令，就是各国王室为实施国家行政管理而颁布的法令。有些国家还把大量的王室法令加以修订和补充，形成各种法典。如法国的《查理六世习惯法》《圣·路易法规汇编》等。德国1794年的《普鲁士民法典》第二部汇编了大量的行政法律规范。英国的《大宪章》中有不少行政法律规定，如行政权与司法权的分立；把裁判权的行使与国王个人间的联系分开的规定；骑士和公职人员享有权利的规定，国王征收补助金和盾牌钱必须经“全国共同会议”通过和批准的规定等。随着城市的兴起，以城市中商人公会的章程、法规性的文件和城市行政机关运行过程中积累的经验作为法源，构建城市立法，制定城市管理的行政法律规范开始出现。而经济社会的发展，政府职能的不断扩大，要求政府处置的问题不断增加，授权立法和委任立法出现并不断发展，于是，规定国家行政机关的组织与职权，规范行政机关的行为，调整行政机关之间以及行政机关与社会组织和公民之间的行政法律规范最终形成。

（三）中世纪时期西方的行政思想与学说

西方中世纪时期的国家行政在早期各国虽有国权存在，但十分微弱，不仅没有全国统一的行政机构与行政制度，而且也没有统一的司法机构、税收制度、法律制度，甚至没有隶属于国王的国家常备军，社会处于一种长期的分裂和割据状态。从这一现状来看实则是一种地方各自为政国家行政。与此相适应统治国家和支配政府管理的思想意识形态就是基督教神学思想。正如恩格斯所说：“中世纪只知道一种意识形态，即宗教和神学。”① 随着王权的强化和中央集权国家行政的形成，思想意识形态出现了以世俗的观点论证国家和王权统治的合理性，否认教会在国家管理中的作用的思想倾向。国家行政思想与学说在继承和延续西方古典时期传统国家起源理论和政体学说的基础上，关于君主集权与国家统治方法、艺术颇为丰富。以阿奎那和马基雅弗利为代表。

托马斯·阿奎那（1224～1274年），是西欧封建社会时期基督教神学和神权政治理论的最高权威，经院哲学的集大成者。有人曾将阿奎那的思想概括为“基督教的亚里士多德主义”，尽管过于简单，但我们从中可以清楚地追溯到

① 《马克思恩格斯选集》第4卷，人民出版社1995年版，第231页。

其思想的理论源流正是来自亚里士多德。而他的生活年代也正与亚里士多德的著作在中世纪西欧被重新发现并产生巨大影响的时期相吻合。阿奎那的政治与行政学说主要体现在他对教会与国家的关系、国家的起源与政体理论、法律的分类与作用等问题的认识和阐述上。

（1）关于教会与国家的关系。阿奎那承认国家的存在是合理的，国家是人的理性的产物，但人的理性又来源于上帝的理性。因此，国家是上帝的产物。虽然国家和教会都是上帝的产物，但其目的各自不同。国家的目的是实现人的理性对于社会生活的要求，即在国家中过一种有道德的生活，这一任务是由世俗的统治者完成。教会的目的则是实现人的理性的最高要求，即在天国享受上帝的快乐，这一任务，世俗的统治者是不能完成的，只有掌管人们精神的教会才能完成。从这一点出发阿奎那认为教会高于国家，世上的君主“都应当受他的支配，像受耶稣基督本人的支配一样”。① 在承认教权高于王权的同时，并不意味着世俗王权的削弱是阿奎那国家行政观的前提。现实生活中也就是既要服从上帝的权威，又要服从政府的权力，如同《圣经》中耶稣的一句名言：“恺撒的物当归给恺撒，上帝的物当归给上帝。”

（2）国家起源与政体理论。在国家的起源问题上，阿奎那继承了亚里士多德的观，认为“人天然是个社会的或政治的动物”②，人的本性决定了要过集体的和社会的生活，这就需要公共权力机关即国家来维护和谋取社会共同的生活和利益，因而产生了治理和管辖问题即政体问题。阿奎那同样继承了亚里士多德的政体学说，他根据国家是谋多数人的利益还少数人的利益将政体区分为正义和非正义两类，然后又根据是多数人统治还是少数人统治再分为三种，即将正义政体分为君主制、贵族制和共和制，非正义政体分为暴君制、寡头制和民主制。在他看来，最理想的政体是君主制。在这样的君主制中，君主应该是所有公民中最优秀和最具美德的人，从而能引导他所统治的国家去追求高尚的目的。同时，从国家目的公益性质考虑，单一的君主制符合国家秩序统一的需要，这种单一的君主制符合根据统一原则而形成的自然秩序，即“在自然界里，支配权总是操在单一的个体手中”，所以“人类社会中最好的政体就是由一人所掌握的政体”。③ 在现实的国家行政中，这种理论上绝对完美的君主制是不可行的。因为像阿奎那所希望的那样能集知识和美德于一身的君主是很

① 马清槐译：《阿奎那政治著作选》，商务印书馆 1963 年版，第 44 页。
② 马清槐译：《阿奎那政治著作选》，商务印书馆 1963 年版，第 44 页。
③ 马清槐译：《阿奎那政治著作选》，商务印书馆 1963 年版，第 49 页。

难找到的。由于君主集权力于一身，如果他的品行不好，则其统治很容易沦为暴政，使理想中的君主制蜕变为暴君制。因而，阿奎那认为现实中最好的政体应该是结合君主制、贵族制和共和制三者优点而形成的混合政体。在这种政体下，权力不再高度集中于君主，由人民选举出官吏并由官吏来制约君主的权力。在阿奎那看来，君主的权力是来自人民的，因此人民有权要求君主履行借取权力时所定的条件。总的来看，阿奎那的政体理论并未超越亚里士多德的思想。对国家起源和政体理论的研究是西方传统政治与行政学说的立足点和重要内容，阿奎那也不例外，他通过对国家起源与目的，各种政体和制度的比较和分析，试图探索最理想的国家统治与管理。这种分析方法和价值取向一直影响着西文的行政思想发展进程。

（3）法律的分类与作用。阿奎那把法律分为四类，即永恒法、自然法、神法和人法。永恒法是上帝的理性，适用于整个宇宙。自然法是上帝的理性在人类理性中的体现，适用于全体人类，它的箴规指示人们去做一切有利于保全人类的事情，禁止人们去做毁灭自身的事情，并引导人们了解上帝和过有道德的社会生活。神法实际是上帝的启示。人法是国家统治者颁布的法律，是自然法的运用，接近于现代意义的法律。阿奎那对法律的分类中只有人法关系到现实国家的管理和公共利益的调整。阿奎那下过这样的定义："法律不外乎是对于种种有关公共幸福的事项的合理安排，由任何负有管理社会之责的人予以公布。"① 这一定义具有如下特征与作用。第一，它是由人类理性而出的合理的命令。人因有理性而区别于其他生物，即"人们赖以导致某些行为和不做其它一些行动准则或尺度"。第二，它是以公共利益为目的，即"以促进整个社会的福利为其真正的目标"。② 第三，它需要一个公共的权威。为实现公共的目标，就需要一个能代表和受托于公共利益的权威来制定法律，以避免造成个人意志的滥用。第四，它通过颁布的形式获得强制的力量，起到威慑的作用。

尼科洛·马基雅弗利（Nicollo Wachiavelli，1469～1527），意大利文艺复兴时期著名的政治思想家。他博学多才，在政治、历史、军事、文学诸多方面成就卓越。被恩格斯称为："政治家、历史家、诗人，同时又是一个值得一提的近代军事著作家。"③ 马基雅弗利出身于意大利佛罗伦萨的一个破落贵族家庭，从小受到良好的人文教育，通晓拉丁文，熟悉西塞罗等人的政治学说和罗

① 马清槐译：《阿奎那政治著作选》，商务印书馆 1963 年版，第 106 页。

② 马清槐译：《阿奎那政治著作选》，商务印书馆 1963 年版，第 104～105 页。

③ 《马克思恩格斯选集》第 3 卷，人民出版社 1995 年版，第 445～446 页。

马共和国的政制，多次在佛罗伦萨共和政府中担任公职。他其行政思想和学说主要体现在其所阐述的国家、政体、权力等诸多理论和学说中。

（1）国家起源与职能学说。马基雅弗利的国家理论深受亚里士多德的影响，主要包括国家的起源与职能，这也是西方政治学和行政学的传统命题，马基雅弗利与西方中世纪的思想家不同，否认国家的产生是神的意志。他以意大利各城邦、罗马帝国以及西欧的几个民族国家为考察对象，认为人类最初和动物一样，是没有组织、没有国家的，但是由于人们追求权力和财富的无穷欲望，使人们反复无常，忘恩负义，人与人之间常常发生争斗。为了防止人与人之间的残杀，人们便自愿结合起来，选举领袖，颁布法律，于是就产生了国家。马基雅弗利认为国家的起源不仅是约束人们的邪恶和制止人们纷争的产物，国家的产生也是共同防卫的需要。为了防患外敌入侵，人们不得不过群居的生活，而为了群居生活的方便，国家便自然而然地产生了。所以他否认国家权力来源于上帝的意志。他提出国家的权力“并非源于教会规约和教义原则，而是由国家本身产生”。① 因而王权应高于教权。国家作为一种具有最高权力的社会公共组织，其职能主要有：保障公民的安全。国家的建立就是避免人类互相残杀，使人们得到安全的保障。保护私人财产。马基雅弗利十分重视财产在国家中的重要作用，把它看作是国家的另一基础，认为国家的目的不仅是在维护社会秩序，保障个人的安全，还在于保障个人的私有财产。他说：“人们忘记父亲之死比忘记遗产的丧失还来得快些。”② 调节社会矛盾。人类社会自古以来就存在着各种矛盾和斗争，人们为了各自的利益和本集团的利益不断发生冲突和矛盾，国家的职能之一就是通过建立相应的制度和法律来调节矛盾和冲突。

（2）政体类型与优劣理论。政体问题涉及政府的组织形式即国家的管理形式，也是西方行政学说的理论传统。马基雅弗利循着亚里士多德、波利比阿等人的思路，对各种政体类型及其优劣进行了深入比较，并提出了自己的见解。马基雅弗利认为人类历史上依次出现君主政体、贵族政体和共和政体三种正常政体，而它们的变形政体是暴君政体，寡头政体和“群氓”统治。这些政体周而复始地循环更替，都不稳定持久。因此他认为最好的政体是混合政体，即将三种正常政体结合在一起，使人民代表、贵族代表和选任的国家元首同时参与政权的行使。马基雅弗利十分赞赏罗马的共和政体。他认为共和政体最符合平等自由的要求，能增进公共福利，保证公共财富的增长和安全，在共

① 冯作民：《西洋全史》第 7 卷，燕京文化事业股份有限公司 1975 年版，第 614 页。

② 马基雅弗利：《君主论》，商务印书馆 1985 年版，第 81 页。

和政体下无须担心统治者的营私舞弊，因为统治者是选举出来的，贵族处于人民权力之下，共和政体能够更好地保证国家的统一，激发人民的爱国热情。此外，在共和政体下，国家权力既能够合理的分配，又能够使之相互制衡，在这种均势中所有的公民和团体既能参与国家事务的管理，又能相互监督。马基雅弗利希望通过君主制的权威来建立中央集权的统一的民族国家。

（3）领导艺术与权力理论。美国学者曾说："马基雅弗利所论述的领导和权力的各项原则几乎应用于每一项有组织有目的的工作。"① 马基雅弗利以君主作为统治者和领导者为分析对象，他认为一个君主要有效地驾驭臣民和治理国家，不但应该具有非凡的品质，更重要的是必须具有超常的领导能力。如：决策能力。一个君主不能优柔寡断，犹豫不决，那样只会丧失大家的信任，相反应当勇敢果断，敢于决策。他认为，任何一位君主都不可能为自己的国家管理找到一条完美的途径，"因为事情通常是：人们在避免一种不利的同时，难免遭到另一种不利。但是，谨慎在于能够认识各种不利的性质，进而选择害处最少的作为最佳途径"。② 应变能力。"一个君主如果他的做法符合时代的特性，他就会得心应手；同样地，如果他的行径同时代不协调，他就不顺利。"③ 预见能力。作为一个君主，"需要考虑的不仅是当前的患难，还有未来的患难。他们必须竭尽全力，对那些患难作好准备，因为患难在预见的时候是容易除去的，但是如果等到患难临头病入膏肓时就无可救药了。对于潜伏在国家事务中的祸患要能观察于幽微"。④ 用人能力。君主应当善于识别人才，使用有才有能的人，此外还应使他们有职有权、得到尊重，享有荣誉和富贵，使他们忠诚于自己。自我判断能力。君主在管理国家时应量力而行，不要干超越自己能力范围之外的事，"如果他们的能力有所不及，却千方百计硬是要这样干的话，那么这就是错误而且要受到非难"。⑤ 马基雅弗利所阐述的领导理论有很强的针对性，他希望有能力的君主来实现意大利的统一。这样的君主应该是不受道德的约束，只要能够达到目的就可以采用一切违背道德的手段和方法。他说："君主，尤其是新君主……为了保持国家，常常不得不背信弃义，不讲仁慈，悖乎人道，违反神道。"⑥ 既可以用冷酷无情的手段，也可以用欺骗和背

---

① ［美］克劳德·小乔治：《管理思想史》，商务印书馆1985年版，第55页。
② 马基雅弗利：《君主论》，商务印书馆1985年版，第109页。
③ 马基雅弗利：《君主论》，商务印书馆1985年版，第118页。
④ 马基雅弗利：《君主论》，商务印书馆1985年版，第11～12页。
⑤ 马基雅弗利：《君主论》，商务印书馆1985年版，第15页。
⑥ 马基雅弗利：《君主论》，商务印书馆1985年版，第85页。

信弃义的手段。总之，“君主既要像狐狸一样狡猾，又要像狮子一样凶猛。”权力与领导同为现代行政学研究的重要领域，马基雅弗利不同于中世纪其他思想家是他以世俗的眼光来看待权力，并从领导与管理的角度来阐述权力的理论和原则。马基雅弗利认为国家是具有最高权力的社会公共组织，因此，国家管理的根本问题就是如何取得、保持和运用权力的问题，实质上就统治权的问题，统治者应以取得和保持权力为根本目的，制定法规、法令不仅要以获得权力为前提，而且执法和守法也必须以权力为保障。权力是国家管理的核心，没有权力既没有国家的统一与秩序，也没有社会的稳定和安全，马基雅弗利把权力视作国家管理的重要因素，在他看来政体问题实际上就是国家政府的组成形式即国家权力的分配及运用方式问题。他对各种政体的比较分析和评判主要是着眼于权力分配的利弊得失，其治国方略更多地表现为权力的运用艺术。马基雅弗利认为的权力就是一种统治的实力，没有实力的君主是无法维持自己的统治的，因而也就无法管理国家。总之，马基雅弗利以国家、政体、权力为核心的行政观对西方行政思想文化的发展有着重大的影响。其国家理论“对国家这个词的近代政治含义所做的贡献要超过任何别的政治思想家，甚至国家这个词本身，作为最高政治实体的名称似乎也主要是因为他的著作而开始在近代语言中加以经常应用”。① 他对国家职能的划分十分接近于现代国家行政中对国家职能的定位。其政体理论就是寻找一种科学的国家管理制度，使国家权力得到合理的配置。而权力与领导理论则强调政治统治的本质是权力，首次将政治与道德分开，在国家实际管理中善于运用权，要提高领导者（君主）的素质和权威，这样才能管理好国家。这种行政意识对西方古代行政权力的世俗化和艺术化产生了较大的影响。

---

① ［美］乔治·霍兰·萨因拜：《政治学说史》，商务印书馆 1986 年版，第 407 页。

第五章

中西行政文化的路径与转型

第一节 中西行政文化的路径

中西行政文化在其发展和演进过程中，无论是制度层面还是观念层面的文化，其民族性与时代性、多样性与传承性是显著的。但就发展的基本路径或主流路径来说存在差异。简而言之，中西传统行政文化有着不同的发展路径。在近代行政文化发生转型之前，中国行政文化基本上是沿着专制与集权的路径发展和演进的，而西方行政文化则蕴含着民主（共和）与分权的因子，其发展路径基本沿着这一轨迹演进和回归。如同中西行政文化的起源一样，其发展路径也有不同的原因。

一、中国古代行政文化的路径

德国哲学家谢林曾说："从历史的角度看，作为一个国家，中华帝国似乎是一个历史的奇迹，在世界所有的国家中，中国是最古老的帝国。它一直保持着自己的独立，显示了其不可动摇的生活准则。中国虽然两次被征服，可是它的宗法制度、道德、习俗、国家结构在本质上没有改变。从其内涵来说这个国家至今仍然保持着四千年前的面貌，仍然恪守着它原初时作为基础的那些原则。"① 谢氏所言并非全貌，也非完全准确，但对我们理解和探寻中国文化传统，政治与行政发展路径或许是有所启示的。分析中国古代行政文化的路径仍

① 转引自柳卸林主编《世界名人论中国文化》，湖北人民出版社 1991 年版，第 229 页。

可从制度行政文化和观念行政文化入手，相对观念文化而言，制度文化属于表层文化，它在相当程度上来说是有形的、看得见的；而观念文化则属深层文化，是无形的、看不见的，制度行政文化与观念行政文化互为表里，其发展和演进的基本路径亦是如此。

（一）中国古代制度行政文化的路径

中国古代自有国家行政以来，不仅在观念层面始终摆脱不了“天下事无大小皆决于上”的专制集权观念，而且在制度层面上也总是跳不出君主专制中央集权的制度设计和运行轨迹。换句话说，中国行政制度文化在发生转型前的数千年间基本沿着专制与集权的路径发展和演进。英国历史学家韦尔斯在其所著的《世界史纲》中说：“文明是作为一个服从的共同体而兴起的，文明本质上是一个服从的共同体。”① 韦尔斯所说的“共同体”就是人类社会早期的政府制度或行政制度。所以，分析中国行政制度的发展路径应回溯到其早期形态。中国古代国家行政制度的形成始于夏商时期，随着奴隶制国家的产生，开始建立了以王权为核心，包括的中央和地方行政机构以及专职的国家官吏在内的国家行政制度，西周时期这一制度得到了初步完善，至春秋战国时期，奴隶制国家行政制度开始向封建制国家行政制度过渡，中央集权制行政制度初见端倪。此时的国家行政中，国王掌握着国家的立法、行政、司法、军事大权，是封建国家的最高主宰，通过较为严密的中央和地方行政机构使国家权力控制在自己手中，开始形成了专制王朝时代的行政制度。不过，在秦以前中国国家行政制度并未形成完全的、大一统的、绝对的专制与集权行政。秦统一后，这种完全的、大一统的、绝对的专制与集权行政制度才告形成。秦王朝首先创立了皇帝制度。“自以为德兼三皇，功过五帝”，封建国家最高行政权力属于皇帝，其实凡立法、行政、司法、军事等大权无所不揽，即“天下事无大小皆决于上”。其次，建立了完整而严密的中央与地方行政机构。中央行政机构以三公九卿为核心，尤其是由丞相、太尉和御史大夫组成的三公是皇帝之下高级幕僚，皇帝的诏令通过三公发出和执行，其中丞相协助皇帝总理全国政务，督率百官，主持朝议，管理政府官员的任免、赏罚。太尉协助皇帝掌管全国军事，有考课赏罚武官之权，但调兵遣将之权属于皇帝。御史大夫协助皇帝掌管全国监察及文书档案。地方则设立郡县二级行政，地方行政长官完全由中央任免。秦王朝通过这套行政机构网络，将国家权力最终集中到皇帝个人手中。再次，初步建立了服务于中央集权的人事行政和行政监察制度。秦朝的人事行政制度

---

① ［英］赫·乔·韦尔斯：《世界史纲》，吴文藻等译，人民出版社1982年版，第953页。

包括官员的选拔录用制度、教育培训制度和爵位俸禄制度，为中国古代官僚制度之始。秦朝的行政监察制度以御史府为中央监察机关，对行政和司法负有监督之责，对包括丞相在内的百官依法进行行政监督。这样，中国古代专制主义中央集权的国家行政制度初步形成。此后，汉随秦制，秦所开创的专制主义中央集权的行政制度开始延续，西汉中后期，改丞相、太尉、御史大夫为大司徒、大司马、大司空，三公改三司后，三者同为宰相，地位平等，互不统属，相权一分为三，皇权进一步加强，地方新置州部刺史，对郡县实行监察。至魏晋南北朝，皇帝为了防止大权旁落，又设法削弱相权，尚书省、中书省、门下省相继出现，三省长官同为“宰相”，形成了三省制的中央行政机构。魏晋南北朝时期形成的三省制中央行政制度是中国古代国家行政制度发展的一个重要时期，它上承秦汉以来的三公九卿制度，下启隋唐的三省六部制度，三省长官相互牵制，便于皇帝集权，进一步影响着中国古代行政制度的发展路径。隋唐时期建立起了以三省六部制为核心的中央政府行政体制，新的中央行政体制以维护皇权为核心，在集权的同时，进一步提高了行政率，同时为扩大统治基础，加强皇权，在人事行政制度上创立了科举制度，废除东汉以来地方州郡长官辟署僚佐的制度，地方官员一律由中央铨授，五品以上官员直接由皇帝任命。御史台为中央行政监察机关，不仅负有监督弹劾百官，监督国家刑法、典章、政令执行情况，而且负有监督刑部、大理寺的司法行政和司法审判活动，并参与审判或受理行政诉讼案件。唐代司法三机构各司其职，互相监督与制衡便于皇帝对司法权的控制。而宋王朝则在保留唐以来三省六部制形式的前提下，进一步加强了中央集权的措施。首先，设立政事堂与枢密院“对掌大政”的中央行政“二府制”，枢密院的设置，一方面侵夺宰相的统兵权，另一方面枢密院又与统兵将领互相牵制，使调兵权与握兵权分离，无疑使军权进一步集中到皇帝手中。财政权由新设的三司下设盐铁、户部、度支三部分别掌管，通过对行政机构的调整，权力的分割和再分配，形成了行政、军事、财政三权分立，三个机构及官员分别向皇帝负责的中央行政体制，而新设的审官院、审刑院、太常礼院也是为了适应专制主义中央集权的需要而设置的，以便加强对官吏的考核、刑案的复审以及执行礼仪规章的管理。其次，加强对地方行政的控制。宋朝鉴于唐末五代时期藩镇割据之患，对地方管理采取了尽可能缩小行政建制，设置多套平行的，互不统属的行政机构以分散地方长官的权力，以达到中央集权的目的。特别突出的是地方最高行政区划的路，宋朝的路设经略安抚司负责军事指挥和安定边境，设转运司管理财政民事，设提刑司掌管司法，设提举常平司管理赈灾救济和盐铁专卖，这四套机构互不统属，各自直属中央，直接对皇帝负责，从制度上防止地方长官独揽大权。在州或府设通判一职，以监视知府、知州，分散其权力，并明确规定这一级别的地方行政官员须由皇帝任命的中央文官担任，且“三岁一易”和本地人不能在本地为官，以防止地方形成势力，加强中央集权。再次，在司法与监察方面，中央设大理寺、刑部和审刑院，凡重大案件、经大理寺审判，刑部复核后，均要送交审刑院评议裁决，再呈皇帝批准，负有“纠察官邪，肃正纲纪”① 的御史台长官由皇帝亲自任命，有权监察和弹劾所有的官员，宋代司法与监察旨在国家各机构之间相互牵制，以削弱大臣和地方的权力，强化皇帝集权和中央集权。宋朝科举选官用人制度最为严密，且多有创新，目的也在于笼络知识分子，进一步提升中央政府的权威，便于推进和加强中央集权行政。元朝废除唐以来的三省制，采取中书省一省制为最高行政机关，凡有关国家财政、人事、军事、监察、文教等大政方针的研讨和制定均由中书省呈报皇帝批准实行，皇帝通过皇太子直接控制和指挥中书省，号令全国，为了不使地方行政长官利用地势的险要形成尾大不掉，元朝突破了以往按照山川形成的自然界限划分的行政区划，形成了中国历史上特有的中央集权行政制度。明清两朝中国古代行政制度进一步沿着专制和集权的路径发展，明朝国家行政的最大特点就是加强皇权，废除宰相制度，建置特务机构，形成了极端专制主义的中央集权行政。体现在行政制度上就是将各种权力加以分割，使政府机构之间、官员之间出现互相牵制的局面，达到将权力高度集中于皇帝之手的目的。明朝废除宰相制度后，由皇帝兼行丞相职权，六部长官直接对皇帝负责，皇帝不仅是国家元首，也是政府首脑，形成了以皇帝为核心的行政决策体制。在皇帝之下设立内阁，其职权仅限于“掌献替可否，奏陈规海，点检题奏，票拟批答”。② 实际为皇帝与六部之间的办事机构，而国家大政则“帝方自操威柄，学士鲜所参决”。③ 在皇帝之下，国家的行政、军事、监察权由相对独立的机构分掌，这些机构的官员均直接对皇帝负责。地方行政设布政使司隶属吏部和户部，按察使司隶属都察院和刑部，都指挥司隶属五军都督府和兵部，分掌一省之民政、司法和军事，三司互不统属，既防止地方擅权，又有利于中央集权。清朝在承袭明朝的基础上同样建立了中央集权的国家行政制度。清朝前期为削弱内阁和由满洲贵族组成的议决军国政务的议政王大臣会议的权力，设立军机处，沿袭了明朝将权力分割后由多

① 《宋史·职官志四》。
② 《明史·职官志》。
③ 《明史·职官志》。

个机构分别执掌，以相互牵制，达到皇帝集权的目的，特别是地方分置总督和巡抚，均可单独处理政务，这种既不完全统属而又相互牵制和监督的制约关系有利于中央集权。由此可见，作为中国古代行政文化重要组成部分的国家行政制度自夏、商、西周萌芽，至春秋战国初步形成，秦统一中国大一统封建专制主义中央集权奠定，及至唐宋明清，无论是设计理念还是表现形式，也无论是价值追求还是核心内涵，其基本路径清晰可见。专制与集权既是将国家的一切权力集中在一个人手中，所有都听命于皇帝，又是国家的一切权力统归于中央，地方绝对服从中央。中国古代行政在制度安排上是以中央集权为基础的个人专制，是典型的专制主义中央集权行政。中国古代行政制度文化的这一发展路径具有如下特征：一是在行政决策体制上是个人决策而非集体（会议）决策。夏、商王权时代，尤其是秦统一中国起国家行政往往是皇帝个人决策，尽管也有过唐代政事堂宰相议决，清前期议政王大臣会议，但只是个别的短暂现象，国家一切政务的最高决策权属于皇帝，凡行政、司法、立法、军事、财政、人事大权均由皇帝个人决断。二是在行政管理体制上全国的权力归之中央，中央的权力归之皇帝。秦以来的国家行政，在皇帝之下设立众多的中央行政机构，这些机构往往权力上相互分割和牵制，这种分权不同于西方分权制度，而是皇帝为了防止某一机构权力过大而采取的制约措施，目的是通过权力的分割和牵制最终将最高权力归之皇帝，在地方行政中则设立郡县制，为中央集权找到了可靠的路径，中国古代从未在行政制度上出现地方对中央政府权威构成威胁。此外，在不少时期地方政府中同样设立多套机构，并且隶属不同的中央机构，最终使地方权力归之中央。三是在国家行政监察制度上日趋严密，且以监察百官，维护封建皇权为依归。中国古代行政监察制度从御史台到都察院无论是在机构设置，还是监察范围与权限都日趋严密，并且以监察文武百官是否忠于皇帝为主要目的，失职与操守为其次，目的在于维护封建皇权的至高无上。四是在国家人事行政上，作为国家元首和行政首脑的封建帝王为世袭君主，以科举制为核心的封建官僚制度十分严密，由皇帝任命各级政府官员，建立了自上而下从中央到地方层层任命各级官员，各级官员层层向上级官员负责，最后向皇帝负责的官员任命制，从而确保了专制与集权的行政制度。

（二）中国古代观念行政文化的路径

以行政思想、学说、观念、意识、习惯、传统等思想观念为主要内容的观念行政文化是相对于制度行政文化而言的。中国古代观念行政文化的发展路径与制度行政文化互为表里，代表官方主流行政意识的思想和学说主要论证和诠释君权高于一切，君主握有最高权力。从先秦荀子开始，认为要使国家长治久安，行政权必须高度集中，也就是说一切权力要集中于君主一人。荀子说："隆一而治，二而乱，自古至今，未有二隆争重而长久者。"① 这种君主集权观为后来的韩非等人在理论和实践上所继承和发展。韩非以荀子的性恶论为理论基础，其行政观的基本取向在于建立一个统一的，高度中央集权的国家行政。从行政体制上来说就是"事在四方，要在中央，圣人执要，四方来效"。② 君主拥有绝对的权力，中央政府掌握行政的大政方针，所谓："权势不可借人，上失其一，失之为百。"③ "凡人主之国小而家大，权轻而臣重者可亡也。"④ 君主务必专断，牢握一切行政大权，严防大权旁落。"独视者谓明，独听者谓聪。能独断者，故可以为天下主。"⑤ "明主者使天下不得不为己视，使天下不得不为己听。"⑥ 在中央与地方事权关系上，韩非首创强干弱枝政策，他说："人君者，数披其木，毋使木枝扶疏，木枝扶疏，将塞公闾，私门将实，公庭将虚，主将壅围。数披其木，无使木枝外拒，将逼主处。数披其木，毋使枝大本小，枝大本小，将不胜春风，不胜春风，枝将害心。公子既众，公室忧吟，止之之道，数披其木，毋使枝茂。"⑦ 中央集权的行政文化影响深远。吕不韦也强调集权的必要性，他说："天下必有天子，所以一之也。天子必执一，所以博之也。一则治，两则乱。"⑧ "一则治，异则乱，一则安，异则危。"⑨ "故一也者制令，两也者听令，先圣弃两法。……足以知万物之情，故能以一听政者，乐君臣，和远近，说黔首，合宗亲。能以一治天下者，寒暑适，风雨时，为圣人。"⑩ 秦统一后，中国古代专制主义中央集权的行政意识不断被强化，李斯以"五帝不相复，三代不相袭，各以治，非其相反，时变异也"⑪ 为由，主张推行郡县制，确立皇权的至高无上地位。观念行政文化中的专制与集权路径基本形成。此后，董仲舒对春秋公羊家的"大一统"思想加以发挥，认为"大一统"的局面是人类社会发展的必然规律和共同要求，"大一统者，天地

① 《荀子·致士》。
② 《韩非子·扬权》。
③ 《韩非子·内储说下》。
④ 《韩非子·亡征》。
⑤ 《韩非子·外储说下》。
⑥ 《韩非子·奸劫弑臣》。
⑦ 《韩非子·扬权》。
⑧ 《吕氏春秋·执一》。
⑨ 《吕氏春秋·不二》。
⑩ 《吕氏春秋·大乐》。
⑪ 《史记·李斯列传》。

之常径，古今之通谊也”。（《汉书·董仲舒传》）。他提出了一套关于“一”的理论，把所谓“一”看成是万物之始和最高原则，“《春秋》变一谓之无，无犹原也，其义以随天地终始也”，① 万事万物统归于一，即最终统一于君主，“《春秋》之法，以人随君，以君随人”②。也就是“王言即法”，一切决断于君主。韩愈以儒家道统继承者自居，主张君主专制，统治者要管理国家，就必须拥有绝对的权力，在韩愈看来，“帝之与王，其号名殊，其所以为圣一也”。③ 君主就是圣人，君主是万能的，君主“为之礼以次其先后，为之乐以宣其湮郁，为之政以率其怠倦，为之刑以锄其强梗。相欺也，为之符玺、斗斛、权衡以信之；相夺也，为之城郭、甲兵以守之。害至而为之备，患生为之防”。“如古之无圣人，人之类灭久矣。”④ 所以君主在国家政治与行政中享有至高无上的权力，君主专制是天经地义的。“是故君者，出令者也；臣者，行君之令而致之民者也；民者，出粟米麻丝，作器皿，通财货，以事其上者也。”⑤ 柳宗元强调郡县制是历史发展的趋势，是中央集权行政的必要条件。他以秦为例，认为“秦有天下，裂都会而为之郡邑，废候卫而为之守宰，据天下之雄图，都六合之上游，摄制四海运于掌握之内，此其所以得也”。⑥ 专制主义中央集权的行政意识经过众多思想家的论证被固化下来，宋元明清的主流行政思想与学说依然沿着这一路径发展，尤以明代最为突出。朱元璋说：“朕罢丞相，置五府、六部、都察院、通政司、大理寺，分理庶政，事权归于朝廷。嗣君不许复立丞相，臣下不敢以请者，置重典。”⑦ 专制集权达到顶点。朱元璋之所以强调集权，要“事权归朝廷”，按他的理由是“元世昏乱，纪纲不立，主荒臣专，威福移下，由是法度不行，人心涣散，天下骚动，令将相大臣，宜以为鉴”。⑧ 要重振纪纲和法度，即重树君主的权威。正如张居正所说：“人主以一身而居乎北民之上，临制四海之广，所以能使天下皆服从其教令，整齐而不乱者，纪纲而已。”故“君者，主令者也。君不主令则无威，臣不行君之令而致之民则无法，斯大乱之道也”。⑨ 由此可见，在中国古代观念行政

---

① 《春秋繁露·重政篇》。

② 《春秋繁露·重政篇》

③ 《韩昌黎文集·原道》。

④ 《韩昌黎文集·原道》。

⑤ 《韩昌黎文集·原道》。

⑥ 《柳河东集·封建论》。

⑦ 《朱元璋要录·洪武二十八年》。

⑧ 夏燮：《明通鉴前编》。

⑨ 《张太岳文集·陈六事疏》。

文化发展的基本路径中，君权神授是其预设起点。从《尚书·诏诰》中的“有夏服天命”，到墨家“天下之所以乱者，生于无政长，是故选者天下之贤可者，立以为天子”①，这一观念清晰可见。在先秦文献中这种观点及其依据是十分流行的。如：“天地设而民生之，当此之时也，民知其母而不知其父……民务性而力争，力征则讼；讼而无正，则莫得其性也。故贤者而中正，设立私，而民说仁……民众而无制，久而相出为道，则有乱。故圣人承之。作为土地、货财、男女之分，分定而无制，不可，故立禁。禁立而莫之司，不可，故立官，官设而莫之一，不可故立君。”② 又如：“古者未有君臣上下之别，未有夫妇妃匹之合，兽处群居，以力相征。于是智者诈愚，强者凌弱，老幼孤独不得其所。故智者假众力禁强虐，而暴人止。为民兴利除害，正民之德，而民师之。是故道德行，出于贤人。其从义理，北刑于民心，则民反道矣。是故国之所以为国者，民体以为国。君之所以为君者，赏罚以为君。”③汉代董仲舒则明言：“天子受命于天，天下受命于天子。”④ “道之大源于天，天不变，道亦不变。”⑤ 而君权至上是其终极目标。《尚书》中记载商王有生杀予夺的大权，“尔不从誓言，予则孥戮汝”⑥，“准予一人有佚罚，听予一人之作猷”。⑦ 韩非将其高度概括为：“国之所以治者三，一曰法，二曰信，三曰权。法者，君臣之共操也；信者，君臣之所共立也；权者，君之所独制也。”⑧秦始皇更是自认为德兼三皇，功过五帝，因此“天下事无大小皆决于上”。朱元璋乾纲独断，“中外奏章，皆上彻御览。每断大事，决大疑，臣下惟面奏取旨。”⑨

中国古代观念行政文化的路径较之制度行政文化而言要丰富许多，仁政与德治是中国古代君主行使最高权力的政治基础和道德要求，也是中国古代观念行政文化发展辅助路径。中国古代崇仁贵义，以德治国是最高的行政理想。孔子说：“为政以德，譬如北辰居其所而众星共之。”“道之以政，齐之以刑，民

① 《墨子·尚同上》。
② 《商君书·开塞》。
③ 《管子·君臣下》。
④ 《春秋繁露·基义篇》。
⑤ 《汉书·董仲舒传》。
⑥ 《尚书·汤誓》。
⑦ 《尚书·盘庚》。
⑧ 《韩非子·修权》。
⑨ 夏燮：《明通鉴前编》。

免而无耻。道之以德，齐之以礼，有耻且格。”① 君主只要以道德来治国，实行“宽政”，就会像北极星一样，举国拥戴，最高权威自然建立。孟子进一步认为：“三代之得天下也，以仁；其失天下也，以不仁，国之所以废兴存亡者亦然。天子不仁，不保四海，诸侯不仁，不保社稷，卿大夫不仁，不保宗庙，士庶人不仁，不保四体。”② 总之，“以德行仁”是王道，仁政关乎国家兴衰，天下兴亡，当然也关乎君主的权力是否合法。朱熹也说：“为政以德者，不是把德去为政，是自家有这德，人自归仰如众星拱北辰。”“为此以德，不是欲以德去为政，亦不是块然全无作为，使德修于己而人自感化。然感化不在政事上，却在德上。盖政者所以正人之不正，虽无所作为？但人之所以归正，乃以其德耳。故不待行为而天下归之如众星之拱北极也。”③ 仁政与德治是通过修身而得，儒家“内圣外王”是这一路径最好的诠释。

（三）制约中国古代行政文化路径的因素

文化离不开自然与社会，这是人类文化的根基。寻求文化的由来，探究中国古代行政文化的根源与路径，不能不追寻自然环境以及在此基础上形成的社会因素，包括行政文化在内的，所有文化的育成与演进都能从中找到解释。

美国学者伯恩斯等人在《世界文明史》中曾分析中国文明顽强存续四千年之久的原因时说：“它之所以能长期存在，其原因部分是地理的，部分是历史的。”④ 人类早期文明或文化的发展很大程度上来源于自然环境，生存于不同的自然环境中的特定人群以及他们独特的行为模式，最初就取决于这些自然生成的差异，随着文明和社会的发展，制度和观念形态的文化也就形成了。中国古代文明发源和生长于亚洲东部，东与东南濒茫茫大海，西北临漫漫戈壁沙漠，西南傍依青藏高原。这种被不可逾越的大海所阻隔，陆路交通极不便利，而内部回旋余地又相当开阔的环境，造成了一种与外部世界相对隔绝的状态，这种相对封闭的地理环境，非常有利于一种自给自足的农业经济及其统一、集权的国家政治与行政制度路径的产生。“地理环境的特殊性决定着经济关系以及随在经济后面的所有其他社会关系的发展。”⑤ 诞生于大河流域的中国古代文明不时遭受威胁人们生存的洪水灾害，频繁而大规模地组织人们兴修公共水

---

① 《论语·为政》。

② 《孟子·离娄上》。

③ 《朱子语类》卷二十三。

④ ［美］爱德华·青克诺尔·伯恩斯等著：《世界文明史》第一卷，罗经国等译，商务印书馆1987年版，第173页。

⑤ 《列宁全集》第38卷，人民出版社1959年版，第459页。

利工程，防范和消除水患成为这种农业文明生存和发展的必要条件，再加上由于争夺土地和川泽引发的各个部落之间的战争，大大增加了人们组建庞大共同体的意识，这是统一和集权国家制度的路径选择。

在封闭的地理环境下，由于没有便利的交通和市场，没有复杂的经济关系和频繁的人际交往，人们便以傍依自然格局形成一个个各居一方，少有往来的血缘团体，这就是中国古代社会组织形式以家长为中心，以嫡长子继承制为基本原则的宗法族制的由来。封建王朝将政治统治和行政管理与宗法族制对接，产生了意想不到的家国同构的奇妙效应。夏朝最先把宗族与统治统一起来，建立中国古代第一个宗法制国家。《尚书·志典》记载："克明俊德，以亲九族；九族既睦，平章百姓。"统治者以宗族长者治家之法治理国家，力求在宗族国家中像氏族首领一样成为有权威的道德表率，以保持建立在血缘基础上的宗族成员的和睦和秩序，借以达到治理由不同氏族合并而成之宗族国家的目的。殷商崇拜、祭祀祖先的宗法观念和崇拜、祭祀"上帝"的宗教观念是统一的，把上帝和祖先联系起来，从而实现了商朝国家统治与宗族秩序的有机合成。周王朝宗族组织与贵族政治相结合，形成宗法分封制。"大邦维屏，大宗维翰，怀德为宁，宗子维城。"① 分封制的等级秩序与血缘关系的远近相吻合。国家管理中天子统诸侯，诸侯辖卿大夫，卿大夫统辖士及平民的严密专制主义行政体系形成。宗法族制是为加强早期王朝管理而确立的。尽管朝代兴衰更迭，但宗法族制的基本原则却长期延续，最终嬗变成封建的宗法制度。其行之于国家，表现为皇位世袭制和嫡长子继承制，其行之于社会，则是家长制和族长制。宗法制度在客观上收到了与国家专制主义政治与管理互为表里的奇效。"家国同构"使古代君主不只是一家之长，而且是一国之父，"天子作民父母，以为天下王"②，"陛下上为皇天子，下为黎庶父母"。③ 十分正常。宗法制度使家国合一，制约着中国古代专制集权行政的路径选择。

马克思曾说："在不同的占有形式上，在社会生存条件上，耸立着各不同的、表现独特的情感、幻想、思想方式和人生观构成的整个上层建筑。"④ 基于自然条件和经济基础上的政治意识形态是制约行政文化发展的认识路径。中国历史上曾经出现过多家治国理政学说，在封建统治王权的兴衰更替中，唯有儒家学说始终处于牢不可破的官学地位，一统中国封建社会两千余年而不衰。

① 《诗经·小雅·板》。
② 《尚书·洪范》。
③ 《汉书·鲍宣传》。
④ 《马克思恩格斯选集》第1卷，人民出版社1995年版，第611页。

它不仅是中国古代的主流意识形态，也是中国古代治国理政的指导思想，始终制约和规范着中国古代的行政文化发展。如前所述，中国古代宗族制自皇家以至百姓得以普及，上至王公大臣，下至庶民百姓都按照宗法精神和规则来安排人伦秩序。然而，作为一种统治和管理的模式，尚过于简单和欠缺理性的升华。这就需要一套从宗法族制中总结提炼出来的理论去对之加以阐释、提升和倡导，使人们能自觉认同现存的政治制度和管理模式，使君臣官民、主从上下、贵贱尊卑关系成为一种无可置疑的伦理顺从。这一历史使命正是由儒家学说完成的。两千多年来，儒家在宗法族制的基础上创立与完善了适合于专制与集权制度的政治与行政学说，以其最有影响最为严密的理论体系塑造着中国古代的主流行政意识，规范和制约着中国古代行政文化的发展方向和基本路径。“礼”是儒家的社会价值观，也是国家的根本制度，孔子把西周的宗法制度和国家制度认为是周礼。荀子进一步发挥了这一学说，“有天有地，而上下有差。明王始立，而处国有制。夫两贵之不能相事，两贱之不能相使。是天数也。埶位齐，而欲恶同，物不能澹则必争；争则必乱，乱则穷矣。先王恶其乱也，故制礼义以分之，使有贫富贵贱之等。足以相兼临者，是养天下之本也。”① “礼”被阐发为一种国家等级治理原则和实现塔形统治的有效手段。“仁”是儒学的行为价值观，也是国家管理与政府行政基本准则和道德目标。孟子将仁的概念引入国家行政，发展成为“仁政”，成为约束最高统治者和行政者的伦理原则。董仲舒在孔、孟、荀的基础上，提炼、强调了《韩非子》《吕氏春秋》《公羊传》中君权至上的大一统政治观。宋明理学则将仁德、礼义、大一统的理念发展到了最高峰。基于这样的认知路径，中国古代把国家的最高统治者视为“天子”，与把最高统治者看作是“王”之间有着本质的不同，“天子”只有一个，“王”可以有多个，这是君主一人专制的前提，把君主称作“天子”，既可论证君主的权力来源于上天，“天子受命于天，天下受命于天子”，又可说明君权至高无上，天无二日，国无二主，有利于大一统的君主专制与集权。“受命于天”而且权力无边的君主往往通过修养自律与仁政德治来规范和强化这一权力。

二、西方古代行政文化的路径

西方古代行政文化包括古希腊、罗马的古典行政文化和中世纪的行政文

① 《荀子·王制》。

化，古希腊是西方行政文化的源头，以城邦民主制行政而著称于世，而古罗马的共和制行政则紧随其后，并将西方古典行政文化进一步向前推进，古希腊民主和分权的行政文化传统通过古罗马得以保留和传承，西方中世纪时期的封建制行政制度及其文化并没有形成如同中国古代的专制主义中央集权行政，古典民主（共和）制行政制度及其观念在中世纪始终留有遗风和存在影响，并以某些特殊的形式有所延续。西方古代行政文化的发展路径基本上是沿着民主（共和）和分权的轨迹进行演进和回归的。

（一）西方古代制度行政文化的路径

顾准先生在《希腊城邦制度》中说，古希腊“城邦是从原始的氏族民主制度直接演变过来的”① 这一论断的理论依据，主要是摩尔根的《古代社会》和恩格斯的《家庭、私有制和国家的起源》。摩尔根的《古代社会》以北美易洛魁印第安人的氏族为蓝本发现了在国家出现前人类社会制度的基本特征即氏族制度。根据恩格斯的《家庭、私有制和国家的起源》的论述，易洛魁人的氏族制度实行的是原始民主制的习俗和制度，氏族首领、部落首领乃至部落联盟首领由氏族成员和各部落选举产生，内部管理和重大事项由一切成年男女享有平等表决权的议事会民主表决。希腊人的习俗和制度与易洛魁人相似，恩格斯说：“希腊人像其他起源于同一部落的氏族一样，在史前时代，就已经按照美洲人的那种有机的系列——氏族、胞族、部落、部落联盟组织起来了。”“希腊人，在他们出现在历史舞台上的时候，已经站在文明时代的门槛上了。”② 希腊雅典城邦国家的产生是“部分地改造氏族制度的机关，部分地利用设置新机关来排挤掉它们，并且最后全部以真正的国家机关来取代它们而发展起来”。③ 西方民主制行政制度的起源和演变路径清晰可见。雅典城邦民主制行政制度正是在对氏族管理制度的一系列改革中逐渐建立起来的。最早的改革可以追溯到雅典氏族社会末期的提秀斯改革，提秀斯在雅典四大部落之上，设立一个中央管理机关——雅典总议事会，统一管理各部落的重要事项，原先彼此独立的四个部落，开始融合为一个统一的城邦。按照亚里士多德的解释，城邦民主制是指城邦国家中全体公民享有平等的权利，行使决定国家政治和参与国家管理权力的政治制度。雅典城邦的民主制虽然把奴隶、外邦人、妇女排除在外，但却面向取得公民身份的全体自由民开放。雅典民主制是古希腊民主

① 顾准：《希腊城邦制度》，中国社会科学出版社 1986 年版，第 22 页。

② 《马克思恩格斯选集》第 4 卷，人民出版社 1995 年版，第 97 页。

③ 《马克思恩格斯选集》第 4 卷，人民出版社 1995 年版，第 97 页。

制的典范，公民大会成为最高权力机关，公民在形式上一律平等，每个公民在公民大会中都有选举权，每个公民都有可能被选为五百人会议成员，并参与国家的管理，经过梭伦改革和克里斯梯尼改革具有民主和分权色彩的古希腊国家行政制度形成，在国家行政体制上，确立了不同于中国古代高度中央集权行政体制，而是在氏族制度民主制基础上建立的以国家权力体制分权为特征的共和制行政体制，以公民大会作为国家的最高权力机关，由公民大会选举产生五百人会议作为国家最高常设政府机关，五百人会议主持日常行政工作，9 名执政官共同执掌行政权，国家主要官员一般采用选任制，由各种代表会议选举产生，并接受公民大会和元老院的监督。斯巴达则实行贵族共和民主制，年满 30 岁的全体公民组成公民大会。由公民大会选举包括长老会议成员、监察官等在内的公职人员，长老会议负责起草法律和其他决议草案，审议即将交给公民大会表决的议案，审判刑事案件和国家行政案件。监察官院负责监督军队招募、监督国家法律执行和习惯的遵守以及战时监督国王行动外，此外，还负责规定税收，同外国使节谈判，召集长老会议和公民大会等。具有民主和分权色彩的古希腊国家行政制度是西方行政制度和行政实践的源头。西方古典制度行政文化大至沿着这一路径发展和演进。古代罗马的行政制度文化受到古代希腊的影响，由于古希腊与古罗马都起源于地中海沿岸，两种文化具有相近的文化特质和较强的兼容性，所以古希腊的行政制度文化为古罗马所吸收和传承，古罗马对希腊的征服，实际上使古希腊文化经历了一次转体和嫁接的过程，古希腊文化的基因和内涵通过罗马得以传承和保留下来，古罗马充当了古希腊文化向西方中世纪传输的桥梁。如果说古代罗马在政治与行政理论及行政学说上逊于古代希腊的话，那么在国家行政制度及其实践方面则丝毫不逊于古代希腊，在共和体制下的罗马行政制度文化将西方古代制度行政文化向前推进了一步，古罗马的行政制度是建立在一个地域广大、种族众多、社会关系复杂的国家，其行政制度以严密、高效为其特色，同时又沿袭了西方古典行政制度的民主（共和）和分权色彩。古罗马在前共和时期曾经历过历史学家所说的“王政时代”，实则是罗马从氏族社会向国家过渡时期。罗马社会组织的基本单位是氏族，10 个氏族组成一个库里亚，10 个库里亚组成一个特里布（部落）。氏族制度的管理形式是民主管理，由全体氏族成员大会决定公共事务，库里亚大会以及由氏族首领组成的长老会议是比较常见的议决和管理公共事务的机关。在罗马共和时代的近 500 年间，罗马共和制国家行政制度日益完备，人民大会（公民大会）是国家最高立法机关，在共和全盛时期，人民大会不断向民主化发展，其代表不分等级，不受财产资格限制，有权选举，包括执政官在内的国家各级政府官员，故有学者说："罗马的执政官还是一个自由国家的最早的一批行政官的时候，他们的权力便来之于人民的抉择。"① 罗马政府的高级公职大多向全体平民开放，元老院、人民大会、执政官分权制衡的共和体制基本形成，元老院作为国家最高行政机关，在元老院之下，国家设立各职能部门，由高级官员负责主持日常行政事务，这些高级官员，有百人大会选举产生的执政官、行政长官、监察官等，有人民大会选出的财务官、保民官、营造官等。由元老院、人民大会和包括执政官、行政长官、监察官、保民官、高级营造官、高级财务官在内的高级官员构成了罗马共和制国家机构，官员选任为主的人事行政制度以及监察官有权否决执政官侵犯平民权利的行政监察制度组成的罗马国家行政制度基本沿袭了古希腊民主和分权的制度路径，即使在罗马帝国时期，具有分权色彩的共和制的各种机构，如公民大会、元老院、执政官和其他职官仍然保留。进入封建社会，日耳曼人在罗马帝国的废墟上建立起的西方式（以西欧为代表）封建制国家，将其固有的管理传统与封建君主制相结合，形成了封建君主制国家行政，日耳曼人在入侵罗马并建立国家的时候，仍保留着许多氏族社会末期原始民主制度和原始民主习惯，在国家管理上形成了一种氏族民主制与封建贵族制相结合的封建君主制国家行政制度。其特点是：

（1）君主在名义上是国家元首，实际上只能在自己的直辖领地上行使主权。封建领主名义上隶属于君主，但实际上是独立的，他们在自己的世袭领地内拥有立法、司法、行政等权力，君主无权干预他们领地内部的事务。

（2）君主只和自己直接册封的封建领主有臣属关系，与自己的臣属分封的下属部臣没有直接的臣属关系，君主对此没有绝对的约束力。

（3）君主要受到贵族和教会的种种约束、限制和监督，如宣战、媾和以及涉及国家的一切重大事务，都要由贵族和主教参加的会议决定。英、法、德诸国在封建社会时期其行政制度是在国王与封建领主的不断斗争中发展和演进的，君主集权制行政不断得到加强，不过这种集权与中国的君主绝对专制是不同，主要表现为强化王权的中央集权，以适应建立统一的民族国家中央行政的需要。这种针对封建领主，建立统一民族国家的中央集权在国家机构及其管理中仍表现出必要的分权和分治色彩。英国在王权强化的同时，《大宪章》得以颁布，国会取得立法权和对国王的"弹劾权"，地方则实行自治原则，设立郡议会为自治机关。法国君主集权最盛时期设有御前会议作为掌握立法、行政、司法权的常设机构，德国的地方分权的权力体制格局直到普鲁士王国兴起才告

---

① ［英］爱德华·吉本：《罗马帝国衰亡史》，商务印书馆 1994 年版，第 388 页。

结束，但绝对的君主专制行政始终没有建立。意大利则以威尼斯和佛罗伦萨为代表，形成了城市共和国，建立了有别于西欧其它国家的权力体制和国家行政制度。显然易见，西方古代民主与分权的国家行政制度大致沿着原始社会氏族制度民主管理与决策的路径发展变迁，以古希腊城邦的民主制行政最为典型，经古罗马共和制行政，再到中世纪封建君主制行政，西方古代行政文化中国家行政制度的民主（共和）与分权制度架构时隐时现，以其特有的形式沿着这一路径演进和回归。在这一演进过程中，有如下比较突出的特征：一是国家最高权力和重要决策来自公民大会或御前会议。古希腊的公民大会和古罗马的人民大会为最高权力机关，由此产生国家行政权力及其他权力。中世纪西方各国君主往往召开御前会议（国会前身），取得一致的意见，在其领地外行使国家权力须得到领主和贵族的认可和约定，君主专断和君权至上无从形成。在强化王权建立统一民族国家的过程中。君主的最高权力受到早期国会的制约。二是国家权力的相互制约和行政权力的分散。从古希腊开始国家权力分别由公民大会、五百人会议、长老会议、监察官、执政官、护法官等官员掌握。古罗马则由人民大会、长老会议、元老院、执政官、行政长官、监察官、保民官、高级营造官和高级财务官等分别执掌。中世纪西欧因封建领主和贵族的制约，地方分治色彩比较浓厚，强化王权的中央集权活动是为了建立统一的民族国家，与中国古代的君主专断和中央绝对集权是不同的。三是政府官员以选举产生为主要途径。无论是古希腊执政官、监察官、护法官，还是其他政府官员都由公民大会选举，古罗马的政府官员也同样由人民大会或长老会议选举产生，古希腊与罗马的政府官员有选民直接选举，也有选民通过自己选出的代表进行间接选举。如果就整个西方古代人事行政制度来看，也存在其他通过非选举方式，如考核、招聘、任命等产生政府官员，但选民的直接和间接选举是主要途径和制度。

（二）西方古代观念行政文化路径

古希腊哲学家德谟克利特曾说："在一种民主制度中受贫穷，也比在专制统治下享受所谓幸福好，正如自由比受奴役好一样。"① 并强调在民主制度下，应当选举那些优秀人物来管理国家，因为优秀人物是有知识、有教修和品德高尚的人。西方政治与行政中民主观念由来已久。如果说古希腊民主与分权的行政制度是西方制度行政文化之源的话，思想与学说、习惯与传统则是西方观念行政文化之源。西方行政文化中的民主（共和）与分权意识是从关注和研究

---

① 《古希腊罗马哲学》，商务印书馆 1961 年版，第 120 页。

国家政体开始的，德谟克利特首开其端，苏格拉底是最早区分贵族制、寡头制和民主制的思想家，他认为由实行法治的少数人进行统治的政体是贵族制；由一小批富人进行统治的政体叫寡头制；由所有人的意志进行统治的政体是民主制。在他看来，君主的权力应受到两点限制。其一，君主的所作所为必须符合人民的意志，即人民的利益、全社会的利益。其二，君主要以法从事，要在法律的范围内活动，受法律的约束。柏拉图、亚里士多德受其影响，亚里士多德以古希腊城邦国家为考察对象，对政体研究最为深入。在亚里士多德看来，最稳定、最能长治久安的政体是共和政体，一切政体都包含有三个要素，即议事部分、行政部分和审判部分，“一个优良的立法者在创制时必须考虑到每一要素，怎样才能适合于其所构成的政体”。① 亚里士多德的政体三要素说是西方分权观念的最初源头。伯里克利悼念阵亡将士的国葬典礼上曾总结说：“我们的政体之所以被称为民主政体，就是因为我们这个政府是为了多数人，而不是为了少数人。我们的法律，在解决私人争执的时候，保证人人在法律面前一律平等，无所偏私；尽管人们的社会地位有高低不同，但在选拔某人担任公职时，所考虑的不是他的阶级出身，而是看他有没有真才实学。任何人，只要他能对国家有所贡献，绝不会因为贫穷在政治上湮没无闻。我们在政治上所享有的这种民主自由，也广泛地体现于我们的日常生活之中。”② 伯里克利的这一段话可以说是古希腊政治与国家管理中民主观念的最好表述。这种观念影响着西方观念行政文化的发展路径。波利比阿在亚里士多德政体分类，及循环理论的基础上提出了混合政体理论，波利比阿认为混合政体是最好的政府结构形式，它可以使各种体制的优点得到最好的发展，使国家的行政效率得到最大的提高，这种混合体制所形成的政府结构，不会因相互牵制而降低政府的职能和效率。相反，由于相互制约与协调，避免了政府的专制与腐败，从整体上提高了政府的效能，使国家行政有序进行。在他看来，罗马的人民大会、元老院、执政官“三部分各自握有互相协助和互相干涉的权力，其总的结果就是一个足以战胜一切困难和危机的联合”。“三者之中，如果有任何一部分妄自尊大，挑衅捣乱、过分越权的时候，便会立即受到其他两部分的限制与抵抗。……其结果是，由于每一部分都因畏惧其他部分而受到阻挠，这种平衡局势就得以维持。”③ 在西方政治与行政文化中，分权制衡是民主（共和）路径的必然选

① ［古希腊］亚里士多德：《政治学》，商务印书馆 1965 年版，第 125 页。

② 转引自郭圣铭《世界文明史纲》（古代部分），上海译文出版社 1989 年版，第 189 页。

③ 转引自王振槐《西方政治思想史》，南京大学出版社 1999 年版，第 45 页。

择。西塞罗受到波利比阿的影响，赞同混合政体，不过西塞罗与波利比阿不同，他把混合政体看作是与共和国相适应的政治外壳，是使共和国成为名副其实的“人民事业”的制度保障，西塞罗实为共和政体论者，他相信这种政体的治理形式是最好的和最有效的。西方观念行政文化在古典时期完全形成了民主（共和）与分权的发展路径。这种观念文化在西方中世纪封建社会时期以特殊的形式得以发展和延续。奥古斯丁在其所著的《上帝之城》中以基督教教义的形式表达了他的共和思想。他说：“一个真正的共和国必须是基督教的共和国”，“一个公正的国家必须是人们可以在其中受到信仰真正宗教的教育。”① 阿奎那认为现实政治和国家管理中最好的政体应该是结合君主制、贵族制和共和制三者优点而形成的混合政体。在这种政体下，权力不再高度集中于君主，由人民选举出官吏并由官吏来制约君主的权力。在阿奎那看来，君主的权力来自人民，因此，人民有权要求君主履行借取权力时所定的条件。他主张通过法律来限制君主的权力。因为“法律的首要和主要的目的是公共幸福的安排”，它“以促进整个社会的福利为其真正的目标”。② 马基雅弗利也是混合政体论者，他认为最好的政体是混合政体，即将三种正常政体结合在一起，使人民代表、贵族代表和选任的国家元首同时参与国家的管理。马基雅弗利十分赞赏罗马的共和政体，他认为是混合政体的典范，最符合公民平等自由的要求，能够增进公共福利，保证公共财富的增长和安全，在共和政体下无须担心统治者的营私舞弊，因为统治者是选举出来的，贵族处于人民权力之下，共和政体能够更好地保证国家的统一，激发人民的爱国热情。在共和政体下，国家权力既能够合理的分配，又能够使之相互制衡和监督。

西方古代观念行政文化在其演进过程中也有其明显的特征：

（1）政府和君主的权力是公共权力，来自人们的相互约定和人民的让与，契约思想和法律意识浓厚。西方社会对公共权力的认识有着十分悠久的历史，苏格拉底说：“我们建立这个国家的目标并不是为了某一阶级的单独突出的幸福，而是为了全体公民的最大幸福。”③ 西塞罗也认为：“执政官的权力不是天然的赋予的权力，而是公民赋予的，当它独自突起的时候，便应当看作是对公民权利的僭取和专制”，“那里的权力是基于强暴和专横，那里就没有国家。”④ 即使在中世纪把政府权力理解为公共权力也十分普遍，阿奎那认为，

① ［美］乔治·霍兰·萨拜因：《政治学说史》，商务印书馆 1986 年版，第 235 页。
② 《阿奎那政治著作选》，马清槐译，商务印书馆 1963 年版，第 105 页。
③ 引自［古希腊］柏拉图《理想国》，商务印书馆 1986 年版，第 133 页。
④ 引自《西方法律思想史》，北京大学出版社 1983 年版，第 67 页。

要维护共同的幸福，就需要公共的控制机构；国家是服从同样法律、受单一政府指导，以求生活充盈的人们组成的社团，国家的目的是让全体社会成员过一种有德行的生活，实现共同幸福。如果没有国王和长官来维持公共的幸福，社会就不成其为社会。“所罗门告诉我们：‘无长官，民就败落。’这个论断是很合理的；因为私利益和公共幸福并不是同一回事。我们的私人利益各有不同，把社会团结在一起的是公共幸福。”① 马基雅弗利和布丹也认为，国家是分散的个人为了生命和财产的安全而建立的公共组织，国家面对根本问题是公共权力问题。② 所以，西方古代行政文化意识中普遍认为：政府是人民为了满足一定生活需要，通过订立契约把自己的权力交给一个公共组织而建立的；政府权力在本质上是公共权力；公众将公共权力委托给执政者，执政者必须依照权力所有者的公共意志去行使公共权力和管理社会。③ 基于这样的认识，西方古代行政文化中契约思想和法律意识十分浓厚。如：亚里士多德把国家的起源归结为人们的自然本性，人的自然本性驱使人们过优良的生活，人类为了延续和发展，多个家庭结合在一起就组成村坊，若干村坊又组成“城邦”，即国家，可见国家与公共权力是人们相互约定的结果。阿奎那继承了亚里士多德的观点，认为人的本性决定了要过集体的和社会的生活，这就需要公共权力机关来维护和谋取社会共同的生活和利益。而公共权力的产生就是契约的结果。而柏拉图则说：“如果一个国家的法律处于从属地位，没有权威，我敢说，这个国家一定要覆灭；然而，我们认为一个国家的法律如果在官吏之上，而这些官吏服从法律，这个国家就会获得诸神的保佑和赐福。”④ 西塞罗推崇法律。在他看来，国家之所以能把为数众多的人集合成一个政治共同体，就在于拥有法律，相互承认权利和义务。所以政府必须建立在法律的基础上，切实按照法律行事，只有合法的政府才能是正当的和合理的政府。他说：“因为法律统治执政官，所以执政官统治人民，并且我们真正可以说，执政官乃是会说话的法律，而法律乃是不会说话的执政官。”⑤

（2）公共权力不能由一个人或一个机构掌握，相互制约和协调的政体是最好的政体，分权制衡意识突出。苏格拉底最早提出君主的权力应该受到人民

---

① 《阿奎那政治著作选》，马清槐译，商务印书馆 1963 年版，第 44 页。

② 参阅徐大同：《西方政治思想史》，天津人民出版社 1985 年版，第 150 页。

③ 郭小聪：《中西古代政府制度及其近代转型路径约束比较》，中国社会科学出版社 2005 年版，第 81 页。

④ 引自《西方法律思想史资料选编》，北京大学出版社 1983 年版，第 24 ~ 25 页。

⑤ 引自《西方法律思想史资料选编》，北京大学出版社 1983 年版，第 79 页。

和法律的限制，可谓西方分权意识的发端，亚里士多德的政体三要素说，即议事、行政和审判，他说："三者之一为有关城邦一般公务的议事机能；其二为行政机能部分——行政机能有哪些职司，所主管的是哪些事，以及他们怎样选任，这些问题都须一一论及；其三为审判机能。"① 首次提出政体中的行政机能问题，初步区别了不同于议事权力和司法权力的行政权力，分权意识凸显。斯多葛学派的创始人芝诺提出："最好的国家制度是民主制、君主制与贵族制的混合。"② 以混合制政体来保持权力机构间的平衡和国家的稳定。波利比阿认为，"罗马的政制代表着最好的国家政治制度，因为在罗马政制中，执政官、元老院和人民大会这三种权力机构之间保持着力量的均衡和相互钳制。任何一种权力机构也不要奢望更多的权力，否则会遇到另一种权力机构的抵制"。③ 西塞罗在《共和国》一书中说："根据经验来看，觉得王政比别种政体是最可取的，但是王政总比不上以三种最好的政体互相联合互相纠正而成的那种共和政体"。④ 这种政体中，元老院为最高权力机关，平民大会选举的保民官有权主持元老院会议、行政首脑是最高执政官。这是一个"使国家权力均衡的模式"。阿奎那也崇尚混合政体下的权力均衡，他认为："当有一位德行高超的人治理着大家，他手下还有其他一些人实行仁政的时候，并且当大家由于具有当选的资格以及参加选举统治者而参与这种政治的时候，一个城市或一个王国的内部就获得了权力的最好的安排。"⑤

（3）使行公共权力的是公民选举的公职人员，公民意识显著。西方古代行政文化中把政府的起源看作是人们为了摆脱混乱的"自然状态"，求得幸福的生活，而通过"相互约定"的契约关系而建立起来的。因此，人人都是具有参政能力和享有选举权和被选举权国家公民，国家公职官员是由人民选举出来的公职人员，这是因社会分工的需要由公民选举出来，并随时可以罢免的从事公共事务管理的公职人员。西方古代的公民意识有悠久的历史。从德谟克利特："公民们享有程度不同的政治权利，公民的多数从法律上讲具有终裁作用，他们依法而管理着整个国家。"⑥ 到柏拉图描绘的由公民组成的理想国家

① ［古希腊］亚里士多德：《政治学》，商务印书馆 1965 年版，第 215 页。
② ［俄］涅尔谢相茨：《古希腊政治学说》，商务印书馆 1991 年版，第 236 页。
③ 转引自蔡拓《西方政治思想史上的政体学说》（上），中国社会科学出版社 1991 年版，第 87 页。
④ 引自《西方法律思想史》，北京大学出版社 1983 年版，第 65 页。
⑤《阿奎那政治著作选》，马清槐译，商务印书馆 1963 年版，第 129 页。
⑥ 转引自蔡拓《西方政治思想史上的政体学说》（上），中国社会科学出版社 1991 年版，第 24 页。

中，公民具有财产权和政治权，再到亚里士多德肯定的平民政体中公民权利的宽泛化。公民意识尤其是权利意识显著。

（三）影响西方古代行政文化路径的原因

诺斯在《经济史上的结构与变迁》中说："一个地区的地理环境和资源状况同军事技术水平一起在决定国家的规模以及经济组织的形式方面起决定性的作用。"① "不同的意识形态起源于地理位置和职业专门化。最初，它是经济各异的相邻的人群在地理上的分布。这种各异的经验逐渐结合成语言、习惯、禁忌、神话和宗教，最终形成与其它人群相异的意识形态。"② 正如中国古代行政文化起源和路径受制于自然地理环境一样，探寻西方古代行政文化路径的原因和制约因素也同样如此，作为西方文明源头的古代希腊，其自然地理环境迥异于中国。古代希腊作为一个地理和文化概念包括东西两部分，东部包括希腊半岛、爱琴海诸岛以及小亚细沿海地区，西部则包括西西里岛、意大利半岛南部以及法兰西、西班牙沿岸。爱琴海地区是古希腊文明的发源地和中心。包括希腊半岛、爱琴海诸岛和小亚细亚西部沿海地区，其主要部分是位于巴尔干半岛南端的希腊半岛，这里三面环海，东部海岸多良港，便于航海。整个希腊地区近海多山，海岸线曲折多湾，岛屿星罗棋布，内陆山脉连绵，平原较少，河流短少，群山将各地分割成小块，耕地有限，陆路交通阻塞，而海上交通便利。这种特殊的地理环境一方面使希腊分隔为为数多众互不统属、互不相连的部落，每个部落都有相对独立的居住地域，部落演变为自治城市和城邦，故有利于独立自主的公社或城市的生存，有利于城邦国家自治传统和民主、多元文化的形成。在这样的地理条件下很难像其他大河流域国家因治水而兴修水利工程形成统一的中央集权的国家行政制度和文化传统。另一方面，这种特殊的自然地理环境，便于发展工商业和海上贸易，而工商和海上贸易的发展又导致了频繁和大规模的跨海迁移。希腊文明是一种海上文明，手工业和商业的发展，需要不断寻找和开辟新的市场和新的原料来源。在跨海迁移中，以血缘为纽带的氏族逐渐为以契约为基础的社会所取代。以契约为基础是相对于以血缘为基础而言的，在血缘基础上建立的是依附关系极为密切的部族国家和集权国家，而在契约基础上建立的则是法律意识浓厚的自治团体和分权国家。古代希腊社会以契约为基础的社会结构，尽管还不是近代的社会契约论，但它影响和制约

① ［美］道格拉斯·诺斯：《经济史中的结构与变迁》，陈郁等译，上海三联书店 1994 年版，第 71 页。

② ［美］道格拉斯·诺斯：《经济史中的结构与变迁》，陈郁等译，上海三联书店 1994 年版，第 56 页。

了古希腊的城邦政治和公共管理，塑造了早期西方的行政文化传统。自然地理条件也同样制约和影响古代罗马的行政文化路径。意大利半岛是古罗马的发祥地。意大利半岛的地形结构与希腊有所不同，亚平宁山脉自北向南纵贯全境，除北部和中部少数山区外，意大利半岛各地区之间的联系比较方便，意大利半岛向南深入地中海，它东与巴尔干半岛相望，西面是比利牛斯半岛，南边的迦太基、埃及东方的小亚细亚与之隔海相望。这样的地理条件使早期各独立的部落间很少有天然的屏障作为边界，罗马城自诞生之日起，就与周边城市和部落处于不断战争之中，意大利半岛的有利地理条件十分方便于向外扩张，建成规模较大的国家，并最终实现意大利的统一。当古罗马迅速向外扩张，地中海已成其内湖之时，半岛及地中海沿岸港湾、岛屿使古罗马的海上交通、航运十分便利，这一点如同古希腊一样，古希腊文化与古罗马文化同属西方古典文化，两种文化所具有的相近文化特质和较强的兼容性，这与它们相似的便于海上贸易的地理环境相关。当然古代罗马国家地域广大、种族众多、社会关系复杂，其公共管理的复杂程度远非古希腊城邦国家所能比拟，这是古罗马共和行政制度中国家机构严密，政府行政高效，官僚制度和法律制度完备原因所在，但其行政文化的基础内涵和基因则承袭了古代希腊。西方封建社会时期的英、法诸国多地处西欧，便于交通及海上贸易，其自然地理条件与古希腊罗马相似，其国家行政的分权和分治的传统和意识也与此不无关系。其实，古代西方没有完全封闭又处于大河流域的国家，也难以形成高度统一和集权的国家行政。除了自然地理条件外，古代西方社会经济制度，尤其是土地制度和财产制度，乃至社会意识形态也是影响西方行政文化路径选择的重要因素。古希腊和古罗马最初土地所有制基本上属于部落首长和贵族所有。后来平民为争取土地和财产而不断斗争，从而引发了一系列的社会改革：如雅典的梭伦改革，颁布《解负令》，解除公民所负的债务，废除债务奴隶制，承认私有财产权和继承权，在此基础上确认了公民的土地所有权，并按农产品总收入的数量把公民分为四个等，其享有的政治权力与土地财产有关。

斯巴达的莱库古改革，其主要内容是平等份地的分配和社会政治制度改革。份地的原意是“抽签”，即通过抽签的形式把土地等份分给平民，能得到份地的平民就成为城邦的公民，所有六十岁以下的成年男性公民都有随时服兵役的义务。这种公民军事化的制度同平等份地制度密不可分，所有公民，无论是平民还是贵族，都是城邦的职业士兵。大家一起训练、作战，还实行公民的共餐制，按照这个制度，包括国王在内的所有男性公民都要集体就餐。为了维护这种集体就餐制度，每个公民每年必须向城邦交纳一定数量的粮食，如果无法交纳规定的粮食，他就会丧失公民权。这种贵族与平民之间的群体生活，无疑孕育了一种平等的观念。公民有相对平等的经济基础来源于平等份地的分配。可见，份地既是界定城邦公民的标准，又是公民继续维持公民身份的经济基础。① 此后的克里斯第尼改革、伯里克利改革、罗马的图里乌斯改革等大多涉及的内容都与废除债务奴隶制，明确公民的财产权、扩大选举权等有关，基本上是围绕土地和权力而展开。这些改革具有特殊的意义，对公民的财产权、人身权和政治权起了保障作用，并逐步建立了国家公民制度，为形成以"公民社会"为基础的民主行政及思想意识提供了可行的路径。西方中世纪时期的土地占有形式是分封采邑制，每个封建领主依据契约在自己的领地上，拥有行政、司法大权，这种以土地关系为纽带的国王与领主、附庸的关系，没有很强的约束力，地方封建领主割据严重，成了一种实质上的地方分权，这种普遍现象削弱了封建君主的权力，难以形成中央集权的国家行政。而这种各自为政的割据中自治城市和市民社会得以滋生和发展，对西方民主与分权的行政文化的路径选择同样产生影响。从古希腊的公民大会到古罗马的人民大会再到中世纪英法的御前会议，西方古代社会在公民与贵族议决国政的过程中，民主（共和）与分权的行政传统成为惯例，选举权和被选举权的扩大奠定了西方古代国家行政制度的根本基础，而国家重要的公职人员均须由公民大会直接选举，并对公民负责接受公民的监督的制度成为国家各机构权力相互制约和监督的基础。可以说西方古代的社会经济制度和财产制度导致了公民社会及其思想意识的出现，正如黑格尔所说："人惟有在所有权中才是作为理性而存在的。"② 理性的思考和制度设计成就了西方古典民主与分权的行政制度文化，在制度文化上生动而又成功的行政活动与实践，进一步培育了丰富和理性的行政思想和学说，而丰富和理性的行政思想和学说又反过来影响西方古典行政制度设计与实践。社会经济制度和土地财产制度所导致的公民社会及其思想意识成为制约和影响西方古代行政文化路径的又一重要因素。

第二节　中西行政文化的转型

行政文化在本书中是在制度和观念两大层面上来使用的。就制度层面而

① 郭小聪：《中西古代政府制度及其近代转型路径约束比较》，中国社会科学出版社 2005 年版，第 61～62 页。

② ［德］黑格尔：《法哲学原理》，范扬译，商务印书馆 1961 年版，第 50 页。

言，并非指现在学术界十分流行的制度学派或新制度经济学意义上的制度，而是指狭义的行政制度。所以本书论及的行政文化转型即行政制度文化和行政观念文化的转型，主要包括行政体制、行政机构、行政思想、行政学说等方面的转型。

中西行政文化在其发展和演进过程中都经历了从传统向现代的转型，这一相对剧烈的变迁既包括制度行政文化，也包括观念行政文化。基于中西古代行政文化的不同起源、成因及演进路径，中西行政文化在近代转型上也存在诸多不同的现象和特征。

一、中国近代行政文化的转型

"转型"一词在当今社会科学研究领域被广泛使用，如社会转型、经济转型、政治转型、文化转型等。行政文化的转型是指行政文化的变迁过程。由于中国近代是一个西学东渐，西潮东来，思想文化与价值观念相互碰撞、相互融合的时期，中国近代的国家行政及其文化如同中国近代社会的演变一样，开始受到西方近代国家行政及其文化的影响。封建君主制国家行政逐渐演变为近代共和制国家行政，国家行政机构从封建传统的名称、体制和职能向近代国家行政机构名称、体制和职能转变；国家行政监督制度和行政法律制度由封建传统行政监督制度和行政法律制度向近代国家行政监督制度和行政法律制度过渡；国家人事行政制度从以科举制为核心的封建人事行政向近代文官制度和公务员制度演变；行政思想和行政学说出现了借鉴西方行政方法，变革封建行政，建立现代国家行政的思想和主张，产生了近代的国家行政意识和价值观念。以制度和观念为主要内容的中国近代行政文化转型分为晚清和民国两个时期，大致经历了一个从量变到质变，从渐进到激进的变迁过程。

（一）中国近代制度行政文化的转型

中国近代国家行政制度的转型始于晚清。1861 年清政府设立总理各国事务衙门，负责管理国家有关外交、洋务、边防及有关官吏的选任和专业人才的培养教育，为晚清国家行政制度转型之始。1901 年将总理各国事务衙门改为外务部，拉开了国家行政机构重大改革的序幕。1903 年清政府深感欲救目前财用之困，非讲求商务无从措手设立商部，管理包括农垦、农牧、路矿、工商在内的行政事务。1905 年成立巡警部、法部和学部，1907 年起，改巡警部为民政部，理藩院为理藩部，大理寺为大理院，都察院为都御史，其中，法部为司法行政机关，大理院为审判机关，都御史负责"纠察行政缺失，伸理冤滞"，为行政监察机关。不久，又设立农工商部、邮传部和海军部。至此，清朝中央国家行政机构共形成外务、度支、陆军、邮传、理藩、民政、农工商、吏、学、礼、法十一部。1911 年 5 月，清政府颁布《内阁官制既内阁办事章程暂行谕》，宣布"即组织内阁"，将原有十一部调整为十部，各部尚书改称大臣，与总理大臣、协理大臣共同组成内阁。内阁共计外务、民政、度支、陆军、海军、农工商、邮传、法部、学部、理藩十部。地方行政建制 1884 年增设新疆省，1885 年增设台湾省，1907 年增设奉天、吉林、黑龙江三省，同时制定《各省官制通过》，规定一省或数省设总督 1 人，每省设巡抚 1 人，总督所在的省份，不分设巡抚，由总督兼管巡抚事务。在国家人事行政制度上，1905 年废除科举制度，1906 年制定《考试游学毕业生章程》和《钦定学堂章程》，适用于留学毕业生和国内学堂毕业生的资格认定考试，考试合格者，根据成绩分别给予不同专业的进士、举人等出身，并分别授予不同官职。在官员的任用上，始将各级行政官员分为特简、请简、奏补、委任四种官级和任官方式。清朝末期的行政改革不同于古代，从行政文化的视角来看是具有重大意义和影响。国家行政随着政治、经济、社会、文化的发展而发展，这是国家行政发展的基本规律。清末行政改革适应了清末政治、经济、社会、文化变化的需要，一定程度上健全和完善了近代国家的行政机构、管理模式和人事制度，在机构的名称、结构和职能上具有诸多近代色彩，实为行政制度文化近代化的开端。自隋唐以来形成中央六部和科举用人制一直是封建国家行政的基本行政制度，这一源远流长的行政文化对中国封建国家行政的稳定，经济、文化的发展曾起过巨大的作用。然后，在西方近代文明的冲击下，在日益增长和复杂的社会经济、文化、外交事务面前，已越来越不适应现实社会的需要，清末行政改革，在客观上国家行政与世界逐步接轨，促进国家行政现代化的同时，制度文化意义十分重大，中国传统行政文化在制度上开始发展变迁。清末行政改革在制度上体现了模仿西方资产阶级三权分立和建立独立完备行政体系的设想，初步改变了中国传统的行政机构的组织模式。编制馆最初向清政府呈递的奏折中，以"立法、行政、司法三权并峙，各有专属，相辅而行"为原则改革中央行政机构，内阁总理大臣奕劻也明确提出，立宪各国，以立法、行政、司法各项分工为第一要务。虽然，清政府未能接受，但随着资政院的成立和司法改革的推进，不能不对行政机构产生一定的影响。此外，清朝所独创的军机处是"掌军国大政，以赞机务"① 的最高机构，但并非国家正式行政机关，不入法

① 赵尔巽：《清史稿・职官志》，中华书局 1997 年版，第 3270 页。

典，军机大臣由皇帝遴选，不专职，六部也并非军机处直属，故清朝统一负责的中央行政机关并未成立。清末行政改革，以“行政之事，则专属内阁各部大臣”为思路，以“责任内阁”的成立为目标。“责任内阁”的实质姑且不论，但就其撤销军相处，变革六部，建立统一、完备、负责和较为独立的中央行政机构而言，显然是具有意义的，尤其是在变革中，行政机关与司法机关相分离，改变中国传统的三司法会审制度是颇有近代化色彩的。清末行政改革在制度文化上使行政机构的名称、机构设置、内部结构、管理职能、管理幅度趋于合理和科学，有利于国家行政的专门化和行政效率的提高。清末行政改革，更新了隋唐以来中国传统国家行政机构的名称，设置司、局、处、所等严密和完备的内部机构，使之与近代国家行政的内容相符合，并裁撤了部分传统闲职机构，使机构重叠和臃肿的现象有所减轻，行政职能和行政效率有所增强和提高，管理幅度趋于合理，特别是对满汉双轨的改革，使行政机构遇事相互推诿的现象有所改变，大量新设的机构及其内部组织，办事程序和规则更是体现了行政制度文化的发展。外务部的设立颇具近代意义，客观地适应了清政府对外交往日益扩大的需要，对清政府逐步改变闭关自守政策，走向世界，了解国家条约和国际惯例，重视国际交往，参与国际事务尤为重要。农工商部的设立，则从行政机构上突破了两千多年封建政府重农抑商的传统，特别是其制定和颁布的一系列商律，奖励工商，保护商人，以法律形式承认工商业者的社会地位意义深远。邮传部的设立，作为国家行政的全新行政机构，集船政、路政、电政、邮政于一体，是国家行政依据社会发展专门化的标志。学部的成立，一改中国传统国家行政没有专门教育行政机构的局面，作为中央教育行政机关，制定了中国最早的学制《壬寅学制》和《癸卯学制》，以行政手段对各级学制，新的教育内容及毕业生的地位予以规定，确立了新式教育，直接影响了人事行政制度的变革。法部的设立，使司法行政机关趋于完备和独立，理清和界定了司法行政的管理幅度，也间接促了清末的法制改革和近代法制体系的形成。陆军、海军、民政部的设立，使军事、防务、民事、警察有了名实相符的行政机关，行政制度上的专门化和近代化显著。从这一意义上讲，清末的行政改革开启了中国行政制度文化的转型。

中国近代国家行政制度文化转型的第二时期为民国时期。南京临时政府依据“三权分立”原则建立了共和制国家行政制度，国家行政系统由临时大总统、行政各部和直属机构组成。临时大总统既是国家元首，又是政府首脑。临时大总统的办事机构有两类：一是总统府秘书处，直接承办总统府事务；二是直属机构，如法制局、印铸局、铨叙局、公报局等，协助总统办理专门事务。

国家行政职能机构设陆军、海军、内务、司法、外交、财政、教育、实业、交通九部。各部设总长、次长各 1 人。内设机构为厅、司（局）、处等。在行政运作中强调“公文以敏迅为归，事权以分任为主”① 为原则，要求各级行政机关大胆负责，在职责明确的前提下，直接办理各自职责范围内应办之事，摒弃“呈请转饬”的文牍主义，改革传统文书制度，促进了政府公文制度的近代转型。南京临时政府规定政府行用公文大体分为令、谕、示、公布、咨、呈、状、批、照会九种。不仅简化了文书种类，统一了公文程式，而且规范了公文的处理程序，规定了办文的时限。官厅称谓也发生改变，内务部通知各官署，谓：“官厅为治事之机关，职员乃人民之公仆，本非特殊之阶级，何取非分之名称。”② 摒弃前清官厅“大人”、“老爷”等封建性称谓，以官职或以“先生”，“君”等互称。南京临时政府时期创立了议会监督制度的国家行政监督制度，体现了“三权分立”的民主行政原则。《修正中华民国临时政府组织大纲》规定临时参议院对政府的监督方式有：议决临时政府的预算；检查临时政府的出纳；议决临时大总统交议事件；答复临时大总统咨询事件；并对临时大总统的宣战、媾和、缔约、制定官制、任免官员，设立法院等行为行使同意权。《临时约法》和《参议院法》又进一步扩大参议院的行政监督权，包括质问、弹劾、查办等权力。在国家人事行政制度上，临时大总统孙中山说：“国家建官分职，惟任贤选能，乃懋厥职，古今中外，罔越斯旨。第考选之法，各有不同，尚公去私，庶无情弊。今当民国建立伊始，计非参酌中外，询事言考，不足以网罗天下英才，而裨治理。”③ 以选贤任能、惟才是举为原则，建立了与共和制行政相适应的官员选拔与任用制度。北京政府时期的行政体制经历了责任内阁制、总统制、临时执政府制、军政府制等多种形式，但中央行政各部机构的名称、职能、权限大体相同。以 1912 年 6 月至 11 月相继公布的《国务院官制》《各部官制通则》为例，中央行政各部仍设外交、内务、财政、陆军、海军、司法、教育、农林、工商、交通十部，各部一般设总务厅及各司（局），司以下分科办事，各部均设总长、次长、司长、参事、佥事、主事等行政人员。地方行政建制为省、道、县三级，并出现了市的建制。市分为特别市和普通市。市设自治公所为执行机关，相当于市政府，设市长 1 人，负责办理市自治会选举，管理或监督市的财产、收支等。国家行政监督制度设立了平

① 《中华民国史档案资料汇编》第二辑，江苏人民出版社 1981 年版，第 34 页。
② 《中华民国史档案资料汇编》第二辑，江苏人民出版社 1981 年版，第 30 页。
③ 《孙中山全集》第二卷，中华书局 1982 年版，第 93 页。

政院和肃政厅。平政院是行政诉讼机关，通过审理行政案件对行政机关实施监督。肃政厅为行政弹劾机关，可以弹劾除总统以外的各级政府官员。国家人事行政制度上建立了文官制度。按照1913～1919年公布的《文官考试法草案》《文官高等考试令》《文官普通考试令》《文官高等考试法》、《文官普通考试法》等法规规定，文官考试分文官高等考试和文官普通考试两种，分别设置不同的考试机关办理，行政文官的任用，分特任、简任、荐任、委任四等。官俸为9等12级，除特任官、公使、秘书外，非经法律手段不得随意免职。南京国民政府时期的国家行政制度是五院制国家行政。五院制源于孙中山的《五权宪法》，以立法、行政、司法之权分立为基础，结合中国古代的“科举制”和“御史监察制”实行立法、司法、行政、考试和监察五权分立。就整个中央政府而言，国民政府为第一级机关，五院为第二级机关，五院所属机构为第三级机关。五院中行政院行使行政权，为国家最高行政机关，行政院初设内政、外交、军政、海军、财政、实业、教育、交通、铁道九部及蒙藏、侨务两个委员会和卫生署，后调整为内政、外交、国防、财政、教育、司法、行政、农林、工商、交通、粮食、社会、水利、地政、卫生、主计等部及资源、蒙藏、侨务等委员会。地方行政设省、行政督察区、县三级，行政区划为省、县两级、行政督察区所设的行政督察专员公署实为省政府的派出机关。市的建制分为“直隶于行政院”和“直属于省政府”两类，即院辖市和省辖市。国家人事行政制度上建立了公务员制度。据《国民政府组织法》规定：“考试院为国民政府最高考试机关，掌握考选、铨叙事宜，所有公务员均须依法律，经考试院考选、铨叙，方得任用。”① 国民政府时期的公务员制度就其内容来说包括考选制度和铨叙制度两大部分。考试是公务员录用的主要和合法途径。只有通过考试合格才具备政府工作人员的任职资格。铨叙制度是以法规化和制度化来使用和管理公务员的，包括甄别、登记、任用、分发、俸给、考绩、授勋、抚恤、教育、退休等制度。

由此可见，民国时期随着共和制度的建立，中国的国家行政制度发生了巨大变迁，南京临时政府时期，以“三权分立”为原则，初步建立起了共和制的国家行政制度，北京政府时期，尽管军阀干政，政局较为动荡，政府体制多变，但在国家行政制度上，尤其是行政监督、市镇管理以及文官制度方面逐步近代化。国民政府时期，依“五权宪法”建立的国家行政制度，在国家行政机构设置、职能划分、内部结构、管理模式、行政法规、地方行政及公务员制

① 《国民政府组织法》，《国民政府公报》，1928年10月9日。

度方面较前进一步发展和完善。如果说清末以变革国家中央行政机构名称、内设机构、管理职能，使之具有近代色彩的国家行政制度改革开启了中国近代国家行政制度文化转型的话，那么民国时期建立在共和政体下的国家行政制度，从国家行政体制的设计与规定、行政机构的设置与权限，到具体的行政决策与执行、行政监察与人事管理制度的发展与变迁，则在制度文化上基本完成了这一转型。

（二）中国近代观念行政文化的转型

行政制度的发展和变迁是行政文化转型的要素之一，而行政思想、学说，乃至行政意识、观念的发展、更新同样也是行政文化转型的要素。可以说行政制度属于表层文化，它在相当程度上来说，属于有形的、可见的；而行政思想、学说、意识、心理、观念等意识形态因素则属于深层文化。表层文化的变革需要有深层文化为基础，须有深层文化作其支持，否则这一变革便成了无源之水，无本之木。如果说行政制度和体制的变革是中国近代行政文化转型的表层内容，那么以思想和学说为主体的行政意识形态的发展和更新则是中国近代行政文化转型的深层内容。中国近代的行政思想与学说，行政观念与意识，突出地表现在借鉴西方政治与行政学说、政府管理模式与方法、以西方国家行政和公共事务管理为参照系，探讨中国国家行政革新与现代化之道。康有为开其端，孙中山竟其绪。在挽救危亡，治国安邦，追求行政效能和行政现代化上超越了中国传统的行政思想，代表了中国近代观念行政文化发展的方向。两人的行政思想和行政学说成为中国近代观念行政文化转型中两个时期的代表。

康有为的行政思想与学说虽有传承中国传统行政思想之处，但就其行政意识和观念来说已超越前人，这一超越前人的重要之处在于从权力结构和行政体制的视角分析行政问题，对清朝末年政府行政中的弊端进行深入的剖析产生了近代行政意识。在他看来，清末国家行政制度的根本缺陷在于：

（1）行政权力过分集中，中央政府的权力过分集中于皇帝和极少数人手中，大量官员则无事可做。“京官则自枢垣、台谏以外，皆为闲散；各部则自掌印主稿以外，徒縻禀禄。”① “握枢密之任者，惟军机处数人，此外，则诸部只见纸册，千官皆同闲人。”② 官员的权力状况取决于与皇帝的亲疏关系，“能达于上者有权，不能达于上者无权”。③ 最终，权力归于皇帝一人。在地方官

① 汤志钧编：《康有为政论集》，中华书局1981年版，第133页。

② 《康南海官制议》卷六，广智书局版。

③ 《康南海官制议》卷六，广智书局版。

员中，只有督抚一人握有上通下达之权，其余百官形同摆设。权力过分集中，导致大批冗员的出现，降低了行政效率，造成了政务的大量荒废。

（2）行政层次太多，上下阻隔严重，造成县级行政权责不符，难以发挥行政效能。康有为认为，清朝政府行政层次过多，“县上有府，府上有道，道上有司，司上有督抚”① 造成上下阻隔，难以有效沟通。而“中国大病，首在雍塞……夫以一省千里之地，而惟督抚一二人仅通章奏，以百僚士庶之众，而惟枢轴三五人日见天颜。然且堂廉迴隔，大臣畏谨而不敢尽言，州县专诚，小民冤抑而未由呼吁。故君与臣隔绝，官与民隔绝，大臣小臣又相隔绝，如浮屠百级，级级难通，广厦千间，重重并隔”。② 在诸多行政层次中，除县级行政以外，其余皆不达于百姓，而除省级行政以外，其余又都不能通达于中央，造成上情无法下达，下情无法上传。尤其是县级行政直接担负着治民的责任，事务繁重，责任重大，但却因事权有限，待遇低下，受制过多，无法充分发挥行政效能。康有为说：“县令取之太轻，待之太贱，责之太重，养之太薄，而又少佐官属吏，是犹使蚊负山也，无有能胜之者也。”③

（3）行政机构重叠，职责不清，人浮于事，互相掣肘。由于督抚与三司之间，三司之间，三司与道之间，道与府之间，府与县之间，或职权重叠，或互相牵制，或互相推诿扯皮，利则争先恐后，害则避之恐不及。再加“一职而有数人，一人而有数职，务为分权掣肘之法，不能尽其才。”④ 结果，导致一般官员“仅求不乱，而未尝求治者”。⑤ 康有为的行政思想与学说之所以成为中国近代观念行政文化转型初期的代表，不仅在于他颇为透彻地分析清末国家行政存在的诸多弊端，而且在于他以近代西方的行政观念和意识提出了行政改革的原则和设想。如：

①完善政府机构，明确各级政府的权限。康有为说：“考古人及大地各国之所以致治，率皆少划治地，多设官职……盖分地少，设官多，而后能从容分理，治及纤悉。”⑥ 这里的设官多实则是健全政府必要的现代管理机构，以适应经济社会的发展和社会公共事务的日趋增多和繁杂。为了减少行政改革的阻力，康有为提出了官爵分离的主张，他说：“官职以治事也，事惟在其，则能

① 《康南海官制议》卷九，广智书局版。

② 汤志钧编：《康有为政论集》，中华书局 1981 年版，第 134 页。

③ 《康南海官制议》卷九，广智书局版。

④ 翦伯赞等编：《戊戌变法资料丛刊》第二册，北京三联书店 1955 年版，第 177 页。

⑤ 《康南海官制议》卷九，广智书局版。

⑥ 《康南海官制议》卷九，广智书局版。

者任之，其义在用也。爵位以酬勋旧德也，所以尊显之，其义在报。”“故有治事之才者，不拘资格，可以任官。然未有积累之功，不必加尊显之爵位也。久著年老之有爵位者，任事不必其能称职也，故不必须用之当官。”① 康有为依照其行政改革原则，对中央和地方行政改革作了具体的构想。中央行政改革旨在通过集思广益，中央完善政府管理机构，提高政府行政效能和决策的准确与迅速，促进封建国家行政向近代国家行政的转化。康有为主张设立政事会议，下诏求言，凡有政事，皇帝召集会议，议决大事，下令实行。并设立顾问机构，直接为皇帝提供各类政事的咨询顾问服务，建立情报通讯系统，为皇帝和政府官员提供经常化、制度化的信息服务。为适应经济和社会的发展，中央政府设 29 个部，这些机构涵盖了社会政治、经济、文化、教育、卫生、军事等各个方面，其中对经济、社会和文化教育尤为重要。地方行政改革旨在改革不合理的行政建制，合理设置各级政府的机构及其职权。康有为提出：“今者改制，请以道为第一大区，立督办民政大臣以治之，权同巡抚，上达于国；以县为第二中区，设民政长官以治之，升位同今知府，下逮于民；以乡为第三小区，则为民政，地方自治矣。其省与府留为虚名之区，如古方伯之州，仅资监临可也。”② 也就是说地方行政建制中，道是中央直属的地方最高行政区，道下设县，县以下设乡，不过乡只是地方自治组织，不属于国家行政建制。在地方政府机构的设置及其职权上，康有为借鉴了近代西方的制度设计。他认为地方各道应设立与中央政府相应的行政机构，计有：外务、县治、警保、营造、卫生、理财、税务、法务、学务、邮政、农务、商务、查地、山林等 14 个局。此外还可以因事设诸如铁道、造币、专卖、矿物、制造、关税、港务、水务等行政机构。

②健全政府职能，增强中央政府的调控能力。康有为认为完整的政府职能应包括：为民服务的职能。即有责任保护公民的居住、生命、财产、教育、保健、安全、就业、经济活动等基本权利，并提供相关的服务。自强求富的职能。康有为说：“兵、财、外交、三官，则国政之必须者也。”③ 一国政府必须谋求邦交和睦，富国强兵，这是政府应有的职能。公共职能。即发展邮政、铁路、电信、银行等公共事业，便民兴利。在完善政府职能的同时，康有主张中央政府应合理集权，以提高中央政府的调控能力。康有为所说的集权并非是指

① 《康南海官制议》卷十三，广智书局版。

② 《康南海官制议》卷九，广智书局版。

③ 《康南海官制议》卷九，广智书局版。

君主集权专制，而是政府要统一兵权、财权，集中管理，因为中国衰弱根在“分张散漫”，“故合权甚于分权。”① 当然，中央集权的前提是地方自治，以地方自治为基础，“政府部长各选才臣以分督其职，则于万难为之中，亦有若网在纲，有条而不紊之美，必胜于今之散漫分张，若有若无之政体也”。②

（3）主张改革传统的人事制度，代之以近代人事制度。在官员的管理权限上，一方面中央政府对各部、道、县主要官员拥有任免权，体现了人事管理上的中央集权精神，对确保自上而下的行政控制和必要的行政效率是有益的，另一方面各部、各级地方政府及其具体部门的长官对所属官员的任命、管理有相当的自主权，这有助于行政负责制的落实，调动地方各级部门的积极性，提高行政效率和增强行政活力。在官员的选拔培养上，他认为“人士之才否，国命之所寄托也”。③ “变法之道万千，而莫急于得人才。”④ 人才对于官员队伍来说十分重要。因此，他要求皇帝下诏求才，对通达之才，“破除常格，不次擢用”。⑤ 具体措施有：废除八股、改试策论，让士子“内讲中国文学，以研经义、国闻、掌故、名物……外求各国科学，以研工艺、物理、政教、法律”。⑥ 兴办学校以培养新式人才，并建立学会，作为学校教育的一种补充和扩张。因为“泰西所以富强之由，皆由学会讲求功，其以开风气而成人才……而济中国之变，殆由此耶?”还可以派遣各级官员出洋游学，“游历三年，讲明诸学，归能著书，始授政事”。⑦

从康有为的行政思想和学说来看，其“有立法而后有行政，乃理之自然也”⑧“政则自国张，治则从民起”⑨ 的近代行政意识和行政观念凸显了他将立法和司法权相对独立出来，地方设立严密完整的司法系统和“民议会”，以收自治行政之效的设想，行政现代化取向初见端倪。正如萧公权先生所说，康有为的行政观，“不只是行政效能的增强，而是行政制度的改革”。⑩ 正是这种

---

① 《康南海官制议》序，广智书局版。
② 《康南海官制议》卷六，广智书局版。
③ 汤志钧编：《康有为政论集》，中华书局 1981 年版，第 270 页。
④ 汤志钧编：《康有为政论集》，中华书局 1981 年版，第 268 页。
⑤ 汤志钧编：《康有为政论集》，中华书局 1981 年版，第 267 页。
⑥ 汤志钧编：《康有为政论集》，中华书局 1981 年版，第 271 页。
⑦ 汤志钧编：《康有为政论集》，中华书局 1981 年版，第 300 页。
⑧ 《康南海官制议》序，广智书局版。
⑨ 《康南海官制议》卷六，广智书局版。
⑩ 萧公权：《行政制度现代化——康有为之主张及其意义》，罗荣渠等编：《中国现代化历程的探索》，北京大学出版社 1992 年版，第 315 页。

近代观念和意识使康有为的行政观成为中国近代观念行政文化转型的初期代表。

如果说康有为具有近代西方行政观念和意识的行政观预示着中国近代观念行政文化转型的开始的话，那么孙中山博大精深的行政学说和以民权、法制、道德、廉洁、效能为核心的行政价值观则标志着中国近代观念行政文化的转型。孙中山的行政思想和学说就大端而言主要有：

（1）五权分立与权能分治。孙中山在认真考察了以立法、行政、司法三权分立为指导原则的西方政治制度和分析中国古代政治制度的基础上提出了五权分立的设想。他说："中国相传考试之制，纠察之制，实有其精义，足以济欧美法律、政治之穷，故主张以考试、纠察二权与立法、司法、行政三权并立，合为五权宪法。"① 故中央政府由行政院、立法院、司法院、考察院、监察院五院组成。五院相互制约，彼此平衡，五院中行政院负责管理国家行政事务。五权分立是孙中山在总结中外历史经验的基础上，依据中国国情对西方三权分立理论的重大发展，是孙中山行政思想中构建国家政权体制和管理体制的一大创举，其目的在于使政府机关既能履行自己的职能，各司其职，各职其事，又不至于集权专断，危及民权。孙中山在五权分立的基础上，提出了权能分治的设想。他认为，国家的权力应分为两个部分，一是政权即人民权，包括选举、罢免、创制、复决四权。二是治权即政府权，由行政、立法、司法、考试、监察五权构成。政权要"完全交能人民手内，要人民有充分的政权可以直接去管理国家"。治权要"完全交到政府的机关之内，要政府有很大的力量治理全国事务"。② 权能分治是孙中山构建民主共和行政体制的又一构想，在保障人民当家做主的条件下，选择"专门家"来管理国政，在政府各职能部门中，让其有业务专长的人来担任公职，这样既可提高政府行政效能，又保证了人民有国家行政活动中的权力。

（2）均权主义与地方自治。在中央与地方行政事权的划分上，孙中山从国家统一和发挥地方政府积极性的高度提出了均权主义的思想，他说："关于中央及地方之权限，采均权主义。凡事务有全国一致之性质者，划归中央；有因地制宜之性质者，划归地方。不偏于中央集权或地方分权制。"③ 孙中山均权主义的思想是他"五权分立"权力均衡思想在中央与地方行政事权划分上

① 《孙中山全集》第七卷，中华书局 1985 年版，第 61 页。

② 《孙中山全集》第九卷，中华书局 1986 年出版，第 329 页。

③ 《孙中山全集》第九卷，中华书局 1986 年出版，第 123 页。

的运用和发展。孙中山从界定均权主义的均权范围和界限、中央与地方行政权限划分的标准以及中央政府与地方政府行政权力的限度等诸多方面对其均权主义的构想进行了深入阐述。在均权主义的基础上，孙中山提出了地方自治的主张。他说："地方自治者，国之础石也。础不坚，则国不固……今后当注力于地方自治。"①而"国家之治，原因于地方，深望以后对于地方自治之组织，力为提倡赞助，地方自治之制既日发达，则一省之政治遂于此进步，推之国家亦然"。②均权主义与地方自治是孙中山划分中央与地方行政事权的一大举措，是以近代意识对历史上中央与地方矛盾关系的经验总结，按照孙中山设想，中央维护国家的统一，体现国家和地方的共同利益和要求，地方服从中央的统一管理，分担必要的行政事务，中央行使间接民权，地方行使直接民权，两者不是对立的，而是统一的，共同构成民主共和制的国家行政体制。这种既以单一制集权维护国家统一，又采联邦制分权制发挥地方积极作用的思想是孙中山行政思想的独特之处。

（3）考选人才与官吏管理。为了寻求最佳的人事行政方案，孙中山在考察西方选举制度后，认为西方选举中"略有口才的人，便去巴结国民，运动选举，那些有学问思想高尚的人，反都讷于口才，没有人去物色他"，③在国家人事管理中，仅"凭选举来任命国家公仆，从表面看来似乎公平，其实不然"。④西方选举制度的弊端是显而易见的，并且因选举"遇着换了大统领，由内阁至邮政局长不下六七万人"，⑤大量娴熟的、有业务专长的行政人才与政务官一退俱退，不利于优秀行政人才的留任和行政执行的连续性。为了避免这一弊端，使优秀人才脱颖而出，参与政府管理，孙中山主张通过考试来选拔政府官员，"期望能根据这种办法，最严密最公平地选拔人才，使优秀人士掌管国务。"⑥并且考试权必须独立，必须设立一个独立的考试机关来考选人才。德才兼备，任人唯贤是孙中山考选人才的标准。他说："用人之际，务当悉心考察，慎重铨选，勿使非才滥竽，贤能远引，是为至要。"⑦为了建立高效廉洁的官员队伍，孙中山对政府官员的管理进行了诸多探讨和研究，他认为：

① 《孙中山全集》第三卷，中华书局1984年版，第327页。
② 《孙中山全集》第二卷，中华书局1982年版，第362页。
③ 《孙中山全集》第一卷，中华书局1981年版，第330页。
④ 《孙中山全集》第一卷，中华书局1981年版，第319页。
⑤ 《孙中山全集》第一卷，中华书局1981年版，第330页。
⑥ 《孙中山全集》第一卷，中华书局1981年版，第319页。
⑦ 《孙中山全集》第一卷，中华书局1981年版，第259页。

"吾国吏治之坏，由来已久，应实行整刷"，而"败坏之原因，在官俸微薄，地位不稳，又无养老金。"① 故对政府官员的失职、腐败，要设立专门机构进行弹劾和惩戒，同时也应"厚其养廉，永其禄"。② 以提高整个官员队伍的素质。

（4）行政法制与行政监察。孙中山重视行政法制建设，民国成立伊始，孙中山即令政府"所有各部官制通则及各部院局官制，亟应编定以利推行"。③ 并提出"关于设官分职事项，允宜统筹全面，从新厘定，以昭划一"的主张，亲自拟定"所有中央行政各部，既称为部，则各省都督府所属之行政各部，应拟改称为司，庶使中央各部与地方各部亦有区别"。④ 对于中央各部的用人手续也明令法制局"亟应明定规则，以期统一"。⑤ 孙中山在注重行政法制的同时，提出了行政监察的思想，以防止政府和官员的不良行政和非法行政，提高政府行政的效率，减少政府行政的失误，确保政府行政的效能。孙中山说："中国古时举行考试和监察的独立制度，也是很好的成绩。像满清的御史唐朝的谏议大夫，都是很好的监察制度。举行这种制度的大权，就是监察权。"⑥ 孙中山的行政监察思想主要包括：监察权必须独立。对国家行政要起到全面、公正的监察作用，需要一套独立的机构来行使监察权，既可弹劾政府官员，也可"监察国家政治"。监察权独立是孙中山行政监察思想的核心，其用意在于一防欧美的"议会专制"，二防中国的"君主专制"，是他民主主义行政思想的体现。监察权属于治权。孙中山的行政监察思想是以"权能分治"学说为基础的，他认为监察权应属于治权，必须接受人民政权的管理，同时，监察权又与其他治权相互制约，防止任何一个机关，主要是行政机关滥用权力。监察权的行使程序。监察权由监察院独立行使，国民大会监督，主要监督对象是以行政机关为主的政府各机关及公职人员，具体程序是"各院人员失职由监察院向国民大会弹劾之"，而监察人员失职"则国民大会自行弹劾而罢黜之"。⑦

（5）为政以德与天下为公。孙中山的行政思想并没有停留在国家政权体制和行政体制的变更和探索上，而是高度重视行政伦理建设，提出了为政以德

① 《孙中山全集》第七卷，中华书局 1985 年版，第 206 页。
② 《孙中山全集》第七卷，中华书局 1985 年版，第 10 页。
③ 《孙中山全集》第七卷，中华书局 1982 年版，第 10 页。
④ 《孙中山全集》第七卷，中华书局 1982 年版，第 71 页。
⑤ 《孙中山全集》第七卷，中华书局 1982 年版，第 70 页。
⑥ 《孙中山全集》第九卷，中华书局 1986 年出版，第 353 页。
⑦ 《孙中山全集》第六卷，中华书局 1985 年版，第 205 页。

的行政道德观。他说："要维持民族和国家的长久地位，还有道德问题，有了很好的道德，国家才能长治久安。"① 孙中山的行政道德观突出地表现在：一是民为邦本与公仆意识。孙中山说："吾人作事，当向上处立志，但必以最低初为基础，最低之处，即所谓根本也。国之本何在乎，古语曰，民为邦本，故建设必自人民始。"② 由于国家"为全国国民所共有，民国之政治，为国民所共理；民国之权利为国民所共享"。因此，国家的行政活动既要使"国民居于尊严的地位",③ 更要"吾民能人人始终负责。"④ 孙中山首创了近代公仆意识，他说："现在民国的天下，是人民公有的天下，国家是人民公有的天下，国家是人民公有的国家，""本大总统受国会的委托，总揽全国政权，虽然说是全国的行政首长，实在是全国人民的公仆。"⑤ 二是怀德仁爱与信义谦让。孙中山主张："要人怀德，不是要畏威。这种怀德的文化，我们古话就是'行王道'。"⑥ 孙中山行王道的君子政治吸取了儒家理想行政"仁爱""德治""信义"的合理内涵，这一道德行政观是以"天下为公"为价值取向的。

总而言之，孙中山的行政思想和学说是博大而精深的，其基本理念渗透了近代民主共和的行政精神和价值追求，这一崭新的行政价值观在中西文化冲突与融合的背景下，既顺应世界潮流，又立足中国国情，撷取中西行政文化的精华，实现了中国观念行政文化的近代转型。

（三）中国近代行政文化转型的动力来源与制约因素

从晚清到民国，中国传统行政及其文化开始了向近现代转型的艰难历程。如前所述，由于中国近代是一个西学东渐，西潮东来，思想文化与价值观念相互碰撞、相互融合的时期，中国近代的国家行政及其文化如同中国近代社会的演变一样，开始受到西方近代国家行政及其文化的影响。显然，中国近代行政文化的转型虽有内部因素，但直接的动力来源于西方的影响，也就是说中国近代国家行政及其文化的变革是以西方国家行政及其文化为参照的变革运动。西方近现代行政文化是中国近代行政文化转型的目标模式或动力来源。

在政治与行政二分法诞生以前，国家政治与行政往往是合二为一的。所以，近代西方对中国近代行政文化转型的影响是从政治与行政学说开始的。西

① 《孙中山全集》第九卷，中华书局1986年出版，第177页。
② 《孙中山全集》第三卷，中华书局1984年版，第325页。
③ 《孙中山全集》第三卷，中华书局1984年版，第234页。
④ 《孙中山全集》第三卷，中华书局1984年版，第349页。
⑤ 《孙中山全集》第六卷，中华书局1985年版，第2页。
⑥ 《孙中山全集》第十卷，中华书局1986年版，第40页。

方近代政治与行政学说对中国近代国家行政及其文化影响甚大，这一影响主要体现在政府体制的构建和政府基本理论上。从古希腊开始，西方学者从未停止对政府形式（政体）和政府原理的探索，这一探索的过程也是西方观念形态上的政治与行政文化的发展历程。经过漫长的发展和演变，西方的政体和政府起源理论在近代发展成为以契约、分权与制衡、人民主权为理论基础的代议制政府理论、法治政府理论和有限政府理论，并在实践上形成了英国的“虚君”共和制，法国的议会共和制和美国的总统共和制三种政府体制的运作模式。西方近代政治与行政学说东渐之动力机制是由西方之冲击与中国之回应的互动而构成的。甲午战后，中国朝野对西方强盛之原因有了新的认识，即西方之强盛在政府体制，当然也包括国家管理或国家行政，正如梁启超所说：“泰西各国何以强，曰议院哉。问议院之立，其意何在，曰君权与民权合，则情易通。议法（立法）与行法（行政）分，则事易就。二者斯矣。”① 基于这样的认识，议会制君主立宪的政府体制成为晚清中国政府体制的目标选择，也是中国近代行政文化转型的前期目标和取向。康有为的政治与行政观的核心就是要建立这样一种政府体制。萧公权先生说：“康有为政治革命的最终目的，是大幅地、逐渐地将中国的贵族政治转变为立宪政府。”② 康有为对晚清中国行政制度的设计是以西方为模式的，在他看来，“中国的过时的行政制度，已经无法应付与西方列强接触而产生的各种问题……中国应学习西洋的教训，一改其统治之道，才是正理，行政的基本原则不再是为朝廷的安定而牺牲效率，而应该是讲求效率来为全国服务”。③ 出于减少阻力或是可操作性方面的考虑，康有为说：“若夫美法民政，英德宪法，地远俗殊，变久迹绝，臣故请皇上以俄大彼得之心为心法，以日本明治之政为政法也。”④ 因为日本“与我同文，则转译辑其成书，比其译欧、美之文，事一而功万矣。彼与我同俗，则考其变政之次第，鉴其行事之得失，去其弊误，取其精华，在一转移间，而欧、美之新法，日本之良规，悉发现于我神州大陆矣”。⑤ 但康有为的政府理论和政府体制设计是来源于西方的。他在《上清帝第六书》中说：“近泰西政论，皆言三权，有议

---

① 梁启超：《政治学新论》，广智书局光绪二十九年版，第 25 页。

② 萧公权：《行政制度现代化——康有为之主张及其意义》，罗荣渠等编：《中国现代化历程的探索》，北京大学出版社 1992 年版，第 313 页。

③ 萧公权：《行政制度现代化——康有为之主张及其意义》，罗荣渠等编：《中国现代化历程的探索》，北京大学出版社 1992 年版，第 315 页。

④ 汤志钧编：《康有为政论集》，中华书局 1981 年版，第 111 页。

⑤ 汤志钧编：《康有为政论集》，中华书局 1981 年版，第 223 页。

政之首，有行政之官，有司法之官。三权立，然后政体备。以我朝论之，皇上则为元道，百体所以，军机号为政府，出纳王命。故制度局之设，尤为变法之原也。"① 这是西方政治与行政学说中三权分立或立法、行政、司法三分理念在近代中国最早的明显表露。康有为所说的"制度局"并非真正意味的立法机构或议会，而是一个由法律、度支、学校、农、工、商、铁路、邮政、矿务、游会、陆军、海军等十二个部门组成的政府机关，可谓一个雏形的内阁。这种西方冲击，中国回应的模式在 1906 年清政府仿行宪政，大规模改革政府行政机构中表现明显，从"廓清积弊，明定责成，必从官制入手"至"此次制定官制，既为预备立宪之基，自以所定官制与宪政相近为要义，按立宪国官制，立法、行政、司法三权并峙，各有专属，相辅而行"。② 仅时隔两月，中国国家行政制度的近代化被提上日程。

中国近代行政文化转型在制度上的后期目标和取向是共和制政府体制与行政制度。这一模式的主要主张者和设计者是孙中山，这一模式来源于西方。从"创立合众政府"到"创立民国"，孙中山所推崇的西方共和制政府体制是美国的政府体制。美国的政府体制是典型的三权分立的总统制政府体制。孙中山对中国共和制政体和行政制度的设计既来源于西方又有自己独到的见解。一方面他将西方的三权分立发展成为五权分立，另一方面又提出了"权能分治"的思想，这一思想的提出是建立在对西方国家政府原理批判的基础之上的。他认为西方的代议制政府常常会出现政府权力与人民之间的矛盾对立，在民权强大的国家，政府往往显得无能，在民权弱小的国家，政府又过于强大，"权能分治"就将政权与治权分开，用政权来约束治权，政权由人民来行使，治权由政府来行使，与其说是与威尔逊和古德诺政治与行政应当分离不谋而合，不如说是受到了近代西方政治与行政二分法的影响。孙中山对国家行政中关于中央与地方事权关系与划分从倾慕联邦制到主张均权主义无疑是西方影响与中国现实的产物，其所谓："中央有中央当然之权，军政、外交、交通、币制、关税是也。地方有地方当然之权，自治范围内是也。属之中央之权，地方固不得取之，属之地方之权，中央亦不得代之也。故国家政治，地方政治，实无所谓分权集权也。"③ "中央与省之权限采均权主义，凡事务有全国一致之性质者，

---

① 汤志钧编：《康有为政论集》，中华书局 1981 年版，第 214 页。

② 萧公权：《行政制度现代化——康有为之主张及其意义》，罗荣渠等编：《中国现代化历程的探索》，北京大学出版社 1992 年版，第 325 页。

③ 《孙中山全集》第二卷，中华书局 1982 年版，第 482 页。

划归中央，有因地制宜者，划归地方。”① “一国之外交当操持于中央……海陆军、邮电事业等不能分其权于地方②”。正是典型的西方冲击中国回应理论。孙中山的地方自治思想中，“地方自治之范围，当以一县为充分之区域”③。“自治之县，其人民有直接选举及罢免官吏之权，有直接创制及复决法律之权”，④ 故“地方自治团体不止为一政治组织，亦并为一经济组织”。⑤ 作为政治组织“人民有县自治为凭藉，则进而参与国事”，⑥ 作为经济组织则负责“土地之岁收，地价之增益，公地之生产，山林川泽之息，矿产水力之利……用以经营地方人民之事业，及育幼、济贫救灾、医病与夫种种公共之需”。⑦ 英美地方自治色彩与市镇管理痕迹明显。整个民国时期，从政权体制和政府管理形式到国家行政机构的设置与权限划分，从国家行政监督制度到国家行政法律制度，从国家文官制度到公务员制度，从罗隆基发表《专家政治》到张金鉴出版《行政学之理论与实践》。西方的政治与行政文化无不渗透其间。

中国近代行政文化的转型在目标模式上是以西方近代国家行政及其文化为参照的，其直接动力来源于外部冲击的模仿和移植，并非自身经济和社会内部发展的结果。因此，中国近代行政文化的转型充满了艰辛和曲折。文化生态学关于人类文化或文明的研究和分析认为，一种文化或文明在植入另一文化土壤的过程中会发生一定的变异。汤因比说：“在商业上输出西方的一种新技术，这是世界上最容易办的事。但是让一个西方的诗人或圣人在一个非西方的灵魂里也像在他自己灵魂里那样燃起同样的精神上的火焰，却不知要困难多少倍。”⑧ 亨廷顿也认为“历史上文化时尚一直是一个文明传到另一个文明。一个文明的革新经常被其他文明所采纳。然而，它们只是一些缺乏重要文化后果的技术或昙花一现的时尚，并没有改变文明接受者的基本西化。文明接受者之所以‘接纳’这些进口，或者因为它们是舶来品，或者因为他们是被强加的”。⑨ 中国近代行政文化的转型在很大程度上就是西方近代行政文化植入中

① 《孙中山全集》第九卷，中华书局 1986 年版，第 128 页。
② 《孙中山全集》第二卷，中华书局 1982 年版，第 49 页
③ 《孙中山全集》第五卷，中华书局 1985 年版，第 220 页
④ 《孙中山全集》第九卷，中华书局 1986 年版，第 123 页。
⑤ 《孙中山全集》第五卷，中华书局 1985 年版，第 224 页。
⑥ 《孙中山全集》第七卷，中华书局 1985 年版，第 67 页。
⑦ 《孙中山全集》第九卷，中华书局 1986 年版，第 128 页。
⑧ ［英］汤因比：《历史研究》（上），上海人民出版社 1987 年版，第 50 页。
⑨ ［美］塞缪尔·亨廷顿：《文明冲突与世界秩序的重建》，新华出版社 1998 年版，第 45 页。

国文化土壤的过程，从制度移植到观念引入，中国近代行政文化尽管在形式上现实了基本转型，但实质上却是扭曲和变异的。在实际运作中无论是行政体制的设计与规定，行政机构的设置与权限，具体的行政决策与执行，还是行政监察与人事管理都有明显的个人集权或“党治”色彩。西方民主共和制的行政思想观念更是难以根植中国文化的土壤，仅为极少数人所认知、感悟和认同。所以中国近代行政文化的转型很大程度上只是国家行政的表层结构——行政制度的变迁。中国行政文化在近代转型中存在着诸多制约因素。中国自秦以来所建立的高度集中统一的中国集权的国家行政制度，经过两汉隋唐宋元时期，这种高度集权的行政制度得到了进一步巩固和强化，而明清时期则进入了一个更高的历史阶段，也就是说在近代转型以前，中国高度统一的君主专制的国家行政制度由于历史传统和思想文化的积淀有着十分坚实的基础。皇帝个人“乾纲独断”，绝不允许臣僚在权力分配上有任何僭越行为成为一种传统，中国近代行政文化的转型实际上是在自身因素发展并不成熟而是由外力的强制和影响下发生的，共和制的政府体制和行政制度虽然建立，但民主行政意识和现代行政观念并不能很快产生。究其原因，中国古代行政文化发展的路径虽然被打破，但新行政制度及其文化不仅在中国缺乏历史积淀和思想基础，而且，数千年来的行政文化发展路径对近代转型中的法律、法规、设计、思想观念、行为习惯都具有很强的制约力。中国近代行政文化的转型只是形式上移植了西方近代的行政制度，忽略了西方近代民主行政的精神和价值。中国近代行政文化转型的扭曲和变异受到基本国情、经济发展水平、社会结构、政治发展现状、文化传统等诸多因素的制约。约翰·密尔在总结其代议制政府理论时说：“政府不能靠预先的设计来建立。它们不是做成的，而是长成的。……一国人民的根本的政治制度是从该国人民的特性和生活成长起来的一种有机的产物，而绝不是故意的目的产物。”① 梁启超在《先秦政治思想史》中也认为：“盖现代社会，本由多世遗传共业所构成。此中共业之集积完成，半缘制度，半缘思想，而思想又为制度之源泉。过去思想，常以历史上的无上权威无形中支配现代人，以形成所谓国民意识者。政治及其他一切设施，非通过国民意识之一关，断不能收效。”② 思想意识和文化传统无疑是制度文化移植能否成功的关键。

---

① ［英］约翰·密尔：《代议制政府》，商务印书馆 1982 年版，第 6 页。

② 梁启超：《先秦政治思想史》，东方出版社 1996 年版，第 7 页。

二、西方近代行政文化的转型

西方行政文化在近代如同西方社会的政治、经济、文化发展和演变一样，同样经历从封建社会时期君主制行政文化向近现代共和（立宪）制行政文化的变迁过程。西方各国先后确立了以三权分立为原则的国家行政制度及其行政意识形态。封建君主制国家行政逐渐演变为共和（立宪）制国家行政；国家行政机构由封建宫廷机构和职能向近代国家行政机构和职能演化；封建国家行政监督和行政法律制度向近代国家行政监督和行政法律制度过渡；封建君主用人制度向近代国家文官制度转变。行政思想和行政学说在西方传统行政思想的基础上进一步发展为以国家理论、政府理论、国家权力划分、国家机构设置、政府权力来源、政府基本职能、政府与人民关系、政府与法律关系等理论为内容的行政学说，并朝着政治与行政分离，将政府行政与科学管理相结合的现代行政学文化方向发展。西方近代行政文化转型中由于各国政治、经济和社会发展的历史进程的差异，文化变迁的模式和程度有所不同。

（一）西方近代制度行政文化的转型

由于西方国家政治、经济和社会发展的历史进程不同以及文化传统的差异，近代西方行政制度文化在转型中虽然在政府组织形式与决策体制，国家元首与政府首脑在国家行政中所拥有的权力和发挥的作用，以及中央与地方行政机构的设置及其权限等方面有所不同，但都先后实现了从传统到现代的转型，建立了以三权分立为原则的国家政权体制，以公共事务管理为内容的国家行政机构，以文官制度为特色的国家人事行政制度，以权力制衡为目的国家行政监督制度。近现代西方制度行政文化是从封建社会后期君主制行政制度文化中不断孕育和发展而来的。在这一变迁过程中，启蒙、革命与改革有着重要的作用。通过启蒙、革命与改革，西方国家中对国家行政最有影响的英、美、法三个主要国家的政府组织形式及其相应的国家行政制度先后形成，其他西方国家的政体形式和国家行政制度基本模仿上述三国，只不过是根据本国实际情况有所变化、发展而已。

西方制度行政文化的转型始于英国。当“许多国家步出中世纪，迈入近代社会时，在国家机构设置、政治制度建设等方面都直接或间接地受到英国的影响，有的国家甚至把英国奉为效法的模范。当今世界普遍流行的议会制度，内阁及内阁制度、政党制度、文官制度以及与之相关的各种政治法律原则，几乎无一不源于英国。英国是现代资产阶级政治制度的发源地早已为世人所公认，即使在当今社会主义国家的某些机构或制度上，也隐隐约约地打着英国的印记”。① 近代英国国家行政制度的转型是以议会内阁制政府的形成为标志的。英国近代的内阁在枢密院的基础上形成的。枢密院原是由国王主持的处理各种日常行政、司法事务的最高机构，由于社会的发展和行政事务的增多，枢密院的人员便日益增加，给会议的召集和商议带来不便，于是从查理二世开始，只召集少数重要人物在自己的密室（cabinet）开会，商讨国家政务，这就是英国内阁的起源。内阁会议最初由国会主持，英国革命后，三权分立的议会内阁制政府确立，内阁会议由内阁首相（首席大臣）主持，1721 年罗伯特·沃尔波（Robert Wolpole）为首相的第一届责任内阁成立。所谓责任内阁是指内阁由议会产生并对议会负责的一种行政权力的组织形式。它包括如下一些基本原则：第一，内阁首脑应由议会中占有多数席位的政党领袖充任，表示内阁必须取得议会多数的支持；同时，内阁成员一般亦应由议会中多数党的议员充任，以表示内阁的一致性并应集体向议会负责。第二，内阁首脑和有关大臣应定期向议会报告工作，接受议会提出的质询，并在议会通过的法律上签名以表示向议会负责。第三，当议会对内阁通过不信任案时，内阁应集体总辞职；或请求国王下令解散议会，重新进行选举。“所以，内阁实质上是执政党的议会领袖们的一个非正式的，但却是常设的委员会……它的目的是获取团结，否则，这个政党在议会里就不能保持多数而继续执政。”② 责任内阁的成立，尤其 19 世纪后，英国的中央行政机构也逐渐完备。财政部随着下属国内税务、关税、邮政、林木土地四大委员会的设立，机构与职权进一步扩大。由原贸易和殖民地委员会演变而来的贸易部职权也有所扩大，管理有关国内贸易及海外殖民地事务。1782 年成立的内务部也逐渐成为重要的中央行政机构，管理有关警察、监狱、社会治安等事务，1899 年成立的教育部和农业部，负责国家教育行政事务及财政部的教育拨款；土地改良、农业技术推扩、渔业等诸多事务。19 世纪先后成立的中央行政机构还有工程部、铁道部、邮电部、殖民事务部、森林和土地收益部、卫生部、国防委员会、文官事务委员会、所有权和圈地及什一税委员会、关税委员会、宗教事务委员会、移民委员会等。地方行政形成了郡（郡级市、都市）、区、教区行政制度。国家人事行政制度由国王用人制度发展为国家文官制度。18 世纪英国曾规定，政府的财政、税务、邮政部门的官员不得参与政党活动。这是政务官和事务官（文官）的最早区分，但在

① 程汉大：《英国政治制度史》，中国社会科学出版社 1995 年版，第 3 页。
② 罗威尔：《英国政府》，上海人民出版社 1959 年版，第 52 页。

当时尚未正式建立起文官制度。英国政府各部的行政官员都是由国王“恩赐”任命的，做官多靠私人关系和门第，买官卖官较为普遍，随着社会的发展和政治民主化进程的加速，建立现代文官制度势所必然。1855 年英国政府颁布了《关于录用王国政府文官的枢官令》，设立“文官事务委员会”，负责制定国家公务人员的考试办法；办理国家公务人员的各种考试事宜；根据考试情况发给公务人员证书以证明其任用资格；对参加的公务人员的健康状况进行审查；编订考试合格人员及晋升人员名单，在《伦敦公报》（*London Garette*）正式公布等事宜。公务人员的工资、任用、奖惩、考核、训练等则由财政部负责，财政部下设“编制和政府机关组织局”（Establishment and machinery Government Group）具体管理。1870 年，英国政府又以枢密院令的方式宣布，国家新任文官，一律实行“公开的竞争性的考试制”，择优录用，正式建立国家文官制度。此后，又多次对文官考试的内容、方法、录取标准及管理进行规定，英国国家人事行政制度实现了近代转型。

美国议会总统制的国家行政制度虽然是美国独立战争的直接结果。但它的形成与资产阶级革命时代启蒙思想的传播和美国独特的社会历史条件是分不开的。启蒙思想与北美殖民地自治传统以及自治蕴含的自由平等和新教伦理是美国独立后构建其政治与行政制度的重要社会文化基础。根据 1787 年宪法总统是美国国家元首，同时也是国家最高行政首脑。总统由选民间接选出，任期四年。总统不仅拥有行政大权，而且是最高军事力量统帅。总统需要定期向国会提出国情报告，但总统及其任命的内阁不对国会负责，同时有权否决国会通过的法律。国会拥有税收、贷款、发行货币、邮政、宣战、征兵等权力。一切法律经过国会通过，交总统批准执行。最高司法机关是最高法院。法官由总统任命并须取得参议院同意，终身任职。最高法院有解释一切法律和条约的权力。依法治国、分权制衡的政治架构和议会总统制的国家行政制度正式确立。按照麦迪逊的解释，共和政体下的政府，“它从大部分人民那里直接、间接地得到一切权力，并由某些自愿任职的人在一定时期内或者在其忠实履行职责的期间进行管理”。① 美国把行政权赋予总统一人，是考虑到“集权力于一人最有利于明智审慎，最足以取信于人民，最足以保障人民权益”。② 汉弥尔顿说：“一人掌权，唯其只有单独一人，就会更密切地受到监督，事例更容易遭到嫌疑，也不可能像许多人一起联合起来形成较大的影响。”所以，行政权集中于一个

---

① ［美］汉弥尔顿等：《联邦党人文集》，商务印书馆 1980 年版，第 193 页。

② ［美］汉弥尔顿等：《联邦党人文集》，商务印书馆 1980 年版，第 357 页。

人，人民易于控制，因为人民需要监督和警惕的只有一个人，因为，“执掌行政的人越多，越不利于自由。”① 依此理念，美国中央（联邦）政府的行政机构由总统办理机构、联邦政府各部及独立机构组成。美国独立之初行政机构较为简单，20 世纪 30 年代以后，随着国家公共事务的增加和政府权力的扩大，行政机构也日益健全，以联邦政府行政各部为例，计有国务院（外交）、财政、国防、内政、司法、商务、劳工、农业、运输、教育、能源、卫生和公共服务、房屋和城市发展等部。地方行政形成了州、县、市、镇四级行政制度，由于美国是联邦制国家，有的学者认为美国地方政府仅指州以下的各级政府，即县、市、镇三级。国家人事行政制度在美国建国之初，并没有文官制，也没有管理文官的机构。政党出现后，政党分赃成为一种合法行为，它不仅导致了政府公职人员的大批轮换，造成了政府行政执行缺乏连续性与继承性，而且因政党分赃难免由于用人唯亲，平庸无能之辈充斥政府，导致行政效率的低下，改革政府官员任用制度势在必行，美国国会于 1883 年通过了“文官法”（彭德尔顿法）由此奠定了美国文官制度的基础。此后，美国国会又相继通过了一系列的法律、法规，对美国文官职位分类、考任、培训、考绩与晋升、退休与抚恤等进行了详细的规定，美国国家文官制度最终形成。

近现代法国国家行政制度的转型以议会共和制国家行政制度的形成为标志，这与英国君主立宪的议会内阁制有所不同，主要是通过激烈的和反复的政治方式来实现的。1875 年宪法所确定的议会共和制，立法机关由参、众两院组成，行政权由总统和内阁掌握。总统是国家元首、军队最高统帅，可任命文武官员，提出法案，可在参议院同意下解散众议院。内阁由总统任命，但对议会负责。总统的命令必须有关的部长副署。近一个世纪以来充满变数的法国政体最终以议会共和制得到解决，近代国家行政制度也因之建立。不过，总统和总理（内阁）的行政权在“二战”后曾有较大变化。1946 年宪法大大削弱了总统的权力，国家行政权主要掌握在总理及其内阁手中。总统发布的任何命令须经总理或有关部长的副署才能生效。此外，人事任命权和立法创议权都由总理掌握，武装部队的指挥权和各种国防措施也由总理掌握和安排，总理还有权颁布各种行政法规，宣布国家进入紧急状态，有权解散议会和撤换县长。此时的法国国家行政倾向于议会内阁制。而 1958 年宪法则扩大了总统的权力，重新调整了总统与内阁的关系，此时的法国国家被称之为“半总统制”，在总统之下设立总统办事机构，总理仍为政府首脑。两者之关系正如戴高乐所说：

① ［美］汉弥尔顿等：《联邦党人文集》，商务印书馆 1980 年版，第 361 ~ 362 页。

"总统任务的性质、范围和期限意味着他不要无休止地全神贯注于应付政治、议会、经济和行政上的经常事务。相反，这是法国总理的复杂任务。"同时，"在我国共和国总统和总理不是由一个人担任，这是正常情况。诚然，不能同意有两个最高领导。"① 也就是说法国国家行政中，总统是最高领导，总理是在总统的领导下负责具体的行政事务。中央行政机构的设置最初也不太稳定和健全，直到1875年第三共和国成立才形成内政、司法、财政、外交、军事等行政机构，19世纪末20世纪初，又相继设立了工务、农业、邮电、劳工、教育、卫生、社会保障等机构。地方行政形成了省和市镇两级地方行政。法国的国家人事行政制度在大革命前是典型的国王用人制度，官职和爵位都由国王恩赐，基本被贵族及其子弟所垄断。1791年宪法规定各级官吏实行公开选举的制度，废除了长期以来国王以个人意愿任意任用政府官员的惯例，开始以考选形式录用政府官员，拿破仑时代，政府官员的录用与教育制度紧密结合，以教育程度的不同，再经过任用考试，委以不同等级的官员。19世纪中期开始，法国政府陆续颁布一系列行政法规，如1853年和1859年的《政府官员退休法》，1905年的《政府官员处分条例》，1913年的《政府官员调配法》等，文官考试基本形成制度。第二次世界大战后，法国国民议会通过了《公务员总章程》，最终完成了国家人事行政制度的转型。

在西方近代制度行政文化转型中，近代国家行政监督制度的建立尤为重要。因为"权力具有一种侵犯性质，应该通过给它规定的限度在实际上加以限制"，② 以保证国家各个部分权力在运行中保持总体平衡。按照分权制衡原则，近现代西方国家行政与立法、司法三权互相制衡，防止权力（主要是行政权）滥用，既保证政府职能的充分发挥，又不使人民的自由和权利受到侵犯。在近现代西方政府职能扩大，行政权行使范围广泛，行政权呈现膨胀的趋势下，对行政权的监督制约显得尤为必要，随着西方国家政治与行政制度的转型，国家行政监督制度也逐渐形成和完备。1689年和1701年制定和颁布的《权利法案》和《王位继承法》规定：议会是国家最高立法机关，一切法律必须经过议会讨论通过才能实施；国王未经议会批准不得颁布法律，不得任意中止、废除现行法律；国家的财政预算案要由议会审议通过，未经议会批准，国王无权擅自发布征收赋税的决定；法官只服从法律，不受国王和行政机关的约束；根据国王指令而设立的法庭皆为非法而有害的法庭。这是英国近代行政监

① 《戴高乐言论集》，世界知识出版社1964年版，第480页。

② ［美］汉弥尔顿等：《联邦党人文集》，商务印书馆1980年版，第252页。

督制度的雏型。18 世纪以后，枢密院演变成内阁，内阁成为国家最高行政机关，内阁首相主持内阁会议，成为政府首脑，全权处理国家行政事务，与此同时，议会产生内阁并监督内阁，内阁对议会负责。议会内阁制与行政监督制度同时形成。18 世纪 40 年代，英国议会下院对罗伯特·沃尔波内阁的施政方针不满，提出“不信任案”，迫使内阁集体辞职。从此，形成了议会以“不信任案”的方式对内阁监督制约，使行政监督制度得以确立。继而行政监督制度因司法机关、社会团体和公民对行政机关监督制约的制度相继出现而得到完善。美国 1787 年宪法以三权分立互相制衡的原则在国会、政府、法院三个国家机关的关系上加以实践，形成了比较全面的制约机制，其中，对行政监督制约的规定有：国会对总统任免官员有批准或否决权，国会可以否决总统的立法否决权；政府与外国缔结条约必须报请国会批准；国会有权对总统及政府官员进行弹劾或审判；政府的有关行为或总统发布的有关行政命令如有违宪行为，最高法院可以使“违宪审查权”予以中止。20 世纪后，随着政府行政权力的增大，美国也不断加强和完善了行政监督制度。如对政府官员的任免，规定了参议院有关委员会须举行任命官员的听证会，要求被任命官员亲自到会报告本人经历、财产状况，阐述个人施政方针，回答有关问题等；由国会立法创立的，行使行政职能的独立机构，具有部分行政监督权；政府各部设置的总监察官及安全处等有关机构，也具有部分行政监督权。近代法国的国家行政监督制度最初始于大革命时期，1791 年宪法规定：议会行使立法权，国王只能根据国民议会制定的法律行使行政权；国王即位时，必须向国民议会宣誓，忠于宪法和国民议会；政府关于公共财政的支出、征收赋税、设置官职等决议，都必须提交国民议会讨论通过；政府与外国签订的和约、盟约和商约等，都要提交国民议会批准；国民议会有权弹劾政府官员。1875 年宪法规定：总统由参众两院组成的国民议会以绝对多数票选举产生；总统对外宣战须经参众两院一致同意；总统解散众议院须经参议院同意；总统发布命令须有内阁副署，总统及政府部长犯罪最高法院有权审判。近代西方国家行政监督制度在转型中尽管由于各自的政治与行政体制，法律与文化传统不同而具有各自的特色，但作为国家行政的一项基本制度却有许多共同之点。如西方近代行政监督制度都是以人民主权原则为基础，以分权制衡理论为依据建立起来的；都有比较健全的监督体制和比较完善的法律体系，一般都以宪法的形式确认各种监督机构的地位，规定各类监督机构的职权。

（二）西方近代观念行政文化的转型

政治与行政制度的转型往往不可避免地带有时代的印痕和设计者的偏好和

理念，一方面受到不同的社会、政治、历史、文化的制约，另一方面又受到制度设计者或倡议者个人因素的影响，正如密尔所说："我们首先要记住，政治制度（不管这个命题是怎样有时被忽视）是人的劳作；它的根源和全部存在均有赖于人的意志。"① 西方近现代行政思想与学说是观念形态的行政文化，制度行政文化的转型有赖于观念行政文化的发展和演进，西方制度行政文化"巨大的变革不是由观念单独引起的；但是没有观念就不会发生变革"。② 近代西方观念行政文化的发展有着丰富和特定的内涵，是西方近代行政文化的深层内容，其转型过程大致以19世纪末行政学成为独立科学为界分为前后两个时期。在19世纪末以前，西方观念行政文化是以三权分立为原则，在分权与制衡理论下围绕近代国家管理与政府行政的思想、学说、观念和意识，是在西方传统行政思想和学说的基础上的进一步发展。19世纪末，随着西方国家城市化、工业化的迈进，各种公共事务和社会事务进一步增加和复杂，传统国家行政方法难以适应时代的要求，需要一门独立的科学来指导国家行政，以便政府更好地管理社会公共事务，以主张政治与行政分离，建立独立行政科学的思想和学说产生了，这一思想和学说将政府行政与科学管理相结合，成为后期西方近代行政观念文化转型的趋向。

在行政学产生以前，西方与中国一样，在长期的国家行政活动和实践中已积累了丰富多彩的行政思想。从柏拉图和亚里士多德开始，众多的思想家和政治家在论述国家与政府问题时留下了丰富的行政思想和学说，形成了思想家和政治家的行政思想与政治思想紧密相连的传统。近代西方革命时期，人民主权理论、代议制理论、分权与制衡理论、法治理论相继兴起，西方行政思想在新的理论基础下，沿着行政思想与政治思想紧密相连的传统不断向前发展，有关国家理论、政府理论、国家权力的划分、国家机构的设置、政府权力的来源、政府的基本职能、政府与人民的关系、政府与法律的关系理论与学说的进一步丰富和发展。择其要端而言，如：

政府起源与政府形式。在国家与政府的起源上，西方近代国家与政府学说的理论基础是社会契约理论和天赋人权理论。洛克（John locke，1632～1704年）认为，在国家产生以前人类完全生活在自然状态之中，这种自然状态是"完备无缺的自由状态"，是"平等的而不是放任的状态"。但自然状态是存在缺陷的，为了使人们更稳定地享有自然权利，为了更安全地保护人们的财产、

---

① ［英］约翰·密尔：《代议制政府》，商务印书馆1982年版，第7页。

② ［美］霍布豪斯：《自由主义》，商务印书馆1996年版，第24页。

生命和自由，理性引导人们进入政治状态，人们相互协商，共同签订契约，人们毫无例外地自愿放弃他们单独行使的一部分权力，交给他们中间被指定的人，按照社会全体成员或他们授权的代表所一致同意的规范来行使，于是人们便联合成国家并置身于政府的统治之下。“这就是立法和行政权力的原始权利和这两者之所以产生的缘由，政府和社会本身的起源也在于此。”① “人们联合成为国家和置身于政府之下的重大的和重要的目的，是保护他们的财产。”② 洛克把政府对财产的保护看作是政府的产生及其主要目的。卢梭（Jean Jacgues Rousseau，1712～1778）同样认为人类早期处于自然状态，后来通订立契约建立国家。不过，卢梭的国家理论中人民主权是十分突出的，他认为人民是主权者，人民制定法律并有权随时修改法律，人民通过订立契约建立国家，把管理公共事务的权力委托给政府，但没有让出主权，人民可以通过定期集会，考察是否保留现有的政府形式，以及是否让现在任职的官吏继续当政。“政府就是在臣民与主权者之间所建立的一个中间体，以便两者得以互相适合，它负责执行法律并维持社会的以及政治的自由。”③ 杰弗逊（Thomas Jafferson，1743～1826）也认为人们在订立契约成立政府时，并未放弃自己的权利，而只是使这些权利由于得到政府保护而更加安全。如果政府损害了人民的权利实行暴政，人民有权改变或废除这一政府，成立新的政府。杰弗逊认为，代议制的民主政府体制适合在幅员不论多大的国家里履行其职责，掌握国家权力的人民可以委派自己的代表去处理公共事务。杰弗逊说：“固然，我知道有些好心人担心一个共和形式的政府不能成为强有力的政府，也就是说，担心这种政府力量不够强大。但是，相反地，我却相信这是世界上最强的政府。我相信，唯有这种政府的治理下，每一个人才会随时响应法律的号召，争先恐后地奔到法律的旗帜前，把公共秩序看作自己的私事，对一切侵犯公共秩序的现象作斗争。”④ 在杰弗逊看来，代议制政府“可以阻止政府腐化，使大家养成关心公共事务的习惯”。⑤ 基于社会契约和天赋人权理论的代议制政府是最理想的政府形式。密尔（John Stuart Mill，1806～1873）在其所著的《代议制政府》中，比较系地阐述和论证了这一问题。密尔认为，人们建立政府的目的是为了谋求“社会福利”，而一个理想的政府就是最能满足人们福利要求的政

---

① ［英］洛克：《政府论》，商务印书馆1964年版，第78页。
② ［英］洛克：《政府论》，商务印书馆1964年版，第77页。
③ ［法］卢梭：《社会契约论》，商务印书馆1980年版，第76页。
④ 《杰弗逊文选》，商务印书馆1963年版，第23～24页。
⑤ 《杰弗逊文选》，商务印书馆1963年版，第54页。

府，代议制政府是理想的政府形式。其理由是：首先，代议制政府是既能吸收又能发展人类智慧的美德的政府。密尔说："我们可以把政府在增加被统治者的好品质的总和方面所能达到的程度，看作区别政府好坏的一个标准。因为，除了被统治者的福利是政府的唯一目的以外，被统治者的好品质为开动政府机器提供动力。"① 其次，代议制政府是最高权力属于整个社会的政府形式。因为"主权作为最后手段的最高支配权力属于社会整个集体的那种政府，每个公民不仅对最终的主权的行使有发言权，而且，至少是有时，被要求实际上参加政府，亲自担任某种地方的或一般的公共职务"。② 最后，代议制政府是人民既能"自保"又有"自助"的政府形式。"人们愈具有自保的力量并进行自保，他们就愈能免遭他人的祸害，只有他们愈是自助，依靠他们自己个别的或共同的行动而不仰赖他人，才愈能在同自然斗争中取得高度的成功。"③ 总之，"一个完善的政府的理想类型一定是代议制政府"。④

分权制衡与有限政府。分权与制衡是防止政府权力滥用的制度性保障。在西方分权与制衡有着悠久的历史，早在亚里士多德的《政治学》中就萌芽，近代西方分权与制衡理论的是从洛克开始的。"政治的立法、行政和司法几种职权应分离之说，是自由主义的特色；这学说是在英国在反对司图亚特王室的过程中兴起的，至少关于立法部门和行政部门，是由洛克阐明的。"⑤ 洛克认为国家有立法、执行和对外三种权力。立法权是指如何运用国家的力量以保障这个社会及其成员的权力；执行权是负责执行被制定的和继承有效的法律的权力；对外权是负责决定战争与和平、联合与联盟以及同国外进行一切事务的权力。立法权由民选议会掌握，执行权与对外权虽有区别，但总是融为一体，对外权是执行权的一部分，需要国家的力量来行使，然而对国家力量的指挥是不能分的，实际上两权分立。孟德斯鸠（Charles Louis de secondat Montesguieu，1689～1755）进一步将国家权分划分为三种。立法权力制定法律，并且修正或废止已制定的法律。行政权决定媾和或宣战，派遣或接受使命，维护公共安全，防御侵略。司法权力惩罚犯罪或裁决私人讼争。在孟德斯鸠看来，"一切有权力的人都容易滥用权力，这是万古不易的一条经验。有权力的人们使用权力一直到遇有界限的地方才休止。" "从事物的性质来说，要防止滥用权力，

① ［英］约翰·密尔：《代议制政府》，商务印书馆1982年版，第27页，

② ［英］约翰·密尔：《代议制政府》，商务印书馆1982年版，第43页。

③ ［英］约翰·密尔：《代议制政府》，商务印书馆1982年版，第44页。

④ ［英］约翰·密尔：《代议制政府》，商务印书馆1982年版，第55页。

⑤ ［英］罗素：《西方哲学史》下卷，商务印书馆1983年版，第171页。

就必须以权力约束权力。”① 杰弗逊赞同洛克和孟德斯鸠的主张，认为立法、行政、司法的权力，无论哪一方过大，都会形成暴政，凡是把全部管理权力总揽和集中于一个主体手中的，都会毁灭人民的自由权利。因此主张实行三权分立，使政府机构的权力均有一定的限度，互相制衡，以防止权力的滥用。在西方近代行政思想与学说中蕴含着政府的权力来源于公民社会个人的权利让渡这一契约论前提。“政府和社会的存在都是为了维护个人的权力，而个人权力的不可取消性则构成政府与社会权威的限度。”② 洛克认为，政府权力来自人民的委托，必须受到委托条件的限制，即不得侵害人民的生命、自由和财产。因为政府接受的权力是有限的，人们交给政府的权力只是“自然法所依法给予他的那种保护自己和其余人类的权力”。③ 一旦政府权力的行使偏离了保护人们生命、自由和财产等权利这一目标，人们就有权废除原有契约而建立新的政府。因为，政府权力“起源于契约和协议，以及构成社会的人们的相互同意”。④ 这就是有限政府。这一理论深深地影响了近代西方的政治与行政学说。密尔在《代议制政府》中说：“代议制政体就是，全体人民或一大部分人民通过由他们定期选出的代表行使最后的控制权，这种权力在每一种政体中都必定存在于某个地方。他们必须完全握有这个最后权力。无论什么时候只要他们高兴，他们就是支配政府一切行动的主人，不需要有宪法本身给他们这种控制权。”⑤ 从理论上规定了有限政府的行政范围。

政府与人民及法律。在近代西方社会契约理论中政府与人民的关系是受托者与主人的关系，这一理念对政府权力的行使和范围有着至关重要的影响。卢梭在《社会契约论》中详尽地论述了政府与人民的关系。卢梭认为：“行政权力的受托者绝不是人民的主人，而只是人民的官吏；只要人民愿意就可以委托他们，也可以撤换他们。对于这些官吏来说，绝不是什么订约的问题，而只是服从的问题，而且在承担国家所赋予他们的职务时，他们只不过是在履行他们自己的公民义务，而并没有以任何方式来争论条件的权利。”⑥ 在卢梭看来，人民拥有主权，政府只是主权者的执行人，政府的权力来源于人民的委托。因此，政府官员必须服从人民的利益，为人民谋福利。作为政府官员，他们只是

---

① ［法］孟德斯鸠：《论法的精神》，商务印书馆 1995 年版，第 154 页。
② ［美］乔治·霍兰·萨拜因：《政治学说史》，商务印书馆 1986 年版，第 590 页。
③ ［英］洛克：《政府论》，商务印书馆 1964 年版，第 83 页。
④ ［英］洛克：《政府论》，商务印书馆 1964 年版，第 105 页。
⑤ ［英］约翰·密尔：《代议制政府》，商务印书馆 1982 年版，第 68 页，
⑥ ［法］卢梭：《社会契约论》，商务印书馆 1980 年版，第 125 页。

在履行一个公民的义务，他承担的职位只是责任与权力的象征，而不是享有特权，不能为自己谋私利。因此，对政府及其官员进行监督，通过定期的集会来考察政府，决定是否保留现有的政府形式，以及是否让在职的人继续留任，通过严密的监督以防止政府官员滥用权力，以保障人民的自由财产权利，如果政府官员滥用权力，不履行契约而损害人民利益时，人民有权取消这种契约，收回权力，如果人民的自由和财产被剥夺时，人民有使用暴力夺回自由和财产的权利。西方近代政府理论中的法治和依法行政也十分突出。洛克说："法律不是为了法律本身而被制定的，而是通过法律的执行成为社会的约束，使国家的各个部分各得其所，各尽其应尽的职能；当这完全停止的时候，政府也显然搁浅了，人民就变成了没有秩序或联系的杂乱群众。"① 卢梭也认为，建立在人民主权基础上的行政权必须服从法律，执行法律，政府全部权力来源于法律。因此，一切合法的政府都是法治的政府。"凡是实行法治的国家，无论它的行政形式如何，我就称之为共和国……一切合法的政府都是共和国制的。"② 政府是人民通过法律的形式所设立的行政机构，人民同样可以用法律来限制、改变或取消某种不当的政府形式，人民可以定期召开大会，对现行政府形式是否合适进行表决，以法律形式确定现行政府形式是否合适，任何不通过法律而成立的政府都是非法的。政府不仅是依法而设的，也是依法而治的。政府机构只是一种执行法律的机构，它负责执行体现主权者意志的法律，把普遍的抽象的法律落实到具体的行政事务中，一旦政府的行为超出了法律范围就是非法的，人民有权变更政府。

总之，蕴含于西方近代政治思想中的行政思想与学说以其丰富的理论影响了西方近代观念行政文化的发展和趋向。洛克所强调的政府为人民所建立，政府的权力为人民所授予，政府的目的是保护人民的生命、自由和财产安全，故国家机构必须进行分权，政府的权力应该受到各种限制，人民有权解散不称职的政府的自由主义行政观，对于自由资本主义时期的政府架构和国家行政有着深远的影响，孟德斯鸠的三权分立学说则是近代西方各国政权组织原则，其对行政权力的划分、规范和制约，成为近代西方国家行政的基本制度和规范。卢梭的国家理论与人民主权理论和杰弗逊的天赋人权理论和代议民主制理论是近代民主行政和服务行政的理论基础，对如何防范政府职能的扩张而侵犯公民的合法权益提供了基本思路和理论渊源。而密尔提出的政府的目的是谋求社会福

① ［英］洛克：《政府论》，商务印书馆1964年版，第132页。

② ［法］卢梭：《社会契约论》，商务印书馆1980年版，第51页。

利，代议制政府是最能满足人们谋求社会福利的理想政府形式，揭示了政府行政的根本价值取向（包括杰弗逊与汉弥尔顿等联邦党人就政府的制度设计和基本价值取向的争论与探讨），对政府行政范围的探讨与定位，尤其是政府与市场、国家与社会、政府管理与个人自由，以及政府行政制度、行政责任、行政技术、人事行政等诸多具体的探讨和理论直接影响了近代西方行政思想和理念的发展趋向，不仅标志着西方观念行政文化的近代转型，也预示着近代西方以政府理论为核心的行政思想与学说在向独立科学方向发展。

19 世纪末 20 世纪初，随着西方国家政府职能的扩张和行政权力的扩大，随着工商企业科学管理运动的兴起和相关学科理论的发展、政府行政实践的深入以及文官制度的确立，行政学从政治学中脱颖而出。近代转型中的西方行政思想与学说迎来了新的发展趋向。一批政治家、思想家和学者着眼于经济与效率，研究政府行政的具体问题，主要涉及行政基本原理，以及分析、研究框架和组织、行为理论，行政思想与学说开始朝着有特定学科内涵的方向发展，威尔逊（Thoms woodrow wilson，1856～1924）是西方行政学的奠基人。1887 年威尔逊在美国《政治学季刊》上发表《行政学研究》（*The study of public Administration*）一文，强调政治学不仅应该研究国家性质、主权内容、政府机构等理论，还应注意研究法律实施与政策执行等问题，因而行政学应当从传统政治学中分离出来，成为一门独立的科学，这就是西方行政学史上的“政治与行政”两分法。威尔逊不仅比较深入地分析、论证了研究国家行政和建立行政科学的必要性，较为准确地揭示了行政学研究的对象和实质，明确地提出了行政学研究的目标和领域，而且对人事行政、行政监督等诸多行政学研究的具体内容进行探讨，提出了行政学不应仅仅局限于纯粹事务性的经验研究，而是应该具有稳定的原则和规范理论，以及公共舆论在行政监督中的作用等思想。古德诺（Frank J · Goodnow，1859～1930），于 1900 年出版的行政学名著《政治与行政》（*Politics And Administration, A study In Government*）一书，扬弃了政治学上立法、司法、行政的三分法，对威尔逊提出的“政治与行政”二分法作了进一步的阐释和发挥，他认为政治是国家意志的表达，行政是国家意志的执行。首次从政府功能区分的角度明确提出政治与行政是政府的两种不同功能，这一理论贡献有助于政府在对社会实行有效的管理过程中正确地选择行为策略，从而为建立系统的行政学奠定了理论基础。以政治与行政二分法为依据，古德诺对政治与行政的关系、法律与行政的关系，政府体制等重大理论问题进行了一定程度的探讨，明确提出行政从属政治，但政治对行政的控制必须有一定的限度，行政权适度集中，行政服从法律、执行法律以及在政府体制形成及运行中发挥政党的协调、控制作用等观点，对西方行政学理论有很大的影响。“价值中立”的行政是不存在的，政府管理是纯技术问题过于简单，只会造成政府活动的混乱和机构运转的失灵。古德诺对政治与行政协调的阐述，既规范和影响着西方近代行政思想与学说的范围和取向，也大致符合近现代西方国家行政的实际。而怀特（Leonard D · White，1891～1958）于1926年出版的《行政学导论》（*The Introduction to public Administration*）则被视为世界第一本行政学教科书，该书将西方行政实践的理论总结和政府管理研究成果融合，使行政科学成为系统化、知识化的科学体系，为行政学的学科体系构建了一个比较完整的理论框架，对诸如行政学的研究对象与范围、行政环境、行政组织、行政协调、人事行政、行政伦理、行政法规以及行政监督等行政学研究的基理论问题都进行了比较系统的研究。与威尔逊的《行政学研究》和古德诺《政治与行政》一起成为西方近代行政学形成初期的代表作，代表了这一时期西方行政思想与学说的发展趋向，使西方近代行政文化转型具有了突出的理性和科学色彩。

（三）西方近代行政文化转型的基本动力与生成机理

西方近代行政文化的转型与中国不同，其基本动力不是来自外部力量的影响和冲击，而是自身社会、政治、经济、文化变迁的结果，包括制度文化和观念文化在内的西方行政文化就是在这一变迁过程中实现的转型。也就是说西方社会内部自身形成的力量和条件是西方近代行政文化实现转型的基本动力。在这一变迁过程中，启蒙、革命与改革有重要的作用。从十六七世纪开始，继中世纪文艺复兴之后，一种新的思潮席卷西欧大陆，这就是适应于资产阶级革命与改革的启蒙运动。启蒙思想家以“天赋人权”为旗帜，以社会契约和三权分立为理论武器，向封建专制制度发起进攻。格老秀斯（Hugo Grotius，1583～1645）认为，国家是：“一群自由人为着享受公共的权利和利益而结合起来的完善的团体。”① 人们订立契约建立国家的目的在于“为了运用公众的力量，并并征得公众的同意，保证每个人使用自己的财产”。② 斯宾诺莎（Benedict De Spinoza，1632～1677）把形成国家的契约看作是人与人之间的许诺差不多，并无“交出全部权利并且永远不得收回”的特定条件。“像这样的坚实的建筑在法律上和自我保存的力量上的社会就叫国家”③。霍布斯特别提出经济自由

① 周辅成：《从文艺复兴到十九世纪资产阶级哲学家政治思想有关人道主义人性论言论选集》，商务印书馆1966年版，第225～226页。

② ［苏］莫基切夫：《政治学说史》上册，中国社会科学出版社1979年版，第164页。

③ ［荷］斯宾诺莎：《伦理学》，贺麟译，商务印书馆1983年版，第181页

的权利，认为作为主权者的国家有义务维护人的经济自由权。洛克进一步主张，自由、财产、生产是人的最基本的自然权利，把政府对财产的保护看作是最主要的目的，即使是“最高权力，未经本人同意不能取去任何人的财产的任何部分”。① 几乎所有的启蒙思想都以社会契约作为国家与政府学说的核心。虽然他们之间对此解释有较大分歧，但都同意人们订立社会契约组成国家是为了保障自己的自然权利，由契约而产生的政府和法律的宗旨在于保证人民的自由。启蒙运动的一系列观点冲击了封建主义的王权和国家制度，为随后的资产阶级革命和改革奠定了思想基础。而政治革命和改革直接导致了西方共和（立宪）制政府体制和国家行政制度的形成。英国的“光荣革命”最终确立了君主立宪的议会内阁制政府体制和国家行政制度，形成了国王不参加内阁会议，下院多数党领袖出任首相，并组织内阁等一系列宪政惯例，国家行政机构以责任内阁的成立而逐步完善和健全。美国的独立战争直接创建了民主共和的议会总统制政府体制和国家行政制度，国家行政机构不断完善。法国从大革命开始，经过半个多世纪的反复最终确立了议会共和制政府体制和国家行政制度。行政权由总统和内阁掌握。在启蒙运动冲击着封建君主专制的同时，因工业革命引起的社会经济结构的变革最终从经济结构上动摇了封建君主制的政治形态和管理形式。马克思说：“蒸汽和新的工具机把工场手工业变成了现代的大工业，从而把资产阶级社会的整个基础革命化了。”② 工业革命在国家政治与行政上的意义是十分重大的。工业革命摧毁了自给自足的自然经济，瓦解了作为生产单位的旧家庭制度的经济基础和血缘关系以及依赖于土地而自然形成的统治服从关系，使由农业—乡村为主体的经济体制转变为工业—城市为主体的经济体制。社会呈现出多元发展态势，由农业社会向工业社会的转变，使社会阶级结构发生了深刻的变化，出现了不同的利益集团，公共事务不断增加并日趋复杂，冲击着传统的国家管理与政府行政。同时，工业革命使资产阶级其是工业资产阶级的实力大大增加，成为重要的社会政治力量，随着资本主义的发展，反对国家干涉、否定保护主义传统，要求自由放任的倾向日益强烈。社会经济生活的自由主义必然要求变革已经过时的政治与行政制度。资产阶级民主政治的形成和发展，各个阶层、各种利益集团政治经济诉求奠定了分权与制衡的政府体制和管理形式。19 世纪中后期，西方以三权分立为原则的代议制政府行政进入全盛时期。与古希腊国家行政实施直接民主制的历史条件不同，

---

① ［英］洛克：《政府论》，商务印书馆 1964 年版，第 86 页。

② 《马克思恩格斯选集》第 3 卷，人民出版社 1995 年版，第 301 页。

近代西方民族国家的形成在疆域和人口上已经大大超越城邦的概念以及中世纪后期的城市共和国，实行直接民主制的国家行政在技术上有诸多难以解决的困难。于是代议制民主行政便成为西方国家普遍选择的政府形式，即人民通过选举代表组成议会，然后，由议会把管理国家公共事务的权力委托给政府。密尔认为，代议制政府是“理想上最好的政府形式”。行政机构成为独立的体系行使其管理国家政务的权力。19 世纪末 20 世纪初，随着西方各国工业、贸易、科学技术的发展和社会化大生产的日趋复杂，人口的增加，城市的扩大，对外经济、文化交往的频繁，政府只管“法律和秩序”的时代一去不复返了。瞬息万变的国际形势，尖锐复杂的国内矛盾，庞大繁杂的社会公共事务需要反应灵敏、决策果断、讲究效率，指挥统一的政府。在这样的背景下，西方国家的政府职能不断扩张、行政权力不断扩大、行政机构不断增多，行政思想与学说也随着工商企业科学管理运动的兴起和相关学科理论的发展，政府行政实践的深入以及文官制度的建立，政治与行政二分法的诞生开始关注于政府行政的具体问题，包括政府行政的具体原理、政府行政效率、组织与行为理论等，朝着有学科内涵方向发展。可见，西方近代行政文化的转型，是西方近代社会发展、变迁的结果。从十七世纪开始，西方共和（立宪）制的国家行政制度及其意识形态是在封建君主制的国家行政制度及其意识形态的基础上不断孕育、发展而成的，这一变迁的基本动力来源于西方社会政治、经济和文化的发展。

西方近代行政文化转型的基本动力之所以来源于自身社会内部的发展，其生成机理与西方社会中世纪以来特殊的经济、社会形态和政治、文化传统紧密相关。西方中世纪时期的经济形态与中国有所同，在封建土地占有形式上实行的分封采邑制，采邑后来逐渐变成世袭领地。采邑制建立了以土地关系为纽带的领主与附庸之间的臣属关系。它的特点是，国王是全国土地名义上的所有者，他把大部分土地分封给教俗大封建主，大封建主把土地留下一部分，其余的分封给中等封建主，中等封建主也把土地留下一部分，其余的分封给小封建主。这样，形成了一套封建等级制度。在这个等级制度中，各个等级依照一定的契约关系享有较大的独立性，即所谓“我的附庸不是我的附庸”。这种封建领主庄园经济导致了在封建领主庄园内，政治统治权与土地所有权高度合一，而在整个国家层次，王权或国家权力则极为分散。国王、领主、封臣、百姓共守一种契约，如果国王侵犯了封臣的权利，封臣们也可以联合起来反对他，国王、领主、封臣的关系是以契约的形式来维持的。每个封建领主在自己的领地内，拥有行政、司法大权，拥有自己的军队，并有权征收赋税，建立关卡，铸造货币。从这个意义上讲，封建领主庄园犹如独立王国或割据政权。正如恩格斯所说："我们就看到了从区的伯爵中产生出来的邦君的领土主权的胚胎。"① 西欧资本主义的萌芽正是在封建分裂割据的缝隙里得以落土、滋生。中世纪西方的自治城市和市民社会也是在封建分裂的缝隙中生长出来的。美国历史学家汤普逊说："城市的兴起，论过程，是演进的，但论结果，是革命的。"这种革命的性质表现为要求封建统治者"承认城市为一个自治社会，如果这项要求被拒绝，就以暴力方式来反抗封建权力并要求宪章的自由"。② 西方中世纪的城市及其社会形成的根本原因是经济的发展。随着农业生产力的提高，生产技术的复杂化，手工业的专业化程度逐渐提高，越来越多的行业脱离乡村的家庭副业和庄园手工业形态，集中到城市里，这样促进了商业和贸易的繁荣。城市和工商业发展造就了一个市民阶层，他们逐渐疏离了对土地的依赖关系，实现了与土地的分离。从 12 世纪开始，在商品经济和市民力量的推动下，意大利的威尼斯、米兰、热那亚、佛罗伦萨等城市相继通过武力或赎买方式，摆脱封建领主的束缚，取得自治权，实行类似古希腊的城邦共和制，这些城市被称为城市共和国。自治城市一般都组织了自治机关，选举城市议会，设立城市法庭、税收和财政系统，享有独立的行政、司法、财政以及对外宣战、媾和等权利。尤其是威尼斯和佛罗伦萨是中世纪自治城市和市民社会发展的典型。西方中世纪的城市与古希腊时期的城市是不同的，古希腊时期的城市（城邦）同它周围的农村之间并不存在明显的差别，而中世纪的城市同包围它的农村是分离的。城市与农村的分离具有非常重要的意义。这里的"农村"不仅仅是没有商贸的乡村，而封建制度占统治地位的区域。正是在这个意义上，西方学者往往将中世纪的城市社会看作是市民社会。市民社会的重要性在于推动社会、政治、文化转型的力量和中介。虽然自治城市在总体上还不能完全摆脱封建政治的制约，而且在城市市民中一直也存在着不同利益的矛盾和分化，城市贵族也往往垄断了市政长官的职位或左右了市议会的选举，但从各个城市的许多地方性居民团体逐渐地缓慢地产生出来的市民阶级在城市行政与管理中发挥不小的作用，正是他们对城市政治生活的参与和影响推动了民族国家的建立。从其演化过程来看，西方中世纪自治城市和市民社会是封建领主庄园经济发展的结果，封建领主庄园经济造成了领主的割据和王权的软弱，没有软弱的王权和割据的局面，商业和城市就难以生长和发展起来。在这个意义上说，中世纪的城市是西欧封建社会的一个组成部分，也是寄生于封建体系内的一个异体，它的

① 《马克思恩格斯选集》第 19 卷，人民出版社 1995 年版，第 560 页。
② ［美］汤普逊：《中世纪经济社会史》（下），商务印书馆 1997 年版，第 424 ~ 425 页。

内在性质使它与主体体制若即若离，既妥协又抗争，最终成为西方近代社会转型的引导力量。汤普逊曾说：“作为一个自由的、自治的市民社会的城市，是中世纪欧洲的一个新的政治和社会有机体，而在早期封建时代未有过这样的先例。”① 自治城市与市民社会是西方中世纪通往近代资产阶级社会的桥梁。随着自治城市和商品经济的发展，市民阶层的壮大，一个要求建立统一国内市场的民族国家被提上日程。恩格斯说：“国王的政权依靠市民打垮了封建贵族的政权，建立了巨大的、实质上的以民族为基础的君主国。”② 这种君主国虽然还不是近代民族国家，但有助于民族统一，有助于近代国家机构的建立。新兴市民阶级在与王权结盟建立世俗王权对国家统治地位后，再也无法容忍获胜了的王权“以奴役和掠夺报答它的盟友”，他们决意取代王权而成为国家的主导力量，将早已习惯的经济政治生活方式引入民族国家。正是由他们所导演的政治革命实现了政府体制与国家行政制度的近代转型。

西方中世纪以来的某些文化传统也蕴含着近代行政文化转型的内在基因。中世纪时期基督教神学政治意识和观念虽然占着主导地位，但西方古典时期的民主（共和）行政的某些思想、意识、传统和遗风仍有所传承，尤其是体现权利与义务关系的社会契约观念深深地根植于社会之中，成为规范国王与贵族，领主与百姓的基本行为的准则，不仅使西方封建时期极端专制的政体、制度、思想、意识难以形成，也是近代西方政治与文化转型的潜在基因。近代西方的启蒙运动是促使西方近代政治与行政文化转型的重要因素，启蒙运动受到文艺复兴的影响这是无疑的，而文艺复兴又是与中世纪无法分开的。汤因比说：“中世纪晚期，古代希腊文明在意大利的复兴对于西方的影响，在政治方面比在文学和艺术方面更为久远。此外，在政治方面的表现，不但比文艺方面更为持久，而且还先于文艺方面。”③ 没有古典时期政治与行政文明的复兴，就没有近代西方政治与行政思想的创新和发展，也难以理解洛克、卢梭、孟德斯鸠、杰弗逊等人的民主、分权的理念由何而来，分权制衡的政府体制与行政制度因何而生。

正因为中世纪以来西方社会蕴含着近代行政文化转型的基因，西方近代行政文化在自然而然中实现了近代转型。英国近代的政府体制与国家行政制度其实就是中世纪的延伸和发展。从某种意义上说，英国近代政治革命所变革的并

---

① ［美］汤普逊：《中世纪经济社会史》（下），商务印书馆 1997 年版，第 427 页。

② 《马克思恩格斯选集》第 3 卷，人民出版社 1995 年版，444 页。

③ ［英］汤因比：《历史研究》（下），上海人民出版社 1987 年版，第 295 页。

非英国中世纪的政治体制和国家管理制度的结构和框架，而只是变革了中世纪遗留下来的政治体制和国家管理中的阶级构成。英国政治革命后，资产阶级成为统治阶级，国王成为形式上的、礼仪上的、象征性的虚位国家元首，封建贵族退到历史舞台的后面，但 11～12 世纪以来的行政、立法、司法基本体制及契约观念、宪章精神、分权意识不仅被保留下来，随着时间的推移和社会的发展而不断变革和发挥光大，使之更加适合社会、政治、经济和国家公共事务发展的需要。美国议会总统制政府体制及行政制度虽然是独立战争的结果，但它的形成与启蒙思想的传播和美国独特的社会经济条件是分不开的。源于英国的北美自治传统以及自治蕴含的自由平等和新教伦理是其构建政府体制和国家行政制度的重要社会文化基础。实际上西方近代行政文化的转型很大程度上是西方古典行政文化的价值和精神经过中世纪后的复兴和弘扬。

第六章

比较研究视野中的中国传统行政文化

第一节　中国传统行政文化的基本特征与积极因素

在比较行政文化研究中，如何看待、探寻、总结、评价中国传统行政文化既是题中应有之义，也是比较研究的目的所在。行政文化作为社会政治文化的组成部分，是在社会政治文化的基础上形成的，必然受到社会政治文化的制约和影响，其积淀性和持久性是难以在短时间内消融的。曾以历史悠久、影响深远而著称的中国传统行政文化，其精华与糟粕并存，总结其特征，探寻其积极因素对于中国行政文化建设与行政文化现代化意义重大。

一、中国传统行政文化的基本特征

中国传统行政文化以其悠久的历史与传统、丰富的思想与实践、超常的稳定与传承著称于世，既有统一性与传承性、严密性与实用性及伦理性与经验性特征，也有专制性、封闭性和保守性特征。这些特征在漫长的历史发展过程中不同程度地渗透在行政制度与行政体制、行政思想与行政观念、行政活动与行政实践之中。

中国古代传统行政文化代有创获，虽然有所发展和变迁，但基本的行政制度和行政体制历代相袭，具有高度的统一性与传承性。这种高度的统一性与传承性，首先表现在国家的最高行政权力高度集中于君主个人，立法、司法、军事大权也由君主掌控，自有国家行政以来，中国就创立了高度统一的君主政体。其次，从秦统一到明清以君主为最高权力中心的行政制度与行政体制相袭始终，在中央行政制度上，从秦汉时期的三公九卿，到隋唐时期的三省六部，再到明清时期废除宰相制度，设立内阁，提升六部职权；在地方行政制度上，秦统一后建立了统一的地方行政制度，即由中央直接管辖郡县，汉随秦制，设州、郡、县三级制，隋唐为州（府）、县制，宋代为路、州、县制，明清时期为省、府（州）、县三级制，这种单一制的国家结构形式历代相袭，高度统一。在行政思想和行政观念上，中国古代政治与行政的高度统一，政治文化决定行政文化。以儒家文化为代表的中国古代政治文化作为主流政治意识形态延绵两千多年，其基本的思想内涵和价值取向对行政思想和行政观念产生了深远的影响，中国传统行政思想中行政权力的来源、政府机构的设置、官制官规官阶、中央与地方的关系、官与民的关系、行政与道德的关系无不受到儒家治国理政思想的影响，因而从先秦到明清其基本思想、观念、习惯和传统有着高度的认同和统一。

中国古代传统行政文化的某些制度文化历经千年而不衰，得益于其特有的严密性和实用性，尤其以行政机构的设置、行政监察制度及行政官员的管理制度为突出。中国传统行政机构从三公九卿到三省六部，基本框架十分稳定，内设机构复杂而严密以六部为例，作为职能部门的六部二十四司，机构严密，管理精细，既是“大一统”政治与行政理念的反映，也与古代中国广大的疆域、众多的人口、发达的农业经济在国家行政管理上的现实需要。至于行政监察制度，中国是世界上最早建立行政监察制度的国家，较之西方为早。早在先秦时期，中国就开始出现了监察活动，秦汉以后，中国就形成了系统而严密的行政监察制度。这一系统而严密的监察制度主要包括：重视行政监察机构的设置。因为行政监察起着“彰善瘅恶，激浊扬清”① 的作用。因此，从秦汉时期的御史台（府）到明清时期的都察院，虽名称、机构有所变动，但重视行政监察的传统不变，甚至还建立了谏官组织，作为规劝君主的一种监察机构。监察机构权重、地位崇高。中国古代行政监察机构在国家机构中占有十分重要的地位，秦汉时期的御史大夫位居副丞相，御史中丞与司隶校尉相当于宰相的尚书令，元代的御史台与中书省、枢密院并列三大府，明清时期的都察院与六部职权相当，或高于六部。行政监察的方式复杂多样也是中国古代行政监察制度颇为严密的特点之一，古代中国地域辽阔，行政官员众多，为了加强对行政官员的监察，行政监察既要覆盖整个行政机构，还要采取多种多样的监察方式。从监察主体方面划分，有专门监察机构的监察、还有行政机构对下属机构的监

---

① 林代昭主编：《中国监察制度》，中华书局1988年版，第2页。

察，从监察形式划分，有常住监察官制度（如唐代的监察御史制度，宋代的监司制度），有巡回监察制度（如汉朝的刺史制度，唐朝的巡按制度，明朝的巡抚制度），还有巡回监察与常住监察相结合的制度（如明朝时期在地方各省，既有中央派遣的各道监察御史为巡回监察，又有各省的提刑按察使的常住监察）。高度重视对监察官的选拔，也是中国古代行政监察十分严密的一大特点，既重品行也重能力。中国古代选拔监察官员，都十分重视监察官的“德望”和“品行”，把廉洁奉公、铁面无私列为选拔监察官的重要条件，至于能力侧重监察官的实际工作能力，初任官员不能担任监察官员，中、高级监察官一般从地方或中央都有相当履历和能力的官员中选任。中国古代制度行政文化中对行政官员的管理既是严密的也是实用的。庞大的官员队伍既是古代中国作为封建大国国家行政的需要，也是中国古代官员管理的现实基础，据明史记载：“历代官制，汉七千五百员，唐万八千员，宋极冗至三万四千员，本朝自成化五年武职已逾八万。合文职，盖十万余。”① 要管理如此庞大的官员队员伍，需要严密实用并行之效的方法，因而中国古代有按官阶严密划分的制度。早在秦汉就建立起了较为严密的官员等级制度，至魏晋时期的九品三十等的官员等级制度为历代所沿用，除了官阶严密分等外，还有与之相适应的官员的考核、俸禄、休假及退休制度。

中国古代行政文化颇为重视伦理和经验。在中国传统文化中，道德与政治始终是联系在一起的，因此，国家的行政文化中，无论是行政思想，还是行政意识常常与道德和伦理相联系，与西方有很大的不同，如果西方也有道德行政的话，其主要追求的是正义、平等和相关制度设计，而中国的传统行政文化讲究的是道德人格及官员的行为则准。孔子提倡“为政先礼”的“礼”就是管理国家、调节政府内部各种关系，确定人们社会地位的指导思想和礼节制度，是为政的前提和根据，而“为政以德”的道德行政观更是强调统治者和政府官员的道德修养，这是为政治国的根本，而孟子的“仁政”行政观也是从道德的高度，要国君和各级官员率先垂范、以身作则、身体力行，以仁爱之心治理国家，董仲舒以三纲五常为核心的伦理观不仅是管理国家的最高行政伦理，也是社会生活人人遵守的伦理道德。司马光和朱熹进一步发展了儒家的德和仁政思想，强调君主应该是仁德的化身，不仅要以德治天下，还要把教化看作是为政的急务，主张“德行高人谓之贤”，在选人用人上强调懂仁义尚谦让，遵守封建礼节的德行高尚之人。中国古代儒

① 《明史·刘体乾传》。

家文化在人性、天人关系、人与自然、人与性等关系上虽不乏理性思维，但并不注重事务本身，而在人事和经验，集中表现为人的行为的道德准则和为政从政的方法。中国传统行政文化注重对治国方法和经验的研究，司马谈说："天下一致而百虑，同归而殊途，夫阴阳、儒、墨、名、法、道德，此务为治也。"① 历代关于人治与法治，德治与礼治，王道与霸道，君道无为与君道有为等问题的争论即是注解，儒家政治文化中把"政治"理解为治国之道。《国语·齐语》中的"政者事也"，"治者理也"，"教不善则政治"则说明了这一点，儒家传统文化为根基的行政文化注重伦理道德，使"为政以德"成为理想行政，重人事与经验的务实性成为行政传统。

而受特定的政治制度和政治文化的影响中国传统行政文化也具有专制性、封闭性和保守性的突出特征。以中央集权为基础，以皇权至高无上为中心，可以说是中国传统行政文化在制度设计和思想意识形态上的反映。自秦统一到明清，除了暂短的动荡和割据，均为高度的中央集制体制，国家的行政及各项权力通过中央集权再集中到皇帝手中，以皇帝为权力核心，建立一套完整权力和管理机构，皇帝总揽一切大权。此后的一切行政制度设计基本如此，尤其是宋以后，君主集权进一步强化，宋朝的统治者，"因唐五代之极弊，收敛藩镇，权归于上，一兵一籍，一财之源、一地之守，皆人主自为之也"，② 行政权更加集中于皇帝一人，宰相的权力大大削弱，事无大小均需奏请皇帝，一切政令决定权归皇帝，宰相成了办理文书、处理庶务的职掌。明清，宰相废除后，行政、立法、司法权进一步集中于皇帝。与制度上的以皇权为中心的行政集权体制相适应，在意识形态上儒家学说也在不断强化皇帝集权的思想体系，这种思想和意识不断强化再与传统社会相结合形成了中国传统行政的一大特征。这一特征突出地表现在：一是重权威轻民主。在行政活动中往往个人集权，独断专行，长官意志、行政活动中协商与民主较少体现。二是重人治轻法治。中国传统行政文化中治国安邦往往是重人轻法的，从先秦"有治人，无治法"，"法不能独立；……得其人则存，失其人则亡"，③ 到明清"有治人无治法，若不得其人即使尧舜之仁，皆苛政也"④ 大体反映了这一点。中国历代法典中从来没有约束皇帝权力的条款，法自君出，权力支配法律，用人治事多为长官意志，以致人们习惯于接受能

① 《六家要旨》。

② 《水心文集》卷4《始议》《叶适集》，中华书局1961版，第759页。

③ 《荀子·君道篇》。

④ 《清世宗实录》。

拯救自己的清官和救星，对保障社会正常运转和人民基本权力的法律无兴趣，也难以产生制约行政权力和保障人民的法律法规，在行政活动中往往表现为行政权力凌驾于法律之上，行政决策和执行缺乏法律约束。三是追求等级而不尚平等。中国传统行政中等级观念是严密的，政治结构中的专制主义越严重，社会等级越趋森严，等级观念越趋强化，担任官职的高低与权力的大小，与社会地位的高低、财富的多少联系在一起。等级观念是中国古代官僚制发达的文化成因，这一思想观念在行政活动中常常表现出极强的等级性和依附性。四是缺乏必要的权力制约和分权意识。中国传统行政靠外在的集中的行政力量维持正常的运转，这使以皇权为核心的集权观念影响至深，造成了行政权力的无条件集中，“天下事无大小皆决于上”成了行政权力行使的惯例，事必躬亲成了勤政的典范，行政权力缺乏必要的制约和划分。

根植于农业社会和特殊地理环境的影响，中国传统行政文化的封闭性和保守性也是显著的。主要表现在多方面：一是封闭较少吸收外来思想和文化。中国传统行政文化的封闭在很大程中上取决于中国古代较为封闭的地理环境。东临大海，西为高山大漠所阻隔，中国古代文化几乎是在少有外来文化作用的条件下形成的。文化的封闭导致了很少对外开放。无法知道外界的信息，行政观念数千年一脉相承。行政体制世代相袭。行政文化的封闭与行政文化的排异心里是分不开的。在中国传统文化中，“非我族类，其心必异”曾是人们广泛接受的观念，在思想文化领域则表现为对外来文化的排斥。在这种文化背景影响下，人们对外界情况及变化常常持不屑一顾的态度。与外界的阻隔，长期的中华中心论、中华文明论以致对西方和世界政治与行政的理论与实践知之甚少，妨碍了行政制度的变革和行政观念的改变。二是行政活动神秘缺乏透明度。行政体系的封闭性和行政心理的排异性必然导致行政活动的神秘性。传统文化的非参与意识使“不在其位，不谋其政”的观念根深蒂固，行政活动缺乏社会成员的积极参与和社会的有效监督，行政活动成了皇家和少数精英的治国安邦活动。三是重形式轻效率，讲求稳健，因而较为守旧。传统行政文化中注重形式，官场办事讲究繁琐程序和规则，公文样式千篇一律，导致行政活动中爱做“官样文章”办事拖拉，机构臃肿，人浮于事，决策迟缓，影响行政效率的提高。传统行政文化以办事稳健，不出风头，不标新立异为为政的要诀，以至于行政官员在行政活动中思想僵化、保守，不敢开拓创新，因而行政改革创新缺乏动力，人事行政缺乏激励机制，人们对行政改革和创新缺乏必要性和自觉性认识，脆弱的心理承受能力导致改革终止、迟缓甚至失败，尤其是改革中涉及利益调整时更是阻力重重，因而中国传统行政中注重既往的行政经验和方法，而忽略制度研究和机构设计。

二、中国传统行政文化的积极因素

中国传统社会的经济、政治和文化机制决定了与之相适应的行政思想及行政活动。源远流长的中国传统行政文化历史积淀深厚且独具特色，其积极和合理因素众多，在思想家和政治家的治国方略和为政理念中随处可见，在比较行政文化研究应高度重视。中国传统行政思想及理念中积极合理的因素散布其间，尤其突出的有以下数端。

为政以德的道德行政观。中国传统行政思想中，为政以德的思想可谓源远流长，孔子是其开创者。孔子说："为政以德，譬如北辰居其所而众星共之。""道之以政，齐之以刑，民免而无耻。道之以德，齐之以礼，有耻且格。"① 在孔子看来，政府只要始终以道德来治理国家，老百姓必定会像群星环绕北极星一样拥护他，为政也就容易了。如果只用刑罚和政令，人们并非真正诚服和拥护。孔子把政与德联系起来，把德看作为政的基础和根本，要做到为政以德，首先要以德正人，为政者以身作则，注重道德修养，这样"其身正，不令而行；其身不正，虽令不行"。② 其次，要以德教育人，民众有德不难治国，即"子帅正，孰敢不正"。"子欲善，而民善矣。君子之德风，小人之德草，草上之风必偃"。③ 孔子为政以德的道德行政观在施政上就是以"仁"为基础，以仁心去施政，国家的政制法令必须符合道德。在孔子看来为政以德的治国之道，虽然不能完全没有政刑，但最根本的应当是德教，用为政者自己的道德感人，用为政者的道德思想教育人、约束人，使民众自觉地接受为政者提倡的道德，作为自己的行为规范，社会就会稳定。孔子的为政以德还表现在从道德标准上选官用人，即"举直错诸枉，则民服，举枉错诸直，则民不服"。④ 孔子之后，孟子对儒家为政以德的思想进行了发展，提出了以"仁"为核心的"仁政"行政观。孟子说："仁，人心也；义，人路也。"⑤ "人皆有所不忍，达之于其所忍，仁也，人皆有所不为，达之于其所为，义也。"⑥ 在孟子看来，

① 《论语·为政》。
② 《论语·子路》。
③ 《论语·颜渊》。
④ 《论语·为政》。
⑤ 《孟子·告子上》。
⑥ 《孟子·尽心下》。

仁是内在的心态，而义则是表现在外在的行为，仁义并举是为政以德的出发点，孟子的仁政观既讲求自我修身，接受道德教育，即“恻隐之心，人皆有之；羞恶之心，人皆有之；恭敬之心，人皆有之；是非之心，人皆有之”①，还在于现实的政治经济政策，及教民富民，这样才能得民心得天下。朱熹是中国传统行政观中仁政和德治的重要代表。他说：“为政之道，在服民心为本，以厚民生为本，以安而不扰为本。”② 要达到仁政治国，君主必须修德。如何修德，“天下大公，将一切私底尽摒去，所有之人非贤，即别搜求正人用之”。③ 也就是说修身养德，首先摒去一切私心，天下大公，其次，用好人，只有用了有德之人才能治理好国家。朱熹依据自己的《大学》定本，解释了修身、齐家、治国平天下的治国理念，他认为治国理政应以修身为本，君主带头修身，如此示范，“是以辅相之职，必在乎格君心之非，然后无所不正，而欲格君心之非者，非有大人之德，则亦莫之能也”。④ 就会蔚然成风。总之，“为此以德，不是欲以德去为政，亦不是块然全无所为，便德修于己而人自感。然感化不在政事上，却在德上。盖政者所以正人之不正，虽无所作为？但人之所以归正，乃以其德耳。故不待行为而天下归之如众星之拱北极也”。⑤ 把中国传统行政中为政以德的理念发展到了高峰。

民惟邦本的民本行政理念。中国传统行政思想中民惟邦本，本固邦宁的民本行政理念也是源远流长的，从周公敬天保民中的“怀保小民”开始，中国传统社会在对待“民”的问题上，出现了“富民”“养民”“牧民”以及“民惟邦本”“民贵君轻”“吏为民役”等许多有关“民”的思想。由此可见，以民为本的民本思想在中国传统政治与行政占有十分重要的地位，也是中国传统儒家文化中积极因素。孔子从施仁政上提出了重民、爱民主张，而重民、爱民则需具体体现在惠民、富民、教民的政策上，因为“百姓足，君孰与不足，百姓不足，君孰与足”，⑥ 孟子则进一步发展了孔子的富民、教民思想，提出富民就是“取于民有制”⑦“省刑罚、薄税敛”，⑧ 以达到“制民之产”。唐太宗李世民在继承传统儒家“民本”思想的同时有所发挥。他说：“为君之道，

① 《孟子·告子上》。
② 转引自王放放《中国行政改革思想史》，中国广播电视出版 1999 年版，第 365 页。
③ 《朱子语类》卷一〇八。
④ 《四书章句集成》。
⑤ 《朱子语类》卷二十二。
⑥ 《论语·颜渊》。
⑦ 《孟子·滕文公上》。
⑧ 《孟子·梁惠王上》。

必须先存百姓，若损百姓以奉其身，犹割股以啖腹，腹饱而身毙。"① 这是很有远见的。他还说："舟所以比人君，水所以比黎庶，水能载舟，亦能覆舟。"② "天子者，有道则人推而为主，无道而人弃而不用，诚可畏也"。他反复说："凡事皆须务本，国以人为本，人以衣食为本，凡营衣食以不失时为本。"③ 把传统"民惟邦本，本固邦宁"的治国理念和行政价值观发展到了一个新高度。中国传统"民本"思想之所以高度重视"民"是因为民是国家的根本，是国家兵力和财政的来源，离开了民，任何一个政权都无法维持。孟子"得其民斯得天下"④ 与唐甄的"封疆、民固之，府库，民充之，朝廷，民尊之，官职，民养之，奈何见政不见民也"⑤ 的见解充分说明了这一点，虽然与西方的民主、平等思想有所不同，但仍有许多积极因素。

选贤任能的人事行政观。孔子是中国古代最早对人事行政进行专门研究的思想家。他以对人类社会的历史考察为基础，以行政人才为对象，以提高为政者素质和建立清明的理想社会为目标，提出了"选贤与能"的主张。孔子说："大道之行也，天下为公。选贤与能，讲信修睦。故人不独亲其亲，不独子其子。"⑥ 十分赞赏尧舜时期举贤任能的传统。孔子认为："为政在人"，"其人存则政举，其人亡则其政亡"，⑦ 国家行政优劣兴废的关键在于能否做到"尊贤使能，俊杰在位。如何选贤与能，孔子认为应不分贵贱，不论亲疏，扬长避短来选拔人才。而贤才的标准则是德才兼备，即"志于道，据于德，依于仁，游于艺"。孔子选贤与能的人事行政思想所体现的行政价值与取向对中国传统行政文化产生了深远的影响。孟子继承了这一思想，他认为："不用贤则亡"，⑧ "不用仁贤，则国库空虚"⑨。荀子也说："尊圣者王，贵贤者霸；敬贤者存，慢贤者亡，古今一也⑩。"从先秦诸子到秦汉之际的刘邦均把贤与能视作安邦治国的重要条件。曹操的"唯才是举"更是表达了他对贤才思之若渴的心情和尽招天下贤士为已用的迫切心情，曾三发求贤令并以诗明志，"山不

---

① 《贞观政要·君道》。
② 《贞观政要·教戒太子诸王》。
③ 《贞观政要·务农》。
④ 《孟子·离娄上》。
⑤ 《潜书·明鉴》。
⑥ 《礼记·礼运》。
⑦ 《礼运·中庸》。
⑧ 《孟子·告子下》。
⑨ 《孟子·尽心下》。
⑩ 《荀子·君子》。

厌高，海不厌深，周公吐哺，天下归心”①，表达其求贤任能的政治报负。而唐太宗李世民的人才观更是吸取前代人事思想的精华，并注入了足以代表一个时代的人才观的新认识、新内容，其主张的为政之要，“惟在得人，非用其人，必难致治”,② 表达了其贤能人才与国家之治的关系，他继承传统儒家对“才”的认识，是“须以德行，学识为本”。举才任贤要不避亲疏。能否选贤举能固然重要，但如何使用人才他认为“用人之道，尤为未易。已之所谓贤，未必尽善；众之所谓毁，未必全恶。……又人才有长短，不必兼通。……舍短取长，然后为美”③。这种取长补短的用人方法给人以深刻的启示。此外，他的官在得人，不在员多，任贤无疑，推心待士的思想也对后世产生了重要的影响。北宋王安石在谈论治国之道时，其中一条就是“任贤使能”，他说：“国以任贤使能而兴，弃贤专己而衰④。”康熙的贤能观即强调“才”是重要的，但更重要的是“德”。选贤“必才德兼优为准，若止于才优于德，终无补于治理耳”。⑤ 所以，“事君者果能以公胜私，于治天下何难？若挟其私心，则天下必不能治”。⑥ 可见，孔子之后，在中国传统文化中，无论是儒家，还是法家都提出了“尊贤”“用贤”的主张，认为对贤能的态度及贤能的判断关系到国家的存亡及政治的清明，只不过是儒家在论及贤能时高度重视仁德，把仁德作为贤能的基础及核心。选贤任能的人事行政观无疑是中国传统行政文化中较为积极和合理的因素。

第二节　中国传统行政文化的当代价值及其现代化

一、中国传统行政文化的当代价值

从现代化的角度来看，近代以来的中国就是一部不断向西方学习、不断奋起，寻求现代化的历史。在二十一世纪新的历史条件下，随着中国综合国力的增强，制度与文化自信的兴起。国人对民族文化之根传统文化有了新的

① 《乐府诗集》卷三十《短歌行》其一。
② 《贞观政要·崇儒学》。
③ 《贞观政要·崇儒学》。
④ 王安石:《兴贤》。
⑤ 《康熙政要》卷九。
⑥ 《康熙政要》卷二十。

认识，重新审视、总结和认定传统行政文化的当代价值尤为重要，这既是比较研究的目的，也是行政学研究的重要领域。习近平总书记在2014年5月5日与北京大学师生座谈时说："中华文明绵延数千年，有其特殊的价值体系。中华优秀传统文化已经成为中华民族的基因，植根在中国人内心，潜移默化影响着中国人的思想方式和行为方式①。"不久，又再次强调："我国古代主张民惟邦本，政得其民，礼法合治、德主刑辅，为政之要莫先于得人、治国先治吏，为政以德，正己修身，居安思危，改易更化，等等。这些都能给人的以重要启示，治理国家和社会，今天遇到的很多事情也都可以作为今天的镜鉴。中国的今天是从中国的昨天和前天发展而来的。要治理好今天的中国，需要对我国历史和传统文化有深入的了解，也需要对我国古代治国理政的探索和智慧进行积极总结。"这一主张阐明了中国传统行政文化与思想是具有当代价值的。

中国传统文化博大精深就行政文化而言，广义的来说，其当代价值的探讨和审视可以从制度文化、思想文化和实践文化三个层面进行。制度文化上，好的制度设计，都是通过结构、体系、规则、理念、方案、政策等合理的规定，保障行政治理的有效运行，尤其是效率和稳定，中国传统行政制度的设计都是历代儒家学者和政治家，虽然历经千年改朝换代，但其制度设计仍具有一定的稳定性、适用性和合理性。思想文化上，众多的治国理政经验、学说和理念更是随处可见，历经两千余年的历史长河仍有不少闪烁之处，实践文化上，中国古代的行政实践与活动将制度与思想浸润其间，形成了一系列的行政传统和习惯，不少于现代社会仍有探寻与关注的价值。本书仅就狭义的文化，从最有时代价值的德治行政和民本行政思想入手探寻其当代价值。

中国传统行政中的德治思想作为中国古代社会基本的治国方略，是以儒家为本，通过吸收各家思想而形成的和发展的，它不仅有浓厚的思想渊源，而且也形成了比较完善的思想体系。传统德治行政观，可以追溯到尧舜时代。据《尚书·尧典》记载："克明俊德，以亲九族。九族即睦，平章百姓。百姓昭明，协和万邦。"尧的德治使九族和睦，万邦和谐，所以孟子说："尧舜之道不以仁政，不能平治天下。"② 荀子也认为，"尧舜者，至天下之善教化者也，南面而听天下，生民之属莫不振动以服以德顺之"，③ 中

① 习近平：《谈治国理政》，外文出版社2015年版，第170页。

② 《孟子·离娄上》。

③ 《荀子·正论》。

国传统德治思想是以儒家思想为核心的，兼采法家的法治主张，援引道家无为而治，与民休息的思想，吸取墨家兼爱尚同的主张，形成了一整套比较完备的德治思想。

中国传统德治思想尽管是与中国传统社会相适应的，但包含了很多积极的思想，如为政以德、施仁政、得民心得天下的思想，爱民、重民的思想，重视道德教化的思想，正心修身的思想，用人注意德才兼备的思想，这些优秀传统应当弘扬，研究中国传统德治思想的现代价值，其实就是要认真审视和弘扬其优秀成果，为以德治国提供新的视角和借鉴。当然以德治国必须与依法治国相结合，使法治建立在道德自觉的基础上，这是既适应时代要求又符合中国国情的治国方略，为政以德是传统德治行政观的核心，其施仁政，得民心，得天下的思想，在当代就是公平正义的执政和行政理念，修身正心的思想就是要讲官德，注重执政和行政者的道德修养，道德教化就是在新的历史条件下加强官员的道德培养，并完善教育培训制度，德才兼备则是从改革用人制度入手，选贤任能，注重德与才，完善选人用人监督机制，爱民、重民的思想在当代应转化成为执政为民的价值取向。

中国传统的民本思想也是中国古代社会重要的治国和行政思想。早在夏商周时期就出现了民本思想的萌芽，周代的“怀保小民”即是民本思想的萌芽，春秋战国时期，诸子百家提出的一民本理论和主张尊定了民本思想的基础，秦汉以后历代思想家不断加以丰富和发展，成为中国古代影响至深的治国和行政理论。中国传统民本思想的内涵是十分丰富的，概括起来主要有：一是“民为邦本，本固邦宁”。这是传统民主思想的核心，即强调民众对国家社会稳定的重要作用，主张“重民”“贵民”，并使之成为安邦治国的指导思想。从孔子提出以民为本到孟子所讲：“民为贵，社稷次之，君为轻。”① 从荀子的“君者，舟也；庶人者，水也。水则载舟，水亦覆舟。”②，到贾谊所说：“夫民者，万世之本也”（《新书·大政上》），基本反映了为政者一方面对民众力量的重视，另一方面也体现了为政者对民众的关怀。二是“富民”“惠民”。《尚书》中的“裕民”“惠民”的观点，《周易》中的“损上益下，民说无疆”的观点可以说远在先秦为政者和思想家们就知道维护民众的生存权是基本利益是实现治国安邦的基本原则。春秋战国时期诸子百家从各自的政治立场和思维视角出发进一步阐述了这一思想，孔子以富民、爱民、宽民作为仁政的出发

① 《孟子·尽心天下》。

② 《荀子·王制》。

点，孟子、荀子也持同样的观点，“凡治国之道，必先富民”①。而李世民的与民休息，改善民生的主张更为后世的为政者所继承。轻徭薄赋，治民以产，藏富于民成为为政者富民安国的执政策略。三是“从民”“顺民”。传统民本思想的另一个重要之点就是主张民意不可违，应尊重民众的意愿。《尚书》中“天聪明，自我民聪明；天明成，自我民明威”，认为上天是以民众的视听作为标准来考察执政者的政治得失的，因而要尊重民众的所想所愿。孟子在此基础上，进一步指出：“国人皆日贤，然后察之，见贤焉，然后用之。”② 即为政者决策时不可妄断，而应充分听取民意。北宋理学家程颐强调施政之根本在于顺民心、厚民生，安民愿，如此方能寓政于民，与民同乐。明末清初王夫之的“人之所同然者即为天”和黄宗羲的“君臣公器论”都是在强调为政之根本在听取民意，以民意为治事的标准。四是“信民”“畏民”。孔子说“一言可以兴邦，一言也可以衰邦”③，荀子提出只有“兼听齐明”才能“天下归之”④。民众的监督对执政理国的重要，要实现真正的监督，执政者须“君子迩而小人远”。⑤ 真正做到“纳谏为圣，拒谏为昏”。

内涵丰富的民本行政观于当今治国行政具有十分重要的借鉴意义。以“民惟邦本，本固邦宁”为价值取向的民本行政观体现了古代政治家对民众历史地位和力量的重视，富民、惠民的思想重视民众的经济利益，关心民众生活，是安民治国的基础，从民、顺民的思想，尊重民意，民意不可违，以及信民、畏民思想中的听取民众意见，接受民众监督的主张，这些传统行政中的精髓和智慧可为当今国家治理和政府行政提供丰富的思想资源。

二、中国传统行政文化的现代化

美国学者罗兹曼把“现代化视作各社会在科学技术革命的冲击下业已经历或正在进行的转变过程”⑥。我国学者罗荣渠也认为，“现代化是以现代工业、科学和技术革命的推动力，实现传统农业社会向现代工业社会的大转变，使工业主义渗透到经济、政治、文化、思想各个领域并引起社会组织与社会行

① 《管子校正治国》（诸子集成本），中华书局 1996 年版，第 216 页。
② 《孟子·梁惠王下》。
③ 《论语·子语》。
④ 《荀子·君道》。
⑤ 《《荀子·解蔽》。
⑥ 吉尔伯·罗兹曼：《中国的现代化》，江苏人民出版社 1995 年版，第 4 页。

为深刻变革的过程"①。行政文化的现代化包括行政制度和行政体制的现代化，也包括行政思想和行政观念的现代化。英国哲学者卡尔·波普曾说："宿命论纯属迷信，科学也无法准确预测人类社会发展的进程。"② 但无可否认，社会发展总是沿着某种看不见的轨迹延伸与扩展，行政文化与社会现代化进程也总在不经意间显露出相互作用的逻辑关联，审视我中国传统行政文化的发展和变迁，它向我们展示其博大精深又艰难曲折的同时，又预示着其变化和发展的方向。随着现代化进程的加速，生产力的发展及人们社会生活方式的转变，行政改革和行政理论的更新，以中国传统文化为根基的传统行政文化必然会向行政文化现代化的方向发展和变迁。中国传统行政文化的发展和变迁过程，与中国传统社会的发展具有密切的关系。悠久的历史和灿烂的文化为传统行政文化的演进提供了丰沃的土壤，历代的思想家和政治家为传统行政文化的形成和发展增添了丰厚的思想和内涵。从文化演进的视角来看，把握和探讨中国传统行政文化的现代化离不开中国历史客观存在的框架和范围，也就是说只有对中国行政文化的变迁格局、变迁基础、变迁内核与变迁框架进行历史审思，才能从根本上把握中国传统行政文化现代化的方向和未来。

简而言之，以儒学为核心，兼收各家之长是中国传统行政文化变迁的基本格局，传统农业社会的自然经济是中国传统行政文化变迁的经济基础，高度政治意识形态化的儒家学说是中国传统行政文化变迁的基本内核，宗法制的社会结构是中国传统行政文化变迁的基本框架。中国传统行政文化的变迁基础、内核与框架三者互为关联，互相依存，自然经济塑造了宗法制的层级结构，宗法制的层级结构又催生了专制主义、权力本位的伦理规范和意识形态，这种规范与意识形态又维护和强化着宗法制的层级结构与自然经济，在此基础上形成的传统行政文化具有集权专制、德治传统和伦理结构三重特征，具有较强的稳定性与严密性。近代以来的西学东渐使中国传统行政文化在异质文化的外在冲击下，不断实现内在转化，现代化成为中国传统文化发展和变迁的目标与方向。

中国传统行政文化在现代化的过程中不少消极因素依然存在，因而在向现代化转化过程中需要认真消除这些消极因素。传统行政文化的合理和积极因素是经过几千年发展延续的结果，具有强大的生命力和发展活力，是经过历史检

① 罗荣渠：《现代化新论——世界与中国的现代化进程》，北京大学出版社 1993 年版，第 95 页。

② ［英］卡尔·波普：《二十世纪的教训》，上海三联书店 2013 年版，第 18 页。

验的宝贵财富，不仅对中国古代社会的国家管理和公共行政发挥了积极的作用，而且也为当代中国和世界提供了有价值的行政文化遗产。因此，中国传统行政文化的现代化应该在充分吸收其精华的基础上，借鉴西方现代行政文化有益成分，以现代社会的发展和变迁为依归进行建设与再造，尤其是在行政思想和观念方面。

行政思想。主要消除传统行政文化中的专制思想、宗法思想和特权思想，以中国特色社会主义理论为指导，从中国国情出发，顺应时代的发展和变化，建立有时代特色和中国特色的社会主义新型行政思想。同时，要积极借鉴中外历史上一切优秀的行政思想，尤其是近现代西方民主、法治和效率的行政思想，不断更新的管理理论和行政学说，着重培养现代化行政需要的创新性、开拓性和务时性行政思想，使行政思想向着民主、法制、开放、高效的方向发展。

行政心理。大量运用现代管理心理学，端正行政动机，改善行政态度，增强行政情感，改革行政习惯，保持健康的行政心理，确立正确的行政价值取向，建立真诚、乐观的行政情绪，加强行政心理的调适，着重借鉴现代组织管理心理学和行为科学的理论和方法，使传统行政心理适应现代化行政的需要。

行政道德。在积极挖掘和弘扬传统行政道德体系中的合理内核，如以民本为导向的行政价值观、以功绩为取向的行政规范、强调精政廉明的行政风范、注重正心修身、反求诸己的行政道德修养方式的基础上，借鉴、吸收国外行政道德中合理的、适合中国国情的成分，把高效从政，一心为民作为根本的道德规范贯穿于整个行政活动中，使传统行政道德在道德认识上、道德情感上、道德意志上、道德信念上适应行政现代化的需要。

行政观念和行政意识。摈弃传统农业社会长期形成的狭隘和封闭、保守、依附观念，放眼世界，面向未来。在决策和执行上树立开放、进取、服务的行政观念和意识。以行政现代化为目标，由封闭型到开放型，由保守型到进取型，由依附型到自主型，由领导型到服务型，建立适应现代行政的行政观念和行政意识。

行政传统和行政习惯。消除传统行政的消极传统和习惯，提倡行政民主、加强行政法制，重科学而非经验，重实效而非形式，重贤能而非亲故，增加行政的透明度和公开度，形成公众参与行政决策和管理的习惯、氛围，造就社会参与行政决策和管理的机制，与行政现代化相适应，行政传统和行政习惯的建设方向应为由全能型到分化型，由松散型到效能型，由集权型到参与型，由人治型到法治型，不断适应行政现代化的要求。

行政文化的现代化是一个涵盖制度、思想、观念、情感、价值等多维度、多层面、多指向的变迁过程，其内生性、弥散性与模糊性决定了行政文化的现代化进程面临多重挑战。比较中西行政文化的发展和变迁，审视思考中国行政文化的历史和未来，行政现代化离不开行政文化的现代化，行政文化的现代化既是民族的也是现代的。

主要参考书目

1. 黄达强等主编:《行政学》,中国人民大学出版社 1988 年版。
2. 夏书璋主编:《行政管理学》,中山大学出版社 1998 年版。
3. 王沪宁等主编:《行政学导论》,上海三联书店 1998 年版。
4. 竺乾威主编:《公共行政学》,复旦大学出版社 2000 年版。
5. 彭和平著:《公共行政管理》,中国人民大学出版社 1995 年版。
6. 钱振明:《比较行政学》,苏州大学出版社 1995 年版。
7. 彭文贤:《行政生态学》,台北三民书局 1988 年版。
8. 黄飚著:《文化行政学》,上海文艺出版社 2003 年版。
9. 王建学主编:《中国行政管理史》,辽宁人民出版社 1989 年版。
10. 虞崇胜主编:《中国行政史》,高等教育出版社 1999 年版。
11. 朱日耀主编:《中国政治思想史》,高等教育出版社 1992 年版。
12. 张晋藩等著:《中国政治制度史》,中国政法大学出版社 1987 年版。
13. 左言东编著:《中国政治制度史》,浙江古籍出版社 1986 年版。
14. 杨鸿年等著:《中国政制史》,安徽教育出版社 1989 年版。
15. 林代昭主编:《中国监察制度》,中华书局 1988 年版。
16. 梁裕楷等编著:《中国人事管理》,中山大学出版社 1999 年版。
17. 李孔怀著:《中国古代政治与行政制度》,复旦大学出版社 1993 年版。
18. 张晋藩主编:《中国古代行政管理体制研究》,光明日报出版社 1988 年版。
19. 李铁著:《中国文官制度》,中国政法大学出版社 1987 年版。
20. 陈友冰主编:《中国古代管理概论》,安徽人民出版社 1991 年版。
21. 张文芳编著:《中国历代官吏制度》,劳动人事出版社 1987 年版。
22. 黄留珠著:《中国古代选官制度述略》,陕西人民出版社 1989 年版。
23. 卢广森等主编:《中国古代行政管理概论》,河南人民出版社 1993 年版。
24. 彭孝等主编:《中国监察制度史》,中国政法大学出版社 1989 年版。
25. 王士伟著:《中国行政法制史》,陕西人民出版社 1993 年版。

26. 韦庆远著:《中国政治制度史》,中国人民大学出版社1992年版。
27. 张晋藩等著:《中国行政法史》,中国政法大学出版社1991年版。
28. 史远芹等著:《中国近代政治体制的演变》,中央党史资料出版社1990年版。
29. 朱仁显主编:《中国传统行政思想》,福建人民出版社2000年版。
30. 王放放著:《中国行政改革思想史》,中国广播电视出版社1999年版。
31. 钱端升著:《民国政制史》,上海世纪集团2005年版。
32. 张利华主编:《外国行政管理史》,辽宁人民出版社1989年版。
33. 马啸原著:《西方政治制度史》,高等教育出版社2000年版。
34. 李德志著:《外国古代政治制度史》,吉林大学出版社1988年版。
35. 罗豪才等著:《资本主义国家的宪法和政治制度》,北京大学出版社1997年版。
36. 周民锋主编:《西方国家政治制度比较》,华东理工大学出版社2001年版。
37. 吴大英等著:《西方国家政府制度比较研究》,社会科学文献出版社1996版年。
38. 谭健主编:《外国政府体制评价》,上海人民出版社1987年版。
39. 马啸原著:《西方政治思想史纲》,高等教育出版社1997年版。
40. 浦兴祖主编:《西方政治学说史》,复旦大学出版社1999年版。
41. 徐大同主编:《西方政治思想史》,天津教育出版社2000年版。
42. 王彩波主编:《西方政治思想史》,中国社会科学出版社2004年版。
43. 王振槐主编:《西方政治思想史》,南京大学出版社1999年版。
44. 张宏生主编:《西方法律思想史》,北京大学出版社1983年版。
45. 唐士其著:《西方政治思想史》,北京大学出版社2002年版。
46. 曹沛霖等主编:《比较政府体制》,复旦大学出版社1993年版。
47. 赵玉霞等:《外国政治制度史》,青岛出版社1988年版。
48. 张定河:《美国政治制度的起源与演变》,中国社会科学出版社1998年版。
49. 龚祥瑞:《英国行政机构和文官制度》,人民出版社1983年版。
50. 程汉大:《英国政治制度史》,中国社会科学出版社1995年版。
51. 刘全德:《西方法律思想史》,中国政治大学出版社1996年版。
52. 潘小娟:《法国行政体制》,中国法律出版社1997年版。
53. 吕耀坤:《德国政治制度》,时事出版社1997年版。
54. 唐兴霖:《公共行政学:历史与思想》,中山大学出版社2000年版。
55. 丁煌著:《西方行政学说史》,武汉大学出版社1999年版。
56. 蔡拓著:《西方政治思想史上的政体学说》,中国城市出版社1991年版。
57. 郭咸纲著:《西方管理思想史》,经济管理出版社1999年版。
58. 丁煌著:《西方公共行政管理论精要》,中国人民大学出版社2005年版。
59. 张康之著:《寻找公共行政的伦理视角》,中国人民大学出版社2002年版。
60. 顾准:《希腊城邦制度》,中国社会科学出版社1986年版。
61. 黄达强:《各国公务员制度比较研究》,中国人民大学出版社1990年版。

62. 刘守恒：《比较人事行政》，湖南科技出版社1992年版。

63. 卓越主编：《比较政府》，福建人民出版社1998年版。

64. 余潇枫著：《比较行政体制》，浙江大学出版社1999年版。

65. 周志忍著：《当代国外行政改革比较研究》，国家行政学院出版社1999年版。

66. 张立荣著：《中外行政制度比较》，商务印书馆2002年版。

67. 徐有守著：《中外考试制度之比较》，台湾中央文物供应社1984年版。

68. 陶百川等著：《中外监察制度之比较》，台湾中央文物供应社1982年版。

69. 郭圣铭：《世界文明史纲要》（古代部分），上海译文出版社1989年版。

70. 陈乐民等：《欧洲文明的进程》，北京三联书店2003年版。

71. 曹沛霖：《西方政治制度》，高等教育出版社2000年版。

72. 陈世香：《行政价值研究：以美国中央政府行政价值体系为例》，人民出版社2006年版。

73. 张忠利等著：《中西文化概论》，天津大学出版社2002年版。

74. 冯波著：《中西哲学文化比较研究》，北京广播学院出版社2003年版。

75. 崔永东著：《中西法律文化比较》，北京大学出版社2004年版。

76. 郭小聪著：《中西古代政府制度及其近代转型路径约束比较》，中国社会科学出版社2005年版。

77. 程同顺编著：《当代比较政治学理论》，南开大学出版社2001年版。

78. 竺乾威主编：《西方行政学说史》，高等教育出版社2001年版。

79. 王乐理著：《政治文化导论》，中国人民大学出版社2000年版。

80. 张小劲等著：《比较政治学导论》，中国人民大学2001年版。

81. 金太军等著：《中国传统政治文化新论》，社会科学文献出版社2006年版。

82. 刘世军著：《近代中国政治文明转型研究》，复旦大学出版社2000年版。

83. 高旺著：《晚清中国的政治转型：以清末宪政改革为中心》，中国社会科学出版社2003年版。

84. 谢俊美：《政治制度与近代中国》，上海人民出版社1995年版。

85. 车洪波等著：《中国当代制度文化建设》，中国商务出版社2004年版。

86. 曹德本主编：《中国政治思想史》，高等教育出版社1999年版。

87. 闾小波著：《中国近代政治发展史论》，高等教育出版社2003年版。

88. 关海庭主编：《20世纪中国政治发展史论》，北京大学出版社2002年版。

89. 王人博著：《宪政文化与近代中国》，法律出版社1997年版。

90. 杨仁忠著：《公共领域论》，人民出版社2009年版。

91. 文必汉等编：《历代政论文选》，贵州人民出版社1989年版。

92. 张国著：《中国治国思想史》，新华出版社2002年版。

93. 黄立平主编：《中国古代治国为官百句精言》，中国华侨出版社1993年版。

94. 刘德生著：《中国人事行政制度概述》，中国社会科学出版社1996年版。

95. 王汉昌主编：《中国古代人事制度》，中国劳动出版社 1986 年版。

96. 刘泽华：《中国传统政治思想反思》，北京三联书店 1987 年版。

97. 程幸超：《中国地方行政制度史》，四川人民出版社 1992 年版。

98. 谢维杨著：《中国早期国家》，浙江人民出版社 1995 年版。

99. 高光晶著：《中国国家起源及其形式》，湖南人民出版社 1998 年版。

100. 刘云柏：《中国儒家管理思想》，上海人民出版社 1990 年版。

101. 黎红雷著：《儒家管理哲学》，广东高等教育出版社 1997 年版。

102. 朱国云著：《组织理论：历史与流派》，南京大学出版社 1997 年版。

103. 丛日云著：《西方政治文化传统》，大连出版社 1996 年版。

104. 马庆钰著：《告别西西弗斯：中国政治文化分析与展望》，中国社会科学出版社 2002 年版。

105. 马克垚主编：《中西封建社会比较研究》，上海学林出版社 1997 年版。

106. 张中秋：《中西法律文化比较研究》，南京大学出版社 1992 年版。

107. 柏维春著：《政治文化传统：中国和西方对比分析》，东北师范大学出版社 2001 年版。

108. 于信贵：《古代罗马史》，吉林大学出版社 1988 年版。

109. 马德普主编：《政治文化论丛》（第一辑），天津人民出版社 2001 年版。

110. 王汉昌等著：《中国古代政治制度史略》，人民出版社 1985 年版。

111. 钱实甫：《北洋政府时期的政治制度》，中华书局 1984 年版。

112. 刘怡昌等著：《中国行政科学发展》，中国人事出版社 1996 年版。

113. 李和中著：《比较公务员制度》，中共中央党校出版社 2003 年版。

114. 王沪宁：《行政生态学》，复旦大学出版社 1989 年版。

115. ［古希腊］柏拉图：《理想国》，商务印书馆 1986 年版。

116. ［古希腊］亚里士多德：《政治学》，商务印书馆 1965 年版。

117. ［意］阿奎那：《阿奎那政治著作选》，商务印书馆 1963 年版。

118. ［意］马基雅弗利：《君主论》，商务印书馆 1985 年版。

119. ［英］洛克：《政府论》，商务印书馆 1964 年版。

120. ［法］孟德斯鸠：《论法的精神》，商务印书馆 1995 年版。

121. ［法］卢梭：《社会契约论》，商务印书馆 1980 年版。

122. ［美］汉弥尔顿等著：《联邦党人文集》，商务印书馆 1980 年版。

123. ［美］杰弗逊：《杰弗逊文选》，商务印书馆 1963 年版。

124. ［英］密尔：《代议制政府》，商务印书馆 1982 年版。

125. ［美］古德诺：《政治与行政》，华夏出版社 1987 年版。

126. ［美］怀特：《行政学导论》，上海商务印书馆 1947 年版。

127. ［英］汤因比：《历史研究》，上海人民出版社 1987 年版。

128. ［美］汤普逊：《中世纪经济社会史》，商务印书馆 1997 年版。

129. ［美］亨廷顿：《文明冲突与世界秩序的重建》，新华出版社 1998 年版。

130. ［美］亨廷顿：《变化社会中的政治秩序》，北京三联书店 1989 年版。

131. ［美］萨拜因：《政治学说史》，商务印书馆 1986 年版。

132. ［美］奥斯特罗姆：《美国公共行政的思想危机》，上海三联书店 1999 年版。

133. ［美］雷恩：《管理思想的演变》，中国社会科学出版社 2000 年版。

134. ［美］罗森布鲁姆：《公共行政学：管理．政治与法律途径》，中国人民大学出版社 2002 年版。

135. ［美］亨利：《公共行政与公共事务》，华夏出版社 2002 年版。

136. ［美］库珀：《行政伦理学：实现行政责任的途径》，中国人民大学出版社 2001 年版。

137. ［美］诺思：《经济史中的结构与变迁》，上海三联出版社 2002 年版。

138. ［德］柯武刚等著：《制度经济学：社会秩序与公共政策》，商务印书馆 2001 年版。

139. ［美］布坎南：《自由、市场和国家：20 世纪 80 年代的政治经济学》，北京经济学院出版社 1988 年版。

140. ［美］罗兹曼：《中国的现代化》，江苏人民出版社 1995 年版。